Alain Griffel
Dr. iur., Professor an der Universität Zürich

Raumplanungs- und Baurecht

in a nutshell

3. Auflage

DIKE

Abbildung Umschlagseite: Dietrich Günther, München

Bibliografische Information der Deutschen Nationalbibliothek
Die Deutsche Nationalbibliothek verzeichnet diese Publikation in der Deutschen Nationalbibliografie; detaillierte bibliografische Daten sind im Internet über http://dnb.dnb.de abrufbar.

ISBN 978-3-03751-962-2

www.dike.ch

Vorwort zur 3. Auflage

Am 1. März 2017 trat unter dem Titel «Harmonisierung der Baubegriffe» eine bedeutende Teilrevision des zürcherischen Planungs- und Baugesetzes in Kraft. Gedacht als Voraussetzung für den Beitritt zur Interkantonalen Vereinbarung über die Harmonisierung der Baubegriffe, wurde die Gesetzesrevision zu deren «autonomem Nachvollzug»; dies deshalb, weil es der Kantonsrat zwar ablehnte, dem Konkordat beizutreten, die PBG-Revision aber gleichwohl verabschiedete. Dabei schuf er eine Übergangsphase von acht Jahren, in der im Kanton Zürich – je nach Gemeinde – altes bzw. neues Recht gilt; denn das neue Recht kommt erst dann zur Anwendung, wenn die Gemeinden ihre Bau- und Zonenordnungen angepasst haben.

Das bisherige Recht wird also längstens bis 2025 weitergelten. Aus diesem Grund wird es hier weiterhin dargestellt und farbig hervorgehoben.

Auf Bundesebene steht seit geraumer Zeit die zweite Etappe der Revision des Raumplanungsgesetzes («RPG 2») an. Nach heftigem Widerstand der Kantone gegen eine erste Vernehmlassungsvorlage vom Dezember 2014 wurde diese grundlegend überarbeitet. Von Juni bis August 2017 führt das UVEK ein zweites Vernehmlassungsverfahren durch. Die bundesrätliche Botschaft soll im Spätherbst 2017 vorliegen.

Hinweise auf den zweiten Vernehmlassungsentwurf zu «RPG 2» (VE-RPG 2) werden ebenfalls farbig unterlegt.

Ich danke dem Verlag für die wie immer angenehme und reibungslose Zusammenarbeit.

Zürich, im Juli 2017 — Alain Griffel

Vorwort zur 1. Auflage

Das Raumplanungsrecht und das öffentliche Baurecht sind zwei klassische Gebiete des Besonderen Verwaltungsrechts, die das Allgemeine Verwaltungsrecht stark geprägt haben. Viele verwaltungsrechtliche Rechtsfiguren wurden anhand raumplanungs- und baurechtlicher Fragestellungen geformt: beispielsweise der Begriff der Polizeibewilligung (Baubewilligung), das Institut der materiellen Enteignung (Auszonung), die Vorwirkung von Erlassen, die Figur der Besitzstandsgarantie oder, im öffentlichen Prozessrecht, die Beschwerdelegitimation Dritter.

Seit dem Inkrafttreten des Raumplanungsgesetzes am 1. Januar 1980 ist das Raumplanungsrecht primär bundesrechtlich geregelt. Dies gilt auch für das – heute sehr dicht normierte – Bauen ausserhalb der Bauzonen. Beim übrigen Baurecht handelt es sich hingegen nach wie vor um eine Materie des kantonalen und kommunalen, seit kurzem auch des interkantonalen Rechts. Im vorliegenden Band wird, soweit kantonales Recht massgebend ist, jeweils exemplarisch die Rechtslage im Kanton Zürich erläutert.

Ausgeklammert bleibt das Umweltrecht, auch wo es für die Raumplanung und das Baurecht unmittelbar relevant ist (namentlich im Bereich des Lärmschutzes). Hierfür ist ein eigener Band «Umweltrecht» geplant. Nicht dargestellt werden ferner das Recht des Denkmalschutzes, das Enteignungs-, das Energie- und das Submissionsrecht.

Die Zusammenarbeit mit dem Verlag Dike unter der Leitung von Werner Stocker und Bénon Eugster war wie immer ausgezeichnet. Meinen Assistierenden Corina Caluori, MLaw, Mathias Kaufmann, M.A. HSG, und Andrea Liniger, MLaw, danke ich für die kritische Durchsicht des Textes und die Bereinigung der Verzeichnisse. Anregungen und Hinweise auf Mängel nehme ich gerne entgegen.

Zürich, im November 2011 — Alain Griffel

Inhaltsübersicht

Inhaltsverzeichnis

Literaturhinweise

ADANK NATHALIE F., Le contrat de planification – Utilité, admissibilité et régime du contrat d'aménagement du territoire, Diss. Freiburg, Schulthess 2016

AEMISEGGER HEINZ/HAAG STEPHAN, Praxiskommentar zum Rechtsschutz in der Raumplanung – mit umfassender Rechtsprechung zur revidierten Bundesrechtspflege, Schulthess 2010

AEMISEGGER HEINZ/KUTTLER ALFRED (bis 1999)/MOOR PIERRE/RUCH ALEXANDER/TSCHANNEN PIERRE (ab 2007) (Hrsg.), Kommentar zum Bundesgesetz über die Raumplanung, Schulthess 1999; 1. und 2. Nachlieferung 2009; 3. Nachlieferung 2010

AEMISEGGER HEINZ/MOOR PIERRE/RUCH ALEXANDER/TSCHANNEN PIERRE (Hrsg.), Praxiskommentar RPG: Nutzungsplanung, Schulthess 2016 *(Autor/in, in: Praxiskommentar RPG I)*

AEMISEGGER HEINZ/MOOR PIERRE/RUCH ALEXANDER/TSCHANNEN PIERRE (Hrsg.), Praxiskommentar RPG: Bauen ausserhalb der Bauzone, Schulthess 2017 *(Autor/in, in: Praxiskommentar RPG II)*

ALIG JONAS, Das Zweitwohnungsgesetz, ZBl 2016 227 ff.

ANTONIAZZA YANNICK, Die Baupflicht, Diss. Zürich, Schulthess 2008

BAUMANN ANDREAS, Das Baubewilligungsverfahren nach aargauischem Recht, Schulthess 2007

BAUMANN ANDREAS/VAN DEN BERGH RALPH/GOSSWEILER MARTIN/HÄUPTLI CHRISTIAN/HÄUPTLI-SCHWALLER ERICA/SOMMERHALDER FORESTIER VERENA, Kommentar zum Baugesetz des Kantons Aargau, Stämpfli 2013

BEELER URS, Die widerrechtliche Baute, Diss. Zürich, ORL-Institut ETH Zürich 1984

BERNER MISCHA, Luzerner Planungs- und Baurecht, hrsg. von Robert Walder, Stämpfli 2012

– Die Baubewilligung und das Baubewilligungsverfahren – Unter besonderer Berücksichtigung des luzernischen Rechts, Diss. Bern, Dike 2009

BERTSCHI MARTIN, Die Umsetzung von Art. 15 lit. b RPG über die Dimensionierung der Bauzonen: Bundesrecht, föderalistische Realität und ihre Wechselwirkungen, Diss. Zürich, Schulthess 2001

BESSE MARC-OLIVIER, Le régime des plans d'affectation – En particulier le plan de quartier, Diss. Lausanne, Schulthess 2010

BOSONNET ROGER, Das eisenbahnrechtliche Plangenehmigungsverfahren – Eine Darstellung unter besonderer Berücksichtigung von Schieneninfrastruktur-Grossprojekten, Diss. Zürich, Schulthess 1999

BOVAY BENOÎT/DIDISHEIM RAYMOND/SULLIGER DENIS/THONNEY THIERRY, Droit fédéral et vaudois de la construction, 4. Aufl., Helbing Lichtenhahn 2010

BRAHIER JEAN-MICHEL, Installations dangereuses et aménagement du territoire – Protection contre les accidents majeurs et maîtrise des constructions à proximité des installations dangereuses, Diss. Freiburg, Schulthess 2010

DUBEY JACQUES, Espace – Temps – Propriété. Définition et restriction de la propriété privée du sol à l'heure du développement durable et de l'aménagement du territoire, Schulthess 2012

EICHBAUM NIKLAUS, Raumplanungs- und umweltrechtliche Problemfelder beim Bau von Einkaufszentren und Fachmärkten – Unter besonderer Berücksichtigung der Empfehlungen der Bundesämter für Umwelt und Raumentwicklung zur Standortplanung verkehrsintensiver Einrichtungen im kantonalen Richtplan, Diss. St. Gallen, Schulthess 2008

ESCHMANN STEPHAN, Der Gestaltungsplan nach zürcherischem Recht, Diss. Zürich 1984

FREY FRITZ, Die Erstellungspflicht von Abstellplätzen für Motorfahrzeuge nach zürcherischem Recht, Diss. Zürich, Hans Schellenberg 1987

FRIES DAVID, Reverse in der zürcherischen Baurechtspraxis – Band 1: Allgemeiner Teil (ohne Grundbuchrecht), Diss. Zürich, Schulthess 1990

FRITZSCHE CHRISTOPH/BÖSCH PETER/WIPF THOMAS, Zürcher Planungs- und Baurecht, 2 Bände, 5. Aufl., KDMZ 2011

GEBHARDT DANIEL/MEYER CHRISTOPH/NERTZ CHRISTOPH/PIOLINO MARINA, Die Baubewilligung im Kanton Basel-Stadt, Helbing Lichtenhahn 2014

GREINER ANDREA, Errichten und Ändern von Skisportanlagen, Diss. Basel, Helbing Lichtenhahn 2003

GRIFFEL ALAIN, Die Grundsatzgesetzgebungskompetenz gemäss Art. 75 Abs. 1 BV: Tragweite und Grenzen – Rechtsgutachten zuhanden des Bundesamtes für Raumentwicklung ARE, 20. Februar 2017 (www.are.admin.ch > Medien & Publikationen > Publikationen > Raumplanungsrecht) *(Grundsatzgesetzgebungskompetenz)*

– (Hrsg.), Kommentar zum Verwaltungsrechtspflegegesetz des Kantons Zürich (VRG), 3. Aufl., Schulthess 2014 *(Autor/in, in: Kommentar VRG)*

– Bauen im Spannungsfeld zwischen Eigentumsgarantie und Bauvorschriften, ZBl 2002 169 ff. *(Spannungsfeld)*

GRIFFEL ALAIN/LINIGER HANS U./RAUSCH HERIBERT/THURNHERR DANIELA (Hrsg.), Fachhandbuch Öffentliches Baurecht – Expertenwissen für die Praxis, Schulthess 2016 *(Autor/in, in: FHB Öffentliches Baurecht)*

GSPONER DANIEL, Die Zone für öffentliche Bauten und Anlagen – unter besonderer Berücksichtigung des Luzerner Planungs- und Baurechts, Diss. Zürich 1999

HALLER WALTER/KARLEN PETER, Raumplanungs-, Bau- und Umweltrecht, Bd. I: Grundlagen – Raumplanungsrecht – Baurecht, 3. Aufl., Schulthess 1999

HÄNNI PETER, Planungs-, Bau- und besonderes Umweltschutzrecht, 6. Aufl., Stämpfli 2016

HEER PETER, Die raumplanungsrechtliche Erfassung von Bauten und Anlagen im Nichtbaugebiet – Unter besonderer Berücksichtigung von Nutzungsplan und Ausnahmebewilligung und ihrer Abgrenzung, Diss. Zürich, Schulthess 1996

HUBER FELIX, Die Ausnützungsziffer, Diss. Zürich, Schulthess 1986

IVANOV DANIELA, Die Harmonisierung des Baupolizeirechts unter Einbezug der übrigen Baugesetzgebung – Aktuelle Rechtslage und Lösungsansätze, Diss. Freiburg, Schulthess 2006

JOST FELIX, Grösse und Lage von Bauzonen – nach Art. 15 RPG und dem weiteren raumrelevanten Recht, Diss. Zürich, Schulthess 2000

KISTLER ERNST/MÜLLER RENÉ, Baugesetz des Kantons Aargau – Textausgabe mit Kommentar, 2. Aufl., Merker im Effingerhof 2002; Ergänzungsband 2012

KLEB PETER, Kosten und Entschädigungen im zürcherischen Quartierplanverfahren, Diss. Zürich, Schulthess 2004

KUTTLER ALFRED, Beiträge zur Raumordnung als Weg und Ziel – Festgabe zum 80. Geburtstag des Verfassers, Schulthess 2003

LENDI MARTIN, Grundriss einer Theorie der Raumplanung – Einleitung in die raumplanerische Problematik, 3. Aufl., vdf Hochschulverlag ETH Zürich 1996

LUSTENBERGER ERIK, Die Verzichtsvereinbarung im öffentlichen Bauverfahren, Diss. Freiburg, Schulthess 2008

MÄDER CHRISTIAN, Das Baubewilligungsverfahren – Eine Darstellung unter besonderer Berücksichtigung des zürcherischen Rechts und der neueren zürcherischen Rechtsprechung, Diss. Zürich, Schulthess 1991

MAHAIM RAPHAËL, Le principe de durabilité et l'aménagement du territoire – Le mitage du territoire à l'épreuve du droit: utilisation mesurée du sol, urbanisation et dimensionnement des zones à bâtir, Diss. Freiburg, Schulthess 2014

MARANTELLI-SONANINI VERA, Erschliessung von Bauland – Vorgaben des eidgenössischen Raumplanungsgesetzes betreffend die Pflichten des Gemeinwesens und die Möglichkeiten Privater, Diss. Bern, Stämpfli 1997

MOOR PIERRE/POLTIER ETIENNE, Droit administratif, Bd. II: Les actes administratifs et leur contrôle, 3. Aufl., Stämpfli 2011 (S. 519 ff.)

MUGGLI RUDOLF, Ist der Föderalismus an der Zersiedelung schuld? – Raumplanerische Entscheidungsprozesse im Spannungsfeld von Demokratie, Föderalismus und Rechtsstaat, NZZ Libro 2014

NUSSBERGER-GOSSNER NICOLE, Ökologische Ausgleichsflächen in der Landwirtschaftszone, Diss. Zürich, Schulthess 2005

NÜSSLE TAMARA, Demokratie in der Nutzungsplanung und Grenzen für informale Absprachen, Diss. Freiburg, Schulthess 2005

RUCH ALEXANDER, Umwelt – Boden – Raum (Schweizerisches Bundesverwaltungsrecht, Bd. VI), Helbing Lichtenhahn 2010

– Das Recht in der Raumordnung, Helbing Lichtenhahn 1997

RUCH ALEXANDER/GRIFFEL ALAIN (Hrsg.), Raumplanungsrecht in der Krise – Ursachen, Auswege, Perspektiven, Schulthess 2008

RUOSS FIERZ MAGDALENA, Massnahmen gegen illegales Bauen – unter besonderer Berücksichtigung des zürcherischen Rechts, Diss. Zürich, Schulthess 1999

SCHMID GIAN, Projektbezogene Nutzungsplanung im Gebiet ausserhalb der Bauzonen – Eine Darstellung nach dem Recht des Bundes, Diss. Zürich, Huber Druck 2001

SCHNEIDER ADRIAN, Der angemessene Ausgleich für erhebliche Planungsvorteile nach Art. 5 Abs. 1 RPG, Diss. Freiburg, Schulthess 2006

SCHULER OLIVER, Kognition zwischen Rechtsweggarantie und Gemeindeautonomie in bau- und planungsrechtlichen Verfahren, Diss. Zürich, Schulthess 2015

SCHÜPBACH SCHMID MAJA, Das Näherbaurecht in der zürcherischen baurechtlichen Praxis – Unter Berücksichtigung weiterer, die nachbarliche Zustimmung erfordernder Normen des Planungs- und Baugesetzes des Kantons Zürich, Diss. Zürich, Huber Druck 2001

Schweizerische Vereinigung für Landesplanung VLP-ASPAN (Hrsg.), Die Baulanderschliessung und deren Finanzierung, VLP-Schriftenfolge Nr. 72, 2006

SEIDEL WOLF S., Raumplanung im Fokus der Immigration – Mit Hinweisen auf das U.S.-amerikanische Planungs- und Antidiskriminierungsrecht, Diss. Freiburg, Dike 2008

SIEBER ROMAN, Die bauliche Verdichtung aus rechtlicher Sicht, Diss. Freiburg, Universitätsverlag Freiburg Schweiz 1996

TSCHANNEN PIERRE, Der Richtplan und die Abstimmung raumwirksamer Aufgaben, Diss. Bern, Stämpfli 1986

WALDMANN BERNHARD/HÄNNI PETER, Handkommentar Raumplanungsgesetz, Stämpfli 2006

WIDMER DREIFUSS THOMAS, Planung und Realisierung von Sportanlagen – Raumplanerische, baurechtliche und umweltrechtliche Aspekte beim Bau und der Sanierung von Sportanlagen, Diss. Zürich, Schulthess 2002

WILLI KONRAD, Die Besitzstandsgarantie für vorschriftswidrige Bauten und Anlagen innerhalb der Bauzonen – Eine Darstellung unter besonderer Berücksichtigung des zürcherischen Rechts, Diss. Zürich, Schulthess 2003

WIPF THOMAS, Das Koordinationsgesetz des Bundes – Die Koordination, Vereinfachung und Beschleunigung von bodenbezogenen Entscheidverfahren im Bund, Diss. Zürich, Schulthess 2001

WOLF ROBERT/KULL ERICH, Das revidierte Planungs- und Baugesetz (PBG) des Kantons Zürich – Erläuterungen zur Revision vom 1. September 1991 aus rechtlicher Sicht, VLP-Schriftenfolge Nr. 58, 1992

ZAUGG ALDO/LUDWIG PETER, Baugesetz des Kantons Bern vom 9. Juni 1985 – Kommentar, Bd. I (Art. 1–52), 4. Aufl., Stämpfli 2013; Bd. II (Art. 53–153), 4. Aufl., Stämpfli 2017

ZUFFEREY JEAN-BAPTISTE/ROMY ISABELLE, La construction et son environnement en droit public – Eléments choisis pour les architectes, les ingénieurs et les experts de l'immobilier, 2. Aufl., Schulthess/Presses polytechniques et universitaires romandes 2017

ZUFFEREY JEAN-BAPTISTE/WALDMANN BERNHARD (Hrsg.), Revision Raumplanungsgesetz 2014 – Paradigmenwechsel oder alter Wein in neuen Schläuchen? Tagung vom 5. September 2014, Schulthess 2015

Wichtige amtliche Publikationen

Zur RPG-Revision vom 15. Juni 2012:

(www.are.admin.ch > Raumentwicklung & Raumplanung > Raumplanungsrecht > Revision RPG > Revision RPG 1)

ARE, Erläuternder Bericht zur Teilrevision vom 2. April 2014 der Raumplanungsverordnung *(Erläuternder Bericht RPV-Revision 2014)*

ARE, Ergänzung des Leitfadens Richtplanung, März 2014 *(Ergänzung Leitfaden Richtplanung)*

UVEK/BPUK, Technische Richtlinien Bauzonen (beschlossen von der BPUK am 7. März 2014 und vom UVEK am 17. März 2014)

Zur IVHB/Harmonisierung der Baubegriffe:

IOHB, Erläuterungen IVHB, Stand 3. September 2013 (www.bpuk.ch > Konkordate > IVHB)

Baudirektion ZH, Harmonisierung der Baubegriffe – Leitfaden, 1. März 2017 *(BD, Leitfaden)* (www.baugesuche.zh.ch > Rund ums Bauen > Harmonisierung Baubegriffe)

Weitere amtliche Publikationen:

(www.are.admin.ch > Medien & Publikationen > Publikationen)

ARE, Monitoring Bauen ausserhalb Bauzonen – Standbericht 2016

ARE, Bauzonenstatistik Schweiz 2012 – Statistik und Analysen

ARE/UVEK, Raumentwicklungsbericht 2005

EJPD/BRP (Hrsg.), Erläuterungen zum Bundesgesetz über die Raumplanung, EDMZ 1981 *(Erläuterungen)*

Abkürzungsverzeichnis

a.a.O.	am angegebenen Ort
ABl	Amtsblatt des Kantons Zürich
Abs.	Absatz
aBV	(alte) Bundesverfassung der Schweizerischen Eidgenossenschaft vom 29. Mai 1874
ABV	Verordnung über die nähere Umschreibung der Begriffe und Inhalte der baurechtlichen Institute sowie über die Mess- und Berechnungsweisen (Allgemeine Bauverordnung) vom 22. Juni 1977 (LS 700.2)
a.E.	am Ende
ALN	Amt für Landschaft und Natur
ARE	Bundesamt für Raumentwicklung/(kantonales) Amt für Raumentwicklung
ArG	Bundesgesetz über die Arbeit in Industrie, Gewerbe und Handel (Arbeitsgesetz) vom 13. März 1964 (SR 822.11)
ArGV 3	Verordnung 3 zum Arbeitsgesetz (Gesundheitsvorsorge) vom 18. August 1993 (SR 822.113)
Art.	Artikel
AS	Amtliche Sammlung des Bundesrechts
Aufl.	Auflage
BauG AG	(Aargauer) Gesetz über Raumentwicklung und Bauwesen (Baugesetz) vom 19. Januar 1993 (SAR 713.100)
BauG BE	(Berner) Baugesetz vom 9. Juni 1985 (BSG 721.0)
BBl	Bundesblatt
BBV I	Verordnung über die ordentlichen technischen und übrigen Anforderungen an Bauten, Anlagen, Ausstattungen und Ausrüstungen (Besondere Bauverordnung I) vom 6. Mai 1981 (LS 700.21)
BBV II	Verordnung über die Verschärfung oder die Milderung von Bauvorschriften für besondere Bauten und Anlagen (Besondere Bauverordnung II) vom 26. August 1981 (LS 700.22)
BD	Baudirektion
Bd.	Band

BehiG	Bundesgesetz über die Beseitigung von Benachteiligungen von Menschen mit Behinderungen (Behindertengleichstellungsgesetz) vom 13. Dezember 2002 (SR 151.3)
BEZ	Baurechtsentscheide Kanton Zürich (Wädenswil)
BFS	Bundesamt für Statistik
BGBB	Bundesgesetz über das bäuerliche Bodenrecht vom 4. Oktober 1991 (SR 211.412.11)
BGE	Entscheidungen des Schweizerischen Bundesgerichts (Amtliche Sammlung)
BGer	Bundesgericht
BGG	Bundesgesetz über das Bundesgericht (Bundesgerichtsgesetz) vom 17. Juni 2005 (SR 173.110)
BGS	Solothurnische Bereinigte Gesetzessammlung
BLN	Bundesinventar der Landschaften und Naturdenkmäler von nationaler Bedeutung
BMR	Bundesbeschluss über dringliche Massnahmen auf dem Gebiete der Raumplanung (prov. Schutzgebiete) vom 17. März 1972 (AS 1972 644)
BPUK	Schweizerische Bau-, Planungs- und Umweltdirektoren-Konferenz
BRG	Baurekursgericht
BRK	Baurekurskommission(en)
BRP	Bundesamt für Raumplanung (heute: ARE)
BSG	Bernische Systematische Gesetzessammlung
BV	Bundesverfassung der Schweizerischen Eidgenossenschaft vom 18. April 1999 (SR 101)
BVV	Bauverfahrensverordnung vom 3. Dezember 1997 (LS 700.6)
BZO	Bau- und Zonenordnung
dB(A)	Dezibel (A-bewerteter Schallpegel)
DG	Dachgeschoss
Diss.	Dissertation
E.	Erwägung
EDMZ	Eidgenössische Drucksachen- und Materialzentrale
EG	Einführungsgesetz
EJPD	Eidgenössisches Justiz- und Polizeidepartement
EnG	Energiegesetz vom 30. September 2016 (BBl 2016 7683 ff.)
ES	(Lärm-)Empfindlichkeitsstufe
ETH	Eidgenössische Technische Hochschule
f./ff.	und folgende (Seite[n], Randnote[n] etc.)

FFG	Gesetz über die Feuerpolizei und das Feuerwehrwesen vom 24. September 1978 (LS 861.1)
FHB	Fachhandbuch
FWG	Bundesgesetz über Fuss- und Wanderwege vom 4. Oktober 1985 (SR 704)
GKP	Generelles Kanalisationsprojekt
GOG	Gesetz über die Gerichts- und Behördenorganisation im Zivil- und Strafprozess vom 10. Mai 2010 (LS 211.1)
GPR	Gesetz über die politischen Rechte vom 1. September 2003 (LS 161)
GSchG	Bundesgesetz über den Schutz der Gewässer (Gewässerschutzgesetz) vom 24. Januar 1991 (SR 814.20)
GSchV	Gewässerschutzverordnung vom 28. Oktober 1998 (SR 814.201)
HB	Hauptbahnhof
Hrsg.	Herausgeber(in)
IOHB	Interkantonales Organ Harmonisierung Baubegriffe
IVHB	Interkantonale Vereinbarung über die Harmonisierung der Baubegriffe
i.V.m.	in Verbindung mit
Kat.	Kataster
KDMZ	Kantonale Drucksachen- und Materialzentrale
KV	Verfassung des Kantons Zürich vom 27. Februar 2005 (LS 101)
LAT	Loi fédérale sur l'aménagement du territoire (= RPG)
lit.	litera
LRV	Luftreinhalte-Verordnung vom 16. Dezember 1985 (SR 814.318.142.1)
LS	Zürcher Loseblattsammlung
LSV	Lärmschutz-Verordnung vom 15. Dezember 1986 (SR 814.41)
m.E.	meines Erachtens
m.w.H.	mit weiteren Hinweisen
N.	(Rand-)Note
NHG	Bundesgesetz über den Natur- und Heimatschutz vom 1. Juli 1966 (SR 451)
Nr.	Nummer
NSL	Netzwerk Stadt und Landschaft
NZZ	Neue Zürcher Zeitung

OG RR	Gesetz über die Organisation des Regierungsrates und der kantonalen Verwaltung vom 6. Juni 2005 (LS 172.1)
ORL-Institut	Institut für Orts-, Regional- und Landesplanung
OV BRG	Organisationsverordnung des Baurekursgerichts vom 12. November 2010 (LS 700.7)
PBG	Planungs- und Baugesetz vom 7. September 1975 (LS 700.1)
PBG SO	(Solothurner) Planungs- und Baugesetz vom 3. Dezember 1978 (BGS 711.1)
Pra	Die Praxis (Basel)
RB	Rechenschaftsbericht des Verwaltungsgerichts des Kantons Zürich (bis 2008)
REG	Bundesgesetz über die Raumentwicklung (Raumentwicklungsgesetz)
RPG	Bundesgesetz über die Raumplanung (Raumplanungsgesetz) vom 22. Juni 1979 (SR 700)
RPV	Raumplanungsverordnung vom 28. Juni 2000 (SR 700.1)
RR	Regierungsrat
RRB	Regierungsratsbeschluss
RVOG	Regierungs- und Verwaltungsorganisationsgesetz vom 21. März 1997 (SR 172.010)
S.	Seite
SAR	Systematische Sammlung des Aargauischen Rechts
SIA	Schweizerischer Ingenieur- und Architektenverein
SN	Schweizer Norm
sog.	sogenannt
SR	Systematische Sammlung des Bundesrechts
StHG	Bundesgesetz über die Harmonisierung der direkten Steuern der Kantone und Gemeinden vom 14. Dezember 1990 (SR 642.14)
StrG	Strassengesetz vom 27. September 1981 (LS 722.1)
UG	Untergeschoss
UREK-N /-S	Kommission für Umwelt, Raumplanung und Energie (Nationalrat/Ständerat)
URP	Umweltrecht in der Praxis (Winterthur)
USG	Bundesgesetz über den Umweltschutz (Umweltschutzgesetz) vom 7. Oktober 1983 (SR 814.01)
UVEK	Eidgenössisches Departement für Umwelt, Verkehr, Energie und Kommunikation
UVP	Umweltverträglichkeitsprüfung

UVPV	Verordnung über die Umweltverträglichkeitsprüfung vom 19. Oktober 1988 (SR 814.011)
VB	Verwaltungsgerichtliche Beschwerde (Entscheid des Verwaltungsgerichts des Kantons Zürich)
VDNP	Verordnung über die Darstellung von Nutzungsplänen vom 11. Mai 2016 (LS 701.12)
VE-RPG 2	Vernehmlassungsentwurf vom 21. Juni 2017 zur 2. Etappe der Revision des RPG
VG	Vollgeschoss
VGer	Verwaltungsgericht des Kantons Zürich
VGG	Bundesgesetz über das Bundesverwaltungsgericht (Verwaltungsgerichtsgesetz) vom 17. Juni 2005 (SR 173.32)
VKF	Vereinigung Kantonaler Feuerversicherungen
VLP-ASPAN	Schweizerische Vereinigung für Landesplanung
VOG RR	Verordnung über die Organisation des Regierungsrates und der kantonalen Verwaltung vom 18. Juli 2007 (LS 172.11)
VRG	Verwaltungsrechtspflegegesetz vom 24. Mai 1959 (LS 175.2)
VSiV	Verkehrssicherheitsverordnung vom 15. Juni 1983 (LS 722.15)
VSS	Schweizerischer Verband der Strassen- und Verkehrsfachleute
VVB	Verordnung über den vorbeugenden Brandschutz vom 8. Dezember 2004 (LS 861.12).
WaG	Bundesgesetz über den Wald (Waldgesetz) vom 4. Oktober 1991 (SR 921.0)
WEG	Wohnbau- und Eigentumsförderungsgesetz vom 4. Oktober 1974 (SR 843)
WWG	Wasserwirtschaftsgesetz vom 2. Juni 1991 (LS 724.11)
ZBl	Schweizerisches Zentralblatt für Staats- und Verwaltungsrecht (Zürich)
ZGB	Schweizerisches Zivilgesetzbuch vom 10. Dezember 1907 (SR 210)
Ziff.	Ziffer
zit.	zitiert
ZPO	Schweizerische Zivilprozessordnung (Zivilprozessordnung) vom 19. Dezember 2008 (SR 272)
ZWG	Bundesgesetz über Zweitwohnungen (Zweitwohnungsgesetz) vom 20. März 2015 (SR 702)

1. Teil: Grundlagen

§ 1 Begriffe

Planung ist ein Prozess; der *Plan* ist das Ergebnis dieses Prozesses. Unter Planung versteht man ein vorausschauendes, systematisches Vorgehen zur Entwicklung von Handlungszielen und -beiträgen sowie zu deren Koordination und Steuerung über einen bestimmten Zeitraum. Im Zusammenhang mit staatlichen Aufgaben wird zwischen politischer Planung, Finanzplanung und Raumplanung unterschieden; in diesem Buch geht es nur um die Letztere.

Raumplanung ist die vorausschauende Lösung der räumlichen Konflikte, die sich aus der Begrenztheit des Raums und den vielschichtigen, ständig steigenden Anforderungen an diesen ergeben. Dabei versteht man unter *Raum* den gesamten Lebensraum; der Begriff fokussiert in erster Linie auf den Boden, erfasst aber – zumindest teilweise – auch den Luftraum sowie den Untergrund.

Das *Raumplanungsrecht* umfasst die Gesamtheit der Rechtsnormen, die eine bestimmte räumliche Ordnung herbeiführen wollen oder deren Anwendung sich auf die räumliche Ordnung auswirkt. Die Gesamtheit der Rechtsnormen in Erlassen, welche ausdrücklich als solche über Raumplanung bezeichnet werden (Raumplanungsgesetz, Raumplanungsverordnung, Planungs- und Baugesetz usw.), stellt das *nominale* Raumplanungsrecht dar. *Funktionales* Raumplanungsrecht ist demgegenüber die Gesamtheit der raumrelevanten Rechtsnormen ausserhalb des nominalen Raumplanungsrechts (z.B. im Umweltschutzgesetz, im Natur- und Heimatschutzgesetz oder im Gewässerschutzgesetz).

Der – auch in Art. 75 BV verwendete – Begriff «Raumplanung» (aménagement du territoire) geht auf eine gewisse Planungseuphorie in den 1970er-Jahren zurück und vermag aus heutiger Sicht nur noch teilweise zu befriedigen. Sachgerechter erscheint der umfassendere Begriff «*Raumordnung*» (organisation du territoire), verstanden nicht nur als tatsächlich vorhandene, sondern auch als zu schaffende oder zu erhaltende künftige räumliche Struktur eines Gebiets. Dabei ist «Raumordnung» auch dem Begriff «*Raumentwicklung*» vorzuziehen, weil dieser dem Aspekt der Erhaltung schützenswerter Objekte und Güter zu wenig Rechnung trägt.

Das RPG spricht konsequent von «Bauten und Anlagen», enthält dafür jedoch keine Legaldefinitionen. Ohne dass eine scharfe Abgrenzung zwischen diesen beiden Begriffen möglich wäre, gelten als *Bauten* ober- und unterirdische Gebäude oder gebäudeähnliche Objekte sowie Fahrnisbauten, die über nicht unerhebliche Zeiträume ortsfest verwendet werden. *Anlagen* sind demgegenüber (andere) Einrichtungen, die das Gelände verändern oder sich sonstwie auf den umliegenden Raum auswirken, beispielsweise Verkehrseinrichtungen (EJPD/BRP, Erläuterungen, Art. 22 N. 7). Einen davon abweichenden, umfassenderen Anlagebegriff verwendet das Umweltschutzgesetz (vgl. Art. 7 Abs. 7 USG). Das zürcherische Recht wiederum definiert in der Allgemeinen Bauverordnung – weitgehend in Übereinstimmung mit der Interkantonalen Vereinbarung über die Harmonisierung der Baubegriffe – die Begriffe «Gebäude» (§ 2 ABV), «Kleinbauten und Anbauten» (§ 2a ABV), «unterirdische Bauten» (§ 2b ABV), «Unterniveaubauten» (§ 2c ABV) sowie «Ausstattungen» (§ 3 ABV) und «Ausrüstungen» (Art. 4 ABV).

§ 2 Entwicklung des Raumplanungs- und Baurechts

I. Vom Baupolizeirecht über die Ortsplanung zur umfassenden Raumplanung

A. Entwicklung bis 1969

Im 19. Jahrhundert dienten öffentlichrechtliche Regelungen vorab der Gefahrenabwehr und dem Gesundheitsschutz. Auch Vorschriften über die Nutzung des Raums – d.h. über das Verhältnis zu den Nachbarn, die Bauhöhe, die Gestaltung usw. – waren auf die Abwehr schädigender Einflüsse gerichtet, also *polizeilich motiviert* (daher die Begriffe Baupolizei, Baupolizeirecht).

Das starke Bevölkerungswachstum erforderte die Ausscheidung und Erschliessung neuen Baulandes durch Bebauungs- und Strassenlinienpläne. Für die Bebauung mussten Vorschriften über das Mass und die Gestaltung der Gebäude sowie die Bautechnik erlassen werden. Dies führte in den 1890er-Jahren in mehreren Kantonen zum Erlass von Baugesetzen, so auch im Kanton Zürich, wo am 23. April 1893 das *Baugesetz für Ortschaften mit städtischen Verhältnissen* erlassen wurde. Dieses blieb bis zu seiner Ablösung durch das Planungs- und Baugesetz von 1975 in Kraft.

Ab etwa 1910 begannen die industriellen und eher städtisch geprägten Gemeinden, ihre Entwicklung durch das Ausscheiden von Zonen zu planen (daher der noch während langer Zeit verwendete Begriff *«Ortsplanung»)*. Der Bund und die Kantone widmeten sich zu dieser Zeit weiterhin dem Bau des Eisenbahnnetzes, der Strassen über die Alpenpässe sowie der Meliorationswerke (Kanäle und andere Verbauungen zum Schutz vor Hochwasser). Im Übrigen beschränkte sich das Bundesrecht – soweit im Zusammenhang mit dem Bauen von Bedeutung – auf privatrechtliche Regelungen im nachbarlichen Sachenrecht.

Bereits 1933 forderte Armin Meili – der spätere Direktor der Schweizerischen Landesausstellung von 1939 – eine systematische *Landesplanung,* die das Staatsgebiet in Landwirtschafts-, Industrie- und Wohnzonen einteilt. 1942 anerkannte die Schweizerische Landesplanungskommission die Notwendigkeit einer systematischen Landesplanung, um die wirtschaftlichen und kulturellen Interessen der Landwirtschaft, der Industrie, des Verkehrs, der Energiewirtschaft, der Siedlung, der Erholung sowie des Natur- und Heimatschutzes zu koordinieren. 1943 erfolgte die Gründung der Schweizerischen Vereinigung für Landesplanung (VLP), welche die erwähnte Kommission ablöste.

Nach der Zäsur des Zweiten Weltkriegs befasste sich 1947 der *Schweizerische Juristentag* erstmals mit dem Thema Landesplanung. Eine Siedlungslenkung auf Bundesebene wurde jedoch kategorisch abgelehnt; dies unter dem Eindruck des staatlichen Dirigismus während des Krieges, wegen der möglichen Eingriffe in die Eigentumsgarantie sowie aus föderalistischen Überlegungen.

Der Wirtschaftsaufschwung der 1950er-Jahre hatte in den Vororten der grösseren Schweizer Städte eine *sprunghafte und planlose bauliche Entwicklung* zur Folge. Dies führte in den Gemeinden des Mittellandes mit starkem Wachstum und Entwicklungsdruck zur ersten Generation kommunaler Zonenpläne. Das Anliegen einer koordinierten schweizerischen Landesplanung war vorerst kein Thema mehr.

1961 erfolgte die Gründung des Instituts für Orts-, Regional- und Landesplanung an der ETH Zürich (ORL-Institut, 2002 abgelöst durch das Netzwerk Stadt und Landschaft NSL). In den 1960er-Jahren kamen auf Bundesebene infolge der anhaltenden Bodenspekulation Bestrebungen in Gang, eine *bundesrechtliche Landwirtschaftszone* einzuführen. 1964 legte der Berner Staatsrechtler Hans Huber in einem Rechtsgutachten dar, dass es hierfür einer zusätzlichen Verfassungsgrundlage bedurfte.

B. Der Verfassungsartikel von 1969

1969 wurde Art. 22^{quater} aBV, der «Raumplanungsartikel», in die Bundesverfassung aufgenommen, zusammen mit Art. 22ter aBV, der die – zuvor ungeschriebene – Eigentumsgarantie gewährleistete. Art. 22^{quater} hatte folgenden Wortlaut:

[1] Der Bund stellt auf dem Wege der Gesetzgebung Grundsätze auf für eine durch die Kantone zu schaffende, der zweckmässigen Nutzung des Bodens und der geordneten Besiedlung des Landes dienende Raumplanung.

[2] Er fördert und koordiniert die Bestrebungen der Kantone und arbeitet mit ihnen zusammen.

[3] Er berücksichtigt in Erfüllung seiner Aufgaben die Erfordernisse der Landes-, Regional- und Ortsplanung.

Bemerkenswert ist, dass in Abs. 1 des neuen Verfassungsartikels erstmals von «*Raumplanung*» die Rede war, wogegen in Abs. 3 die bisherige Terminologie («Landes-, Regional- und Ortsplanung») Verwendung fand.

Im Rahmen der 1999 erfolgten *Totalrevision der Bundesverfassung* wurde der Raumplanungsartikel in Art. 75 BV überführt, eingebettet in den Abschnitt «Umwelt und Raumplanung». Die Ziele der Raumplanung gemäss Abs. 1 – zweckmässige Nutzung des Bodens und geordnete Besiedlung des Landes – wurden dabei durch die «haushälterische» Nutzung des Bodens ergänzt; dies als Ausdruck des Grundsatzes der Nachhaltigkeit (vgl. Art. 2 Abs. 2 und 4 sowie Art. 73 BV). Im Übrigen blieb der Verfassungsartikel – dem Konzept einer blossen Nachführung des Verfassungsrechts entsprechend – materiell unverändert.

C. Vom Verfassungsartikel bis zum Raumplanungsgesetz

Nach der Aufnahme des Raumplanungsartikels in die Bundesverfassung sollten bis zum Inkrafttreten des Raumplanungsgesetzes nochmals mehr als zehn Jahre vergehen. Zersiedelung und Bodenspekulation gingen jedoch in hohem Tempo weiter.

Eine grosse raumplanerische Bedeutung erlangte während dieses Jahrzehnts das *Gewässerschutzgesetz von 1971* (AS 1972 950). Dessen Art. 20 Satz 1 lautete:

«Baubewilligungen für Gebäude und Anlagen ausserhalb des im generellen Kanalisationsprojekt abgegrenzten Gebietes dürfen nur erteilt werden, sofern der Gesuchsteller ein sachlich begründetes Bedürfnis nachweist.»

Dieses «sachlich begründete Bedürfnis» für einen Neu- oder Umbau ausserhalb der Bauzonen bzw. des durch das generelle Kanalisationsprojekt (GKP) abgegrenzten Gebiets setzte voraus, dass «dessen Zweckbestimmung den beanspruchten Standort (...) bedingt und dem Bauvorhaben keine überwiegenden öffentlichen Interessen entgegenstehen» (Art. 27 Abs. 1 der Allgemeinen Gewässerschutzverordnung von 1972; AS 1972 967). Dadurch wurde ein zentrales Anliegen der Raumplanung durch das Gewässerschutzrecht vorweggenommen: die Trennung des Baugebiets vom Nichtbaugebiet.

Angesichts der weiterhin ungelösten Probleme erging 1972 der *Bundesbeschluss über dringliche Massnahmen auf dem Gebiete der Raumplanung* (BMR; AS 1972 644). Dieser Bundesbeschluss, der dringlich erklärt wurde und sofort in Kraft trat, verpflichtete die Kantone zur Ausscheidung provisorischer Schutzgebiete. Er galt bis zum Inkrafttreten des RPG.

1974 verabschiedete die Bundesversammlung ein *erstes Bundesgesetz über die Raumplanung* (BBl 1974 II 816 ff. [Referendumsvorlage]). Kritiker erhoben gegen das Gesetz den Vorwurf, es sei zu zentralistisch und zu technokratisch; zudem enthielt es verschiedene umstrittene Einzelbestimmungen. Gegen das Gesetz wurde das Referendum ergriffen; 1976 scheiterte es knapp in der Volksabstimmung.

Am 22. Juni 1979 erliess das Parlament das (zweite) *Bundesgesetz über die Raumplanung* (SR 700). Dieses trat am 1. Januar 1980 in Kraft.

D. Revisionen des Raumplanungsgesetzes

Das RPG erfuhr seither mehrere Revisionen, in jüngerer Zeit mit zunehmender Beschleunigung.

1. Umsetzung des Koordinationsgebots

Um das Gebot der formellen und materiellen Koordination von Bewilligungsverfahren umzusetzen, fügte der Gesetzgeber am 6. Oktober 1995 Art. 25a («Grundsätze der Koordination») sowie Art. 33 Abs. 4 (Koordination im Rechtsmittelverfahren) ins Gesetz ein (AS 1996 965; Botschaft und Entwurf: BBl 1994 III 1075 ff.). Es handelte sich dabei um eine direkte Folge des Leitentscheids «Chrüzlen» aus dem Jahr 1990 (BGE 116 Ib 50; siehe dazu S. 222 ff.).

2. Bauen ausserhalb der Bauzonen I

Der Strukturwandel in der Landwirtschaft führte am 20. März 1998 zu einer (ersten) grösseren Teilrevision betreffend das Bauen ausserhalb der Bauzonen (AS 2000 2042; Botschaft und Entwurf: BBl 1996 III 513 ff.). Einerseits wurde die Umschreibung der Zonenkonformität in der Landwirtschaftszone erweitert (Art. 16 und [neu] Art. 16a RPG); anderseits trat zum Grund- bzw. bisherigen Alleintatbestand betreffend zonenwidrige Bauten und Anlagen ausserhalb der Bauzonen (Art. 24 RPG) eine Reihe weiterer Ausnahmetatbestände hinzu (Art. 24a–24d RPG). Im Gefolge dieser Teilrevision erliess der Bundesrat am 28. Juni 2000 eine *neue Raumplanungsverordnung* (SR 700.1), welche die gleichnamige Verordnung von 1989 (AS 1989 1985) ablöste.

Die RPG-Teilrevision von 1998 muss in dreifacher Hinsicht als verunglückt bezeichnet werden, nämlich

- mit Blick auf den raumplanungsrechtlichen Trennungsgrundsatz (Trennung Baugebiet/Nichtbaugebiet), der bis hart an die Grenze des Verfassungsmässigen strapaziert wurde;

- in konzeptioneller Hinsicht, weil das Aufbrechen der bisherigen Regelung zugunsten von Einzelbedürfnissen der Landwirtschaft nicht auf einem durchdachten und konsistenten Konzept beruhte;
- in gesetzestechnischer Hinsicht, weil das bislang sehr schlanke (Grundsatz-)Gesetz durch einen Wust an kaum handhabbaren Regelungen aufgebläht wurde, ergänzt durch einen nicht minder grossen Regelungswust auf Verordnungsstufe. Die Revision war geprägt vom – bis anhin dem Raumplanungsrecht fremden, inzwischen aber zum Normalfall gewordenen – Drang des Gesetzgebers, möglichst alle Fragen bis ins Detail zu regeln und dadurch (vermeintlich) Rechtssicherheit zu schaffen.

3. Bauen ausserhalb der Bauzonen II

Die Konzeptlosigkeit der Teilrevision von 1998 führte zu einer weiteren, allerdings nicht besser durchdachten Teilrevision vom 23. März 2007 (AS 2007 3637; Botschaft und Entwurf: BBl 2005 7097 ff.) sowie zu einer Teilrevision der Raumplanungsverordnung vom 4. Juli 2007 (AS 2007 3641). Die Möglichkeiten des – sowohl zonenkonformen wie zonenwidrigen – Bauens ausserhalb der Bauzonen wurden abermals erweitert.

4. Teilrevision RPG, erste Etappe

Ende 2008 eröffnete der Bundesrat ein Vernehmlassungsverfahren zu einem neuen *Raumentwicklungsgesetz* (REG), welches das RPG hätte ablösen sollen. Nach überwiegend negativen Stellungnahmen beschloss er jedoch, die Totalrevision nicht weiterzuverfolgen und stattdessen – als indirekten Gegenvorschlag zur «Landschaftsinitiative» (siehe dazu S. 48) – eine Teilrevision in Angriff zu nehmen. Dies in zwei Etappen:

Die *erste Revisionsetappe* (Botschaft und Entwurf vom 20. Januar 2010: BBl 2010 1049 ff.) sollte sich auf die von der Landschaftsinitiative angesprochenen Themen beschränken, nämlich (a) Massnahmen gegen die weitere Zersiedelung der Schweiz, (b) Förderung einer qualitativ hochwertigen Siedlungsentwicklung nach innen, (c) bedarfsgerechte Dimensionierung der Bauzonen. Sie wurde vom Parlament – nach anfänglichem Widerstand des Nationalrats – am 15. Juni 2012 verabschiedet und in der Volksabstimmung vom 3. März 2013 mit einem Ja-Stimmenanteil von 62,9 % angenommen, nachdem der Schweizerische Gewerbeverband dagegen das Referendum ergriffen hatte. In Kraft gesetzt wurde die Revision (AS 2014 899) allerdings erst auf den 1. Mai 2014, zusammen mit der zugehörigen Revision der RPV vom 2. April 2014 (AS 2014 909).

Das heikle und heute wohl kaum noch befriedigend deregulierbare Thema Bauen ausserhalb der Bauzonen sollte – zusammen mit weiteren Punkten – Gegenstand einer *zweiten Revisionsetappe* bilden.

5. Bauen ausserhalb der Bauzonen III ff.

Obwohl die unübersichtlichen, schwer verständlichen und verfassungsrechtlich fragwürdigen Regelungen betreffend das Bauen ausserhalb der Bauzonen im Rahmen der vorgesehenen zweiten Etappe der RPG-Revision einer gesamthaften Überprüfung unterzogen werden sollten, griff das Parlament wiederholt vor und brach Einzelfragen heraus. So revidierte es am 23. Dezember 2011 Art. 24c RPG und erweiterte die *Besitzstandsgarantie* (AS 2012 5535; Bericht und Entwurf der UREK-N vom 22. August 2011: BBl 2011 7083 ff.). Die entsprechende Anpassung der RPV erfolgte am 10. Oktober 2012 (AS 2012 5537; Näheres zur Revision S. 147 f.). Am 22. März 2013 lockerte das Parlament die Vorschriften zur *Pferdehaltung* und zur *hobbymässigen Tierhaltung* in der Landwirtschaftszone (Einfügung von Art. $16a^{bis}$ und Art. 24e RPG; AS 2014 905; Bericht und Entwurf der UREK-N: BBl 2012 6589 ff.). Die zugehörige Revision der RPV erfolgte am 2. April 2014 (AS 2014 909).

Weitere politische Vorstösse sind in der Pipeline: So verlangen zwei Standesinitiativen der Kantone Graubünden und Wallis, dass der in Art. 24c RPG geregelte Bestandesschutz für ausserhalb der Bauzonen gelegene Bauten «dahingehend zu erweitern [sei], dass landwirtschaftlich nicht mehr benötigte Bauten» – namentlich Maiensässbauten – «unter Wahrung ihrer Identität und im Rahmen der bestehenden Erweiterungsmöglichkeiten massvoll zur Wohnnutzung umgenutzt werden können» (16.308, 16.310). Eine Motion der UREK-S will den Bundesrat beauftragen, «das Raumplanungsrecht so zu ändern, dass die Kantone die Umnutzung nicht mehr benötigter landwirtschaftlicher Bauten ausserhalb der Bauzone zur Wohnnutzung gestützt auf eine entsprechende Grundlage im Richtplan zulassen können» (17.3358). Eine weitere Motion der UREK-S will den Bundesrat beauftragen, «das Raumplanungsrecht so zu ändern, dass die hobbymässige Kleintierhaltung erleichtert wird» (16.3622). Eine weitere, von beiden Räten bereits angenommene Motion der UREK-S beauftragt den Bundesrat, «die Bestimmungen des Raumplanungsrechts für Bauten ausserhalb der Bauzonen so anzupassen, dass ein Hotelbetrieb im Rahmen eines Umbaus oder Wiederaufbaus entsprechend den heutigen Anforderungen erweitert werden kann. Zudem sollen die Voraussetzungen geschaffen werden, damit Zweckänderungen und Erweiterungen von Tourismusbetrieben ausserhalb der Bauzonen in Einzelfällen möglich werden» (15.4087). Eine Motion von Nationalrat Page will den Bundesrat beauftragen, «das Raumplanungsgesetz (Art. 24c RPG) dahingehend zu ändern, dass bestehendes Gebäudevolumen ausserhalb der Bauzonen maximal genutzt werden kann» (16.3697). Eine Motion von Nationalrat Müller will den Bundesrat beauftragen, «dem Parlament eine Gesetzesänderung vorzuschlagen, wonach unabhängig von der Produktionsrichtung auf jedem landwirtschaftlichen Gewerbe mit Tierhaltung ein Wohnhaus zonenkonform ist» (15.3997). Und eine Motion der CVP-Fraktion will den Bundesrat beauftragen, «die Raumplanungsgesetzgebung so anzupassen, dass ungenutzte, erschlossene landwirtschaftliche Gebäude (auch Scheunen) in der Landwirtschaftszone leichter zu Wohnzwecken und für den Agrotourismus umgenutzt werden können» (11.3285). Fortsetzung folgt (gewiss).

6. Teilrevision RPG, zweite Etappe

Im Dezember 2014 legte das UVEK einen Entwurf zur zweiten Etappe der RPG-Teilrevision («RPG 2») vor und führte ein Vernehmlassungsverfahren durch. Die Vorlage betraf nebst dem Thema Bauen ausserhalb der Bauzonen weitere Bereiche, namentlich den Schutz der Fruchtfolgeflächen, die Koordination von Raum- und Infrastrukturentwicklung sowie die grenzüberschreitende Raumplanung in sog. funktionalen Räumen. Sie stiess bei Kantonen und Verbänden auf heftigen Widerstand, weshalb sie in der Folge abgespeckt wurde. Am 21. Juni 2017 präsentierte das UVEK einen überarbeiteten Gesetzesentwurf und führte darüber bis Ende August 2017 nochmals ein Vernehmlassungsverfahren durch. Die Botschaft des Bundesrats soll im Spätherbst 2017 verabschiedet werden.

E. Die Zweitwohnungsinitiative

Am 11. März 2012 nahmen Volk und Stände die Volksinitiative «Schluss mit dem uferlosen Bau von Zweitwohnungen!» an. Dadurch wurde *Art. 75b* samt Übergangsbestimmung (Art. 197 Ziff. 9) in die Bundesverfassung eingefügt. Art. 75b Abs. 1 BV lautet wie folgt: «Der Anteil von Zweitwohnungen am Gesamtbestand der Wohneinheiten und der für Wohnzwecke genutzten Bruttogeschossfläche einer Gemeinde ist auf höchstens 20 Prozent beschränkt.» Diese Verfassungsbestimmung enthält einen unmittelbar anwendbaren «harten Kern», soweit in Gemeinden, in welchen der Zweitwohnungsanteil von 20 % eindeutig überschritten ist, die Erstellung neuer Zweitwohnungen mit sog. «kalten Betten» in Frage steht (BGE 139 II 243, E. 10.1–10.4). Darüber hinaus begründet Art. 75b Abs. 1 BV eine umfassende Regelungskompetenz des Bundes im Zusammenhang mit Zweitwohnungen, verbunden mit einem Gesetzgebungsauftrag. Dieser bezieht sich insbesondere auf die Erstellung bewirtschafteter Zweitwohnungen (sog. «warmer Betten»), die Umnutzung von Erst- in Zweitwohnungen sowie die

Erweiterung und den Ersatz bestehender Zweitwohnungen (BGE, a.a.O., E. 10.5).

Am 20. März 2015 verabschiedete das Parlament das – in mancherlei Hinsicht problematische – *Zweitwohnungsgesetz* (ZWG), welches am 1. Januar 2016 in Kraft trat (vgl. dazu Alig, Zweitwohnungsgesetz).

II. Entwicklung im Kanton Zürich

A. Planungs- und Baugesetz

1. Entstehung und Inhalt

Das Planungs- und Baugesetz (PBG; LS 700.1) wurde am 7. September 1975 erlassen und trat am 1. April 1976 bzw. 1. Juli 1978 in Kraft (ursprüngliche Bezeichnung: «Gesetz über die Raumplanung und das öffentliche Baurecht»). Das PBG ist somit älter als das RPG; es orientierte sich noch am ersten Raumplanungsgesetz von 1974, welches indes in der Referendumsabstimmung scheiterte.

Inhaltlich umfasst das PBG das *Planungsrecht* (II. Titel), den – im vorliegenden Band nicht näher thematisierten – Natur- und Heimatschutz, insbesondere den *Denkmalschutz* (III. Titel), ferner das *öffentliche Baurecht* (IV. Titel) sowie den *Rechtsschutz* (V. Titel).

Das PBG ist ein eher «geschwätziges» Gesetz, welches nicht durch einen konzisen Regelungsstil und eine stringente Systematik besticht. Es hat sich aber eingelebt, auch dank einer reichhaltigen, heute in den meisten Bereichen gefestigten Rechtsprechung. Allerdings wird es die 2015 verabschiedete Gesetzesrevision «Harmonisierung der Baubegriffe» erforderlich machen, zu etlichen Fragen von neuem eine Praxis zu entwickeln.

2. Revisionen

a) *Teilrevision 1991*

Das PBG erfuhr am 1. September 1991 eine erste grössere Teilrevision (OS 51, 817). Diese stand schwergewichtig im Zeichen der *baulichen Verdichtung*. So wurde unter anderem die Definition der Ausnützungsziffer in § 255 PBG geändert, um die bauliche Dichte zu erhöhen – was zur Folge hatte, dass zahlreiche Zürcher Gemeinden zur Baumassenziffer wechselten, weil ihnen die definitionsbedingte Verdichtung übermässig erschien, eine nominale Herabsetzung der Ausnützungsziffern politisch jedoch nicht opportun war.

b) *Gescheiterte Totalrevision; Folgerevisionen*

Ab 1999 strebte die Baudirektion eine Totalrevision des PBG an. Das Vorhaben wurde 2006 jedoch abgebrochen. In der Folge wurden drei Teilprojekte für eine Partialrevision weiterverfolgt:

- *Verfahren und Rechtsschutz* (Antrag des Regierungsrats an den Kantonsrat vom 9. März 2011: ABl 2011 1119 ff.);
- *Behindertengerechtes Bauen* (Antrag des Regierungsrats an den Kantonsrat vom 30. März 2011: ABl 2011 1161 ff.);
- *Parkierungsregelungen und stark verkehrserzeugende Nutzungen* (Vernehmlassungsentwurf vom 3. Juli 2009).

Die Vorlage betreffend behindertengerechtes Bauen wurde am 22. Oktober 2012 vom Kantonsrat verabschiedet (OS 68, 189; siehe S. 194 f.), der Teil «Verfahren und Rechtsschutz» am 28. Oktober 2013 (OS 69, 262). Dem Teilprojekt «Parkierungsregelungen und stark verkehrserzeugende Nutzungen» erwuchs im Rahmen des Vernehmlassungsverfahrens Widerstand, weshalb der Regierungsrat in der Folge von einer Gesetzesrevision absah.

c) Harmonisierung der Baubegriffe

2014 unterbreitete der Regierungsrat dem Kantonsrat eine Vorlage zum Beitritt des Kantons Zürich zur IVHB, der *Interkantonalen Vereinbarung über die Harmonisierung der Baubegriffe* (ABl 7. Februar 2014 [60629, 60631]; vgl. zur IVHB S. 155). Mit Ausnahme der Geschossflächenziffer sollten sämtliche Begriffe gemäss Anhang 1 IVHB ins kantonale Recht übernommen werden. Der Kantonsrat lehnte den Beitritt zum Konkordat am 8. Juni 2015 zwar ab (Nichteintreten); dennoch beschloss er am 14. September 2015 – ohne Beitritt zur IVHB – eine umfangreiche Teilrevision des PBG mit dem Titel «Harmonisierung der Baubegriffe» (OS 72, 52). Die *Übergangsbestimmung* zu dieser Teilrevision räumt den Gemeinden ab dem Inkrafttreten der Revision am 1. März 2017 acht Jahre Zeit ein, um ihre Bau- und Zonenordnungen anzupassen. Bis zur Anpassung gilt die bisherige Fassung des Gesetzes weiter; Sonderbauvorschriften und Gestaltungspläne müssen nicht angepasst werden. Die Gesetzesrevision zog eine umfangreiche Anpassung der ABV sowie Revisionen der BBV II und der BVV vom 11. Mai 2016 nach sich, die ebenfalls am 1. März 2017 in Kraft traten (OS 72, 60, 91, 93).

Ein Überblick über den Stand der BZO-Anpassungen in den Gemeinden findet sich unter www.baugesuche.zh.ch > Rund ums Bauen > Harmonisierung Baubegriffe.

d) Kulturlandinitiative

Am 17. Juni 2012 nahmen die Stimmberechtigten des Kantons Zürich die *«Volksinitiative zum Erhalt der landwirtschaftlich und ökologisch wertvollen Flächen (Kulturlandinitiative)»* an. Die in der Form der allgemeinen Anregung eingereichte Initiative verpflichtete den Kanton, dafür zu sorgen, «dass die wertvollen Landwirtschaftsflächen und Flächen von besonderer ökologischer Bedeutung wirksam geschützt werden und in ihrem Bestand und ihrer Qualität erhalten bleiben» (ABl 2011 2413 ff.).

Am 19. Mai 2014 beschloss der Kantonsrat, auf die *Umsetzungsvorlage* des Regierungsrats nicht einzutreten, womit er die politischen Rechte der Stimmberechtigten in krasser Weise verletzte. Der Regierungsrat hatte ihm am 19. Juni 2013 als Umsetzungsvorlage eine Teilrevision des PBG unterbreitet, jedoch gleichzeitig deren Ablehnung beantragt (ABl 5. Juli 2013 [37127]), womit er ebenfalls gegen die politischen Rechte verstiess. Der Nichteintretensbeschluss des Kantonsrats wurde mit Stimmrechtsbeschwerde beim Bundesgericht angefochten, welches die Beschwerde guthiess (BGE 141 I 186). In der Folge verabschiedete der Kantonsrat die vom Regierungsrat vorgelegte PBG-Revision, allerdings ohne förmliche Schlussabstimmung. Ein Teil der Kantonsratsmitglieder ergriff dagegen sogleich das Kantonsratsreferendum. In der Volksabstimmung vom 27. November 2016 wurde die Gesetzesrevision abgelehnt. Damit ist die Umsetzung der Kulturlandinitiative gescheitert.

e) *Weitere Teilrevisionen*

Im Rahmen einer weiteren Revision beschloss der Kantonsrat am 26. März 2012 materiellrechtliche und verfahrensrechtliche Erleichterungen bei der *energetischen Sanierung von Gebäudehüllen* (OS 68, 123). Am 19. August 2013 verabschiedete er § 78a PBG, der es den Gemeinden erlaubt, für im Zonenplan bezeichnete Gebiete *Anordnungen zur Nutzung erneuerbarer Energien* zu treffen (OS 70, 149, angenommen in der Referendumsabstimmung vom 9. Februar 2014). Und am 28. Oktober 2013 fügte er § 49b ins PBG ein, der es den Gemeinden ermöglicht, einen *Mindestanteil an preisgünstigem Wohnraum* festzulegen, wenn Zonenänderungen, Sonderbauvorschriften oder Gestaltungspläne zu erhöhten Ausnützungsmöglichkeiten führen (ABl 10. Januar 2014 [57261]). Die neue Regelung wurde in der Volksabstimmung vom 28. September 2014 angenommen, steht aber noch nicht in Kraft.

Die Volkswirtschaftsdirektion legte im April 2014 einen Entwurf für eine PBG-Revision im Bereich *Baulinien* vor und führte hierüber ein Vernehmlassungsverfahren durch. Aufgrund neuerer Gerichtsurteile setzte der Regierungsrat die PBG-Revision in der Folge vorläufig aus und beauftragte die Volkswirtschaftsdirektion, in Zusammenarbeit mit der Baudirektion eine grundsätzliche Überprüfung des Instruments Baulinie vorzunehmen (RRB Nr. 321/2017 vom 5. April 2017).

Im 19. und frühen 20. Jahrhundert wurde entlang des überwiegenden Teils (rund 95 %) des Zürichseeufers ein Streifen von 30 m oder mehr aufgeschüttet, um Land zu gewinnen, unter anderem für den Bau der Seestrassen und der Eisenbahnlinien. In der Folge übertrug der Kanton die Landanlagen entlang des neuen Ufers teilweise ins Eigentum Privater, und zwar gestützt auf sog. *Landanlagekonzessionen.* Darin auferlegte er den Eigentümern Handlungs- und Duldungspflichten, um die öffentlichen Interessen an der Gestaltung des Seeufers wahren zu können. 2013 entschied das Bundesgericht jedoch, «dass der Seeuferschutz heute vollumfänglich mit den Mitteln der Raumplanung sowie des Natur- und Heimatschutzes wahrzunehmen» sei (BGE 139 II 470, E. 3.4). Die altrechtlichen Landanlagekonzessionen verloren insoweit ihre Wirksamkeit. Die Baudirektion schlägt nun vor, in einem neuen § 67a PBG Vorgaben für eine *kommunale Uferbereichsplanung* zu machen: «Für das Bauzonengebiet im Uferbereich von Seen sind in der Bau- und Zonenordnung nach den Vorgaben der Richtplanung ergänzende Festlegungen zu Bauten, Anlagen und Umschwung zu treffen» (Abs. 1). Diese ergänzenden kommunalen Festlegungen müssen – «[m]it Rücksicht auf die besondere Lage und die gewachsene bauliche Gliederung» – Folgendes regeln (Abs. 2): Baubereiche, die Stellung und Erscheinung von Gebäuden, die Gebäudelänge, Gebäudebreite, Gesamthöhe und Fassadenhöhe, die weiteren Bauten und Anlagen sowie den Umschwung. Die Baudirektion führte darüber von Mai bis August 2017 ein Vernehmlassungsverfahren durch.

B. Mehrwertausgleichsgesetz

Zur Erfüllung des bundesrechtlichen Auftrags gemäss Art. 5 RPG, einen angemessenen Ausgleich planungsbedingter Vorteile zu regeln, legte der Regierungsrat am 25. Mai 2016 den Entwurf eines neuen Mehrwertausgleichsgesetzes (MAG) vor und führte darüber ein Vernehmlassungsverfahren durch. Der Mehrwertausgleich soll im Kanton Zürich also nicht im PBG, sondern in einem separaten Gesetz geregelt werden (vgl. dazu S. 96).

§ 3 Kompetenzverteilung im Raumplanungs- und Baurecht

I. Grundsatzgesetzgebungskompetenz des Bundes

Art. 75 Abs. 1 BV verleiht dem Bund eine Rahmen- oder Grundsatzgesetzgebungskompetenz. Dies bedeutet, dass der Bund den *gesamten Sachbereich Raumplanung* regeln darf, allerdings – zumindest nach herkömmlicher Auffassung – nur in grundsätzlicher Hinsicht, d.h. nicht bis in alle Einzelheiten. Er muss sich also in Bezug auf die *Dichte der Regelung* zurückhalten und den Kantonen substanzielle Regelungsspielräume belassen, die über die Befugnis zum Erlass von Vollzugsregelungen hinausgehen. Zu beachten ist, dass der Verfassungsartikel nicht bloss eine Kompetenznorm, also eine Regelungsbefugnis, sondern eine Aufgabennorm, d.h. eine Regelungsverpflichtung des Bundes, beinhaltet.

Diese Kompetenzverteilung zwischen Bund und Kantonen hat folgende Konsequenzen:

- Das RPG stellt *keine abschliessende Kodifikation* des Raumplanungsrechts dar. Aufgabe der Kantone und (nach Massgabe des kantonalen Rechts) der Gemeinden ist mithin nicht nur der Vollzug im engeren Sinn, sondern auch die rechtssatzmässige sowie die planerische Konkretisierung und Ergänzung der vom Bund festgelegten Grundsätze.
- Der Bund verfügt über keine Kompetenz, selber *Raumpläne* zu erlassen und (gestützt auf Art. 75 BV) bestimmte Nutzweisen

räumlich festzulegen, also eine Bodennutzungsplanung vorzunehmen.

Der Begriff «Grundsatzgesetzgebung» bzw. «Grundsatzgesetzgebungskompetenz» ist jedoch *missverständlich.* Zum einen ist der Bund nicht von vornherein und durchwegs auf den Erlass von Normen mit Grundsatzcharakter (programmatische Normen, finale Normen) beschränkt, sondern mitunter auch befugt, einzelne Fragen oder Teilbereiche dicht, abschliessend und unmittelbar anwendbar zu regeln. Zum andern bezieht sich die Beschränkung der Regelungsintensität nicht auf die einzelne Norm, sondern auf das Regelungsganze; massgebend ist also das gesamthaft zu betrachtende «Dichteverhältnis» zwischen Bundesrecht und ergänzendem kantonalem Recht.

Gemäss meiner neueren Auffassung, die ich aus einer Gesamtschau aller Grundsatzgesetzgebungskompetenzen gewonnen habe, darf bzw. muss der Bundesgesetzgeber alles regeln, was zur Erreichung der in Art. 75 Abs. 1 BV umschriebenen *Verfassungsziele* – zweckmässige und haushälterische Nutzung des Bodens sowie geordnete Besiedlung des Landes – *geeignet und erforderlich* ist. Dies gilt für den Regelungsgegenstand, aber auch für die Regelungsdichte und die eingesetzten Instrumente. Mehr und anderes (also z.B. bloss Wünschbares) darf der Bund jedoch nicht regeln; darin unterscheidet sich die Grundsatzgesetzgebungskompetenz von einer umfassenden Rechtsetzungskompetenz (ausführlich GRIFFEL, Grundsatzgesetzgebungskompetenz, insb. S. 30 ff.).

Das *Baurecht* im engeren Sinn (namentlich das Baupolizeirecht) liegt – mangels entsprechender Bundeskompetenz – weiterhin in der Zuständigkeit der Kantone (vgl. Art. 3 und 42 BV). Allerdings wirken sich andere Bundeskompetenzen auf das Baurecht aus, insbesondere die umfassende Rechtsetzungskompetenz im Sachbereich Umweltschutz (Art. 74 Abs. 1 BV) sowie die – freilich etwas diffusen – Kompetenzen des Bundes im Energiebereich (vgl. Art. 89 BV). So überlagert das Umweltrecht des Bundes das kantonale und kommunale Raumplanungs- und Baurecht in erheblichem Ausmass, vor allem im Bereich der Lärmbekämpfung (vgl. dazu Art. 21–25 USG sowie Art. 29–31 und 43 LSV). Auch die Energiegesetzgebung des Bundes hat bedeutende Auswirkungen auf das Bauen.

II. Vollzug durch die Kantone

Der Vollzug der Raumplanungsgesetzgebung des Bundes ist Sache der Kantone und – nach Massgabe des kantonalen Rechts – der Gemeinden (vgl. Art. 46 Abs. 1 BV). Deren Aufgabe ist es also,

- *Richt- und Nutzungspläne* festzusetzen,
- *Ausführungsrecht* zum Bundesrecht, insbesondere die notwendigen Vollziehungsbestimmungen, zu erlassen (Vollzug im weiteren Sinn) und
- die *Rechtsanwendung* im Einzelfall vorzunehmen, die in der Regel mittels Verfügung erfolgt (Vollzug im engeren Sinn).

Über den Erlass von unselbständigem Ausführungsrecht hinaus sind die Kantone aufgrund ihrer originären Rechtsetzungszuständigkeit weiterhin befugt, *ergänzendes, selbständiges kantonales Recht* zu erlassen, soweit das Bundesrecht (Stichwort Grundsatzgesetzgebungskompetenz) hierfür Raum lässt.

III. Vollzugskrise in der Raumplanung

Die Raumplanung in der Schweiz steckt seit Jahrzehnten in einer Vollzugskrise. Die Ziele von Art. 75 BV konnten zu einem wesentlichen Teil nicht erreicht werden. Die *Zersiedelung,* d.h. die grossflächige, unstrukturierte und weitgehend auch unkontrollierte Überbauung der Landschaft (gemessen an den Parametern Flächenverbrauch, Nutzungsintensität und Streuung), ist inzwischen weit fortgeschritten, insbesondere im schweizerischen Mittelland, mit irreversiblen Folgen für das Landschaftsbild und die Natur.

Diese Vollzugskrise ist auch – allerdings nicht ausschliesslich – eine Folge der *schwachen Stellung des Bundes* in der Raumplanung, mithin eine Folge der Kompetenzverteilung zwischen Bund und Kantonen. Der Bund musste sich vielfach auf Zielvorgaben beschränken, und seine Aufsichts- und Kontrollmöglichkeiten sind dementsprechend schwach. Dies begünstigt eine Entwicklung, die dem Gebot der nachhaltigen Bodennutzung zuwiderläuft.

Als weitere, teilweise damit zusammenhängende Gründe für die Vollzugskrise und die Zersiedelung sind stichwortartig zu nennen:

- die fehlende Übereinstimmung zwischen den rechtlichen, zum Teil kleinräumigen Gebietskörperschaften (Kantone, Gemeinden) und den *funktional zusammenhängenden Räumen,* insbesondere den Agglomerationen und Wirtschaftsregionen;

  > Deshalb soll Art. 2 Abs. 1bis VE-RPG 2 die Planungspflicht von Bund, Kantonen und Gemeinden wie folgt verdeutlichen: «Sie arbeiten insbesondere auch in Bereichen mit funktional-räumlichen Verflechtungen zusammen, soweit dies zur Verwirklichung der Ziele und Grundsätze der Raumplanung erforderlich ist.»

- *Partikularinteressen,* etwa der Landwirtschaft oder der Gemeinden (an ihrer baulichen Entwicklung);
- *ökonomische Faktoren,* insbesondere die fehlende Kostenwahrheit in den Bereichen Infrastruktur und Verkehr (Stichwort Verursacherprinzip);
- das Problem der nach wie vor *überdimensionierten Bauzonen,* welches der Zersiedelung Vorschub leistet, und das Fehlen eines tauglichen rechtlichen Konzepts zur Redimensionierung von Bauzonen (vgl. S. 54);
- das Problem der *Baulandhortung,* welches zur Folge hat, dass dort, wo es raumplanerisch erwünscht wäre, nicht gebaut wird (vgl. S. 51 ff.);

- ein zum Teil fragwürdiger *Gesetzesvollzug*, insbesondere ein «laisser faire» ausserhalb der Bauzonen;
- bis vor kurzem die Weigerung der meisten Kantone, trotz entsprechender bundesrechtlicher Verpflichtung eine *Mehrwertabgabe* einzuführen, d.h. planungsbedingte Mehrwerte zumindest teilweise abzuschöpfen.

§ 4 Ziele und Grundsätze der Raumplanung

I. Begriff und Rechtsnatur

Art. 1 RPG formuliert «Ziele» der Raumplanung, Art. 3 RPG «Planungsgrundsätze». Ziele sind anzustrebende künftige Zustände, Grundsätze sind Handlungsdirektiven zur Zielerreichung. Eine klare Unterscheidung von Planungszielen und Planungsgrundsätzen ist allerdings nicht möglich; meist wird denn auch im gleichen Atemzug von den «Planungszielen und -grundsätzen gemäss Art. 1 und 3 RPG» gesprochen. Es handelt sich um Regelungen, welche die Anliegen des Verfassungsartikels aufnehmen «und damit alles raumwirksame Gesetzesrecht gleichsam überdachen» (WALDMANN/HÄNNI, Handkommentar RPG, Art. 1 N. 2).

Art. 1 und 3 RPG enthalten keine konditionalen Rechtsnormen, die nach dem Schema «wenn ..., dann ...» einen Tatbestand mit einer Rechtsfolge verknüpfen, sondern *finale*, zielbestimmende Regeln. Es handelt sich um «Entscheidungskriterien und Zielvorgaben, die keine absolute Geltung beanspruchen, sondern im Rahmen der Interessenabwägung mit und gegen andere, möglicherweise widersprechende Planungsgrundsätze und anderswo gesetzlich fixierte Zielvorschriften abgewogen werden müssen» (BGer, 1C_145/2008, 3.7.2008, E. 2.1, m.w.H.). Die Ziele und Grundsätze gemäss Art. 1 und 3 RPG sind demnach vor allem im Rahmen von *Interessenabwägungen* zu berücksichtigen. Dies ändert indessen nichts an ihrer rechtlichen Verbindlichkeit (BGer, 1C_157/2014, 4.11.2015, E. 3.3).

II. Planungsziele (Art. 1 RPG)

Art. 1 Abs. 1 Satz 1 RPG wiederholt das bereits im Verfassungsartikel enthaltene, übergeordnete Ziel der «*haushälterischen*» (gemeint: nachhaltigen) *Nutzung des Bodens* und statuiert seit der RPG-Revision von 2012 ausdrücklich das Gebot der *Trennung des Baugebiets vom Nichtbaugebiet* (sog. Trennungsgrundsatz). Damit geht auch das Konzentrationsprinzip einher, welches mit dem – ebenfalls 2012 ins Gesetz aufgenommenen – Gebot, die Siedlungsentwicklung nach innen zu lenken und kompakte Siedlungen zu schaffen (Abs. 2 lit. a^{bis} und b), besonders akzentuiert worden ist (ausführlicher S. 122 ff.). Aus dem Trennungsgrundsatz ergeben sich zwei Konsequenzen:

- Ausserhalb der Bauzonen besteht – grob und vereinfachend gesagt – ein grundsätzliches Bauverbot.
- Was ausserhalb der Bauzonen geschieht, «interessiert» den Bundesgesetzgeber tendenziell stärker. Deshalb sind im Zusammenhang mit Bauten und Anlagen ausserhalb der Bauzonen – auch gestützt auf eine blosse Grundsatzgesetzgebungskompetenz – dichtere bundesrechtliche Regelungen möglich als in anderen Bereichen.

Art. 1 Abs. 1 Satz 2 RPG verlangt von Bund, Kantonen und Gemeinden die Abstimmung raumwirksamer Tätigkeiten und deren Ausrichtung auf die anzustrebende räumliche Entwicklung. Damit wird die *Koordinationsfunktion* der Raumplanung betont.

Art. 1 Abs. 2 RPG nennt Ziele, die durch die Raumplanung *unterstützt* werden sollen und anlässlich der RPG-Revision von 2012 zum Teil ergänzt bzw. modifiziert wurden: die Erhaltung der natürlichen Lebensgrundlagen (lit. a), die Förderung der Siedlungsentwicklung nach innen (lit. a^{bis}), die Schaffung kompakter Siedlungen (lit. b), die Schaffung und Erhaltung der räumlichen Voraussetzungen für die Wirtschaft (lit. b^{bis}), die Förderung der Regionalpolitik (lit. c), die Sicherstellung der Landesversorgung (lit. d), die Gewährleistung der «Gesamtverteidigung» (lit. e) sowie die Förderung der Integration von Ausländerinnen und Ausländern und des gesellschaftlichen Zusammenhalts (lit. f, eingefügt am 16. Dezember 2016).

III. Planungsgrundsätze (Art. 3 RPG)

A. Landschaft

Art. 3 Abs. 2 RPG (Ingress) verlangt generell die Schonung der Landschaft. Gemäss lit. a sollen insbesondere «der Landwirtschaft genügende Flächen geeigneten Kulturlandes, insbesondere Fruchtfolgeflächen, erhalten bleiben». *Fruchtfolgeflächen* umfassen das ackerfähige Kulturland und sind mit Massnahmen der Raumplanung zu sichern (Art. 26 Abs. 1 RPV). «Ein Mindestumfang an Fruchtfolgeflächen wird benötigt, damit in Zeiten gestörter Zufuhr die ausreichende Versorgungsbasis des Landes im Sinne der Ernährungsplanung gewährleistet werden kann» (Art. 26 Abs. 3 RPV).

Art. 15 Abs. 3 Satz 2 RPG in der Fassung von 2012 hält nun ausdrücklich fest, dass bei der Ausscheidung von Bauzonen insbesondere die Fruchtfolgeflächen zu erhalten sind. Im Einzelnen ist die Sicherung der Fruchtfolgeflächen nicht im Gesetz, sondern in der Raumplanungsverordnung geregelt (Art. 26–30 und Art. 46). Gemäss Art. 30 RPV müssen die Kantone dafür sorgen, dass die Fruchtfolgeflächen den Landwirtschaftszonen zugeteilt werden (Abs. 1), und sicherstellen, dass ihr Anteil am Mindestumfang der Fruchtfolgeflächen dauernd erhalten bleibt (Abs. 2). Der Bundesrat hat den Mindestumfang der Fruchtfolgeflächen und deren Aufteilung auf die Kantone im *Sachplan Fruchtfolgeflächen* von 1992 festgelegt, dem ersten Sachplan überhaupt. Danach müssen die Kantone insgesamt rund 438'000 Hektaren Fruchtfolgeflächen sichern.

Nach der bundesgerichtlichen Rechtsprechung ist dem Kulturlandschutz und der Sicherung der Fruchtfolgeflächen ein hoher Stellenwert beizumessen. Dennoch ist es nicht von vornherein ausgeschlossen, Fruchtfolgeflächen zu anderen als landwirtschaftlichen Zwecken in Anspruch zu nehmen, wenn dies durch entgegenstehende, höher zu gewichtende Interessen gerechtfertigt erscheint (BGer, 1A.19/2007, 2.4.2008, E. 5.2; ferner BGE 134 II 217 [Pra 2009 Nr. 3]; vgl. nun Art. 30 Abs. 1bis RPV). Voraussetzung ist jedoch, dass ein Kanton noch Reserven an Fruchtfolgeflächen hat. Wenn der Mindestumfang unterschritten ist, muss die Ausscheidung neuer Bauzonen in Fruchtfolgeflächen kompensiert werden (ARE, Erläuternder Bericht RPV-Revision 2014, S. 10).

Als *weitere Planungsgrundsätze* im Zusammenhang mit dem Landschaftsschutz nennt Art. 3 Abs. 2 RPG die Einordnung von Siedlungen, Bauten und Anlagen in die Landschaft (lit. b), die Freihaltung der See- und Flussufer (lit. c; zum Schutz der Ufervegetation siehe Art. 21 f. NHG), den Schutz von naturnahen Landschaften und Erholungsräumen (lit. d) sowie den Schutz der Waldfunktionen (lit. e; vgl. zu den Waldfunktionen Art. 77 Abs. 1 BV und Art. 1 Abs. 1 lit. c WaG).

B. Siedlungen

Gemäss Art. 3 Abs. 3 RPG (Ingress) sind die Siedlungen nach den Bedürfnissen der Bevölkerung zu gestalten und *in ihrer Ausdehnung zu begrenzen.* In Tat und Wahrheit nimmt die Siedlungsfläche jedoch seit Jahrzehnten stark zu, und zwar um annähernd einen Quadratmeter pro Sekunde (ARE/UVEK, Raumentwicklungsbericht 2005, S. 31). Dies entspricht einer Fläche von rund zehn Fussballfeldern pro Tag!

Art. 3 Abs. 3 lit. a RPG verlangt eine *zweckmässige Zuordnung von Wohn- und Arbeitsgebieten;* diese sollen schwergewichtig an Orten geplant werden, die auch mit dem *öffentlichen Verkehr* «angemessen» (ursprünglich: «hinreichend») erschlossen sind. Eine Durchmischung von Wohn- und Arbeitsgebieten ist erwünscht, um wohnliche Siedlungen zu schaffen, die weder Schlafstädte ohne eigene Identität noch reine, nachts unbelebte Geschäftsviertel sind. Zudem soll dadurch der Verkehrsstrom der Pendler reduziert werden. Indes: «Die Zahl der Pendlerinnen und Pendler ist massiv angestiegen: von 41 % aller Erwerbstätigen im Jahr 1970 auf 90 % im Jahr 2000» (ARE/UVEK, Raumentwicklungsbericht 2005, S. 50). «Der Raumplanung ist es nicht gelungen, Siedlungsentwicklung und Verkehrsplanung zu koordinieren» (a.a.O., S. 12).

Als *weitere Planungsgrundsätze* im Zusammenhang mit Siedlungen macht Art. 3 Abs. 3 RPG namhaft: den Schutz der Wohngebiete vor schädlichen oder lästigen Einwirkungen wie Luftverschmutzung, Lärm und Erschütterungen (lit. b; vgl. zum Begriff der «schädlichen oder lästigen Einwirkungen» Art. 74 Abs. 1 BV sowie Art. 1 Abs. 1 und Art. 13 Abs. 1 USG); die Erhaltung und Schaffung von Rad- und Fusswegen (lit. c); die Sicherstellung von günstigen Voraussetzungen für die Versorgung mit Gütern und Dienstleistungen (lit. d) sowie die Begrünung der Siedlungen (lit. e). Seit der RPG-Revision von 2012 sollen überdies «Massnahmen getroffen werden zur besseren Nutzung der brachliegenden oder ungenügend genutzten Flächen in Bauzonen und der Möglichkeiten zur Verdichtung der Siedlungsfläche» (lit. a^{bis}).

C. Öffentliche Bauten und Anlagen

Schliesslich verlangt Art. 3 Abs. 4 RPG im Zusammenhang mit öffentlichen oder im öffentlichen Interesse liegenden Bauten und Anlagen die Festlegung sachgerechter Standorte (Ingress), die Berücksichtigung regionaler Bedürfnisse und den Abbau störender Ungleichheiten (lit. a), die gute Erreichbarkeit von Einrichtungen der Grundversorgung (lit. b) sowie die Vermeidung bzw. Geringhaltung von nachteiligen Auswirkungen auf die natürlichen Lebensgrundlagen, die Bevölkerung und die Wirtschaft (lit. c).

Der VE-RPG 2 will Art. 3 RPG durch einen Planungsgrundsatz betreffend den Untergrund (Abs. 5) ergänzen: «Die Nutzungen des Untergrundes, insbesondere die Nutzungen von Grundwasser, Rohstoffen, Energien sowie von baulich nutzbaren Räumen sind frühzeitig aufeinander sowie auf die oberirdischen Nutzungen und Planungen abzustimmen.»

IV. Fazit: Ganzheitlicher, umfassender Ansatz der Raumplanung

Die Koordinationsfunktion der Raumplanung wie auch eine Gesamtschau aller Planungsziele und -grundsätze gemäss Art. 1 und 3 RPG machen deutlich, dass das Raumplanungsrecht in hohem Mass einer ganzheitlichen Betrachtungsweise verpflichtet ist. Diese manifestiert sich insbesondere darin, dass sehr häufig *umfassende Interessenabwägungen* vorzunehmen sind, sei dies im Rahmen der *Nutzungsplanung,* wo jeweils sämtliche raumrelevanten Interessen und Gesichtspunkte in Betracht zu ziehen und gegeneinander abzuwägen sind (Gebot der planerischen Gesamtbetrachtung; vgl. etwa BGer, 1A.281/2005, 21.7.2006, E. 1.3), oder sei dies bei der Bewilligung von *Bauten und Anlagen ausserhalb der Bauzonen* nach Art. 24 RPG (Beispiele: BGE 134 II 97, E. 3.1; BGer, 1A.122/2004, 30.5.2005, E. 2.1 und 3.1).

Angesichts der grossen Bedeutung multipolarer Interessenabwägungen im Raumplanungsrecht hat der Bundesrat in Art. 3 RPV (also auf Verordnungsstufe!) sogar eine *Methode der Interessenabwägung* festgelegt. Diese unterscheidet sinngemäss zwischen folgenden drei Schritten:

- *Ermittlung* aller relevanten Interessen;
- *Beurteilung* (Gewichtung) der ermittelten Interessen;
- *Abwägung* der ermittelten Interessen.

Die Abwägung der Interessen ist ein *Optimierungsvorgang.* Interessengegensätze können in der Regel nicht vollständig aufgelöst werden; sie sind jedoch soweit möglich zu harmonisieren. Die Behörde muss also in einer wertenden Gesamtschau versuchen, zwischen den divergierenden öffentlichen (und gegebenenfalls auch privaten) Interessen «praktische Konkordanz» herzustellen.

Die Ermittlung aller relevanten Interessen gehört zur richtigen und vollständigen Sachverhaltsabklärung. Hingegen stellt die Gewichtung und Abwägung der Interessen einen Akt der Rechtsanwendung – und nicht etwa Ermessensbetätigung – dar, weil die zu beurteilenden öffentlichen Interessen letztlich auf die einschlägigen Verfassungs- und Gesetzesnormen zurückzuführen sind (z.B. auf Art. 74 Abs. 1 BV oder Art. 1 und 3 RPG), welche durch den Filter der Interessenabwägung zur Anwendung kommen. Prozessual handelt es sich deshalb um eine *Rechtsfrage,* die auch von gerichtlichen Rechtsmittelinstanzen – insbesondere vom Bundesgericht – überprüft werden kann. Eine besondere Bedeutung kommt dabei der Begründung des Entscheids der Verwaltungs- bzw. Planungsbehörde zu, damit die Interessenabwägung nachvollziehbar ist (vgl. Art. 3 Abs. 2 RPV).

Allerdings hat das Bundesgericht auch schon ausgeführt, die «relative Gewichtung der potenziell widerstreitenden Interessen» sei «weitgehend Ermessensfrage», in welche das Bundesgericht nur eingreifen könne, wenn das Planungsermessen willkürlich ausgeübt worden sei (BGer, 1C_306/2010, 2.12.2010, E. 2.2). So oder so auferlegt sich das Bundesgericht eine gewisse *Zurückhaltung,* «soweit die Beurteilung von einer Würdigung der örtlichen Verhältnisse abhängt, wie namentlich bei der Überprüfung von Raumplänen»; denn das Bundesgericht ist «nicht oberste Planungsinstanz», sondern hat den Beurteilungsspielraum der kantonalen Behörden zu beachten, soweit dieser nach sachlichen, rechtlich zulässigen Kriterien gehandhabt worden ist (BGer, a.a.O.).

Nach dem VE-RPG 2 soll die Bedeutung der Interessenabwägung auf Gesetzesstufe stärker hervorgehoben werden, zunächst im Rahmen der Planung: «Die mit Planungsaufgaben betrauten Behörden wägen auf der jeweiligen Ebene die Interessen gegeneinander ab und legen die Interessenabwägung in der Begründung ihrer Beschlüsse dar» (Art. 2 Abs. 2bis). Und im Zusammenhang mit Bauvorhaben ausserhalb der Bauzonen – zonenwidrigen wie zonenkonformen – soll generell gelten: «Baubewilligungen ausserhalb der Bauzonen dürfen in jedem Fall nur erteilt werden, wenn das betreffende Vorhaben mit den wichtigen Anliegen der Raumplanung vereinbar ist» (Art. 23a Abs. 1).

2. Teil: Raumplanungsrecht

§ 5 Raumplanung des Bundes

I. Beschränkter Umfang

Infolge der Beschränkung auf eine Grundsatzgesetzgebungskompetenz ist der Bund nicht befugt, selbst raumplanerisch tätig zu sein. Planungsbefugnisse kommen dem Bund lediglich (aber immerhin) insoweit zu, als sie zur Erfüllung einer ihm *anderweitig übertragenen Sachaufgabe* notwendig sind (Beispiele: Bau einer Autobahn, einer Eisenbahnlinie oder einer militärischen Anlage).

II. Sachpläne und Konzepte

A. Allgemeines

Das planerische Instrumentarium des Bundes zur Erfüllung seiner raumrelevanten Sachaufgaben beschränkt sich auf «Sachpläne» und «Konzepte». Das RPG widmet diesen beiden Instrumenten eine einzige kurze Bestimmung (Art. 13); eine ausführlichere Regelung findet sich hingegen in der RPV (Art. 14–23).

Die *Zuständigkeit* für den Erlass von Sachplänen und Konzepten liegt beim Bundesrat (Art. 21 Abs. 1 RPV); dies unter Vorbehalt von Sachplananpassungen, die «weder zu neuen Konflikten führen noch erhebliche Auswirkungen auf Raum und Umwelt haben» und deshalb durch das zuständige Departement verabschiedet werden können (Art. 21 Abs. 4 RPV). Im Einzelnen ist das Verfahren für die Erarbeitung und Verabschiedung von Sachplänen und Konzepten in Art. 17–21 RPV geregelt. Die Zuständigkeit des Bundesrats hat zur Folge, dass Sachpläne und Konzepte nicht (direkt) anfechtbar sind. Eine akzessorische Prüfung auf ihre Vereinbarkeit mit übergeordnetem Recht ist im Anwendungsfall jedoch möglich (vgl. S. 266).

Sachpläne und Konzepte sind – wie Richtpläne – *für die Behörden aller Stufen verbindlich* (Art. 22 Abs. 1 RPV). Grundeigentümerverbindlichkeit bzw. Verbindlichkeit für den Bürger kommt ihnen hingegen nicht zu. Auch für die Behörden ist die Bindungswirkung jedoch nicht absolut; so können namentlich veränderte Verhältnisse oder andere gewichtige Gründe ein Abweichen vom Sachplan im Plangenehmigungsverfahren rechtfertigen (BGE 139 II 499, E. 4.2).

B. Sachpläne

Sachpläne sind *auf die Sachaufgaben des Bundes beschränkte Koordinationsinstrumente,* die der Bund einsetzt, um seine raumwirksamen Aufgaben erfüllen zu können. Sie bestehen in der Regel aus einem konzeptionellen Teil (Programmteil) und einem Umsetzungsteil, welcher sog. Objektblätter mit anlagespezifischen Zielen und Massnahmen enthält. Räumlich konkrete Aussagen sind neben der Umschreibung im Text auch kartografisch darzustellen (Art. 15 Abs. 1 RPV).

Die *Sachplankompetenz* richtet sich ausschliesslich nach dem Inhalt und dem Umfang der betreffenden Sachkompetenz. Aus Art. 75 BV kann der Bund also keine Kompetenz ableiten, Sachpläne zu erlassen.

Auf den Sachplan folgt unmittelbar die *Plangenehmigung* durch die zuständige Bundesbehörde, welche funktional der – in der Regel kommunalen – Baubewilligung entspricht. Dies ergibt sich nicht aus dem RPG, sondern aus den betreffenden Infrastrukturgesetzen des Bundes (Art. 126 Abs. 4 des Militärgesetzes [SR 510.10]; Art. 16 Abs. 5 des Elektrizitätsgesetzes [SR 734.0]; Art. 18 Abs. 5 des Eisenbahngesetzes [SR 742.101]; Art. 8bis Abs. 1 des Alpentransit-Gesetzes [SR 742.104]; Art. 37 Abs. 5 des Luftfahrtgesetzes [SR 748.0]).

Anders als im Rahmen der kantonalen Raumplanung existiert also keine mittlere, der Nutzungsplanung entsprechende Stufe.

Die Sachpläne haben für das nachfolgende Plangenehmigungsverfahren aufzuzeigen, wie von den *Ermessensspielräumen*, welche die anwendbaren Gesetze und Verordnungen einräumen, Gebrauch gemacht werden soll (vgl. Art. 14 Abs. 2 RPV). Mit dem Erlass eines Sachplans «soll sichergestellt werden, dass wichtige Ermessensentscheide von der Sachplanbehörde getroffen werden, die über die erforderliche Distanz verfügt und befähigt ist, auf übergeordneter Stufe in einer Gesamtschau die betroffenen Interessen abzuwägen, ohne die Gefahr der Verengung des Blickwinkels auf bestimmte fachspezifische Interessen (...). Durch das Erfordernis der Sachplanung (die auf einem umfassenden Koordinationsprozess beruht) wird zugleich sichergestellt, dass die nach Raumplanungsrecht gebotene Abstimmung mit der Richt- und Raumplanung der betroffenen Kantone erfolgt» (BGE 137 II 58, E. 3.3).

Das *Verhältnis der Sachpläne zu den kantonalen Richtplänen* wird in Art. 23 RPV geregelt, allerdings unzutreffend. Aus dieser Bestimmung könnte man schliessen, die Festlegung des Sachplans durch den Bund habe Vorrang und der Kanton müsse diesen im Rahmen der Richtplanung bloss nachvollziehen. Die Widerspruchsfreiheit von Sach- und Richtplänen ist jedoch nicht durch ein Diktat des Bundes, sondern durch gegenseitige Planabstimmung auf dem Weg partnerschaftlicher Zusammenarbeit zu erwirken. Im Übrigen ist Art. 23 RPV auch insofern missglückt, als er Sachpläne gegenüber den Kantonen nur so weit für verbindlich erklärt, «als der Bund im betreffenden Bereich von Verfassungs und Gesetzes wegen über entsprechende Kompetenzen verfügt». Dies ist ja gerade die Voraussetzung dafür, dass der Bund überhaupt einen Sachplan erlassen darf; eine darüber hinausgehende Sachplanung wäre gar nicht zulässig.

Der Bund zögerte lange, vom Instrument des Sachplans Gebrauch zu machen. Erst 1992 – also zwölf Jahre nach dem Inkrafttreten des RPG – erliess er mit dem *Sachplan Fruchtfolgeflächen* den ersten Sachplan. Es folgten der *Sachplan Verkehr* (ab 2000) – bestehend aus einem Programmteil, einem Teil Infrastruktur Schiene, einem (immer noch ausstehenden) Teil Infrastruktur Strasse und dem Sachplan Infrastruktur Luftfahrt –, der *Sachplan Militär* (ab 2001), der *Sachplan Übertragungsleitungen* (ab 2001), der zu einem Sachplan Energienetze erweitert werden soll, sowie der *Sachplan Geologische Tiefenlager* (ab 2008). In Bearbeitung ist ferner ein *Sachplan Asyl,* der die Bundesasylzentren festlegen soll. Die Sachpläne befinden sich teils in Umsetzung, teils in weiterer Bearbeitung (vgl. die Übersicht über den aktuellen Stand unter www.are.admin.ch > Raumentwicklung & Raumplanung > Konzepte und Sachpläne > Stand der Konzepte und Sachpläne nach Art. 13 RPG).

C. Konzepte

Anders als Sachpläne enthalten Konzepte keine räumlich konkreten Festlegungen. Sie definieren aber ebenfalls einen verbindlichen Rahmen für die materiellen Handlungsspielräume der Behörden und die massgeblichen Verfahren. Sie enthalten Anweisungen an die Bundesbehörden, setzen Prioritäten und bestimmen den Einsatz der Bundesmittel. Die Kantone sind gehalten, Konzepte in ihren Richtplänen zu berücksichtigen. Bis heute liegen drei Konzepte vor: das *Landschaftskonzept Schweiz* (1992), das *Nationale Sportanlagenkonzept* (1996) sowie das *Konzept Windenergie* (2017). In Vorbereitung ist ein *Konzept Gütertransport auf der Schiene* (Verabschiedung 2017 vorgesehen).

Eine besondere Stellung nimmt das *Raumkonzept Schweiz* ein, welches von Bund, Kantonen und Gemeinden gemeinsam erarbeitet und 2012 vom Bundesrat, der Konferenz der Kantonsregierungen (KdK), dem Schweizerischen Städteverband (SSV) und dem Schweizerischen Gemeindeverband (SGV) verabschiedet wurde. Das rechtlich unverbindliche Raumkonzept Schweiz versteht sich als Orientierungsrahmen und Entscheidungshilfe für die künftige Raumentwicklung.

D. Würdigung

Anders als die kantonale Raumplanung, die einen ganzheitlichen Ansatz verfolgt, sind die Sachpläne und Konzepte des Bundes *sektoral ausgerichtet.* Diese Konzeption vermag modernen Anforderungen an die Raumplanung nur noch beschränkt zu genügen. «Kritisiert wird an den Sachplänen aber auch mangelnde Flexibilität und der grosse Aufwand für deren Erstellung» (ARE/UVEK, Raumentwicklungsbericht 2005, S. 108).

§ 6 Raumplanung der Kantone und Gemeinden

I. Planerischer Stufenbau

Das System der Raumplanung besteht aus mehreren Instrumenten, welche *hierarchisch* aufgebaut sind; man spricht deshalb – in Anlehnung an den Stufenbau der Rechtsordnung (Verfassung, Gesetz, Verordnung) – auch vom planerischen Stufenbau. Jedes Element innerhalb dieses Stufenbaus erfüllt eine spezifische Funktion, von der übergeordneten strategischen Planung und Koordination (Richtplan) über die Festlegung und parzellenscharfe Zuordnung der Nutzweisen (Nutzungsplan) bis zur individuell-konkreten Bewilligung eines Projekts (Baubewilligung; vgl. BGE 137 II 254, E. 3.1 [Pra 2011 Nr. 114]).

Ein Vergleich des planerischen Instrumentariums der Kantone und Gemeinden mit demjenigen des Bundes ergibt nachfolgendes Bild; dabei symbolisieren die Pfeile die jeweiligen Abhängigkeiten:

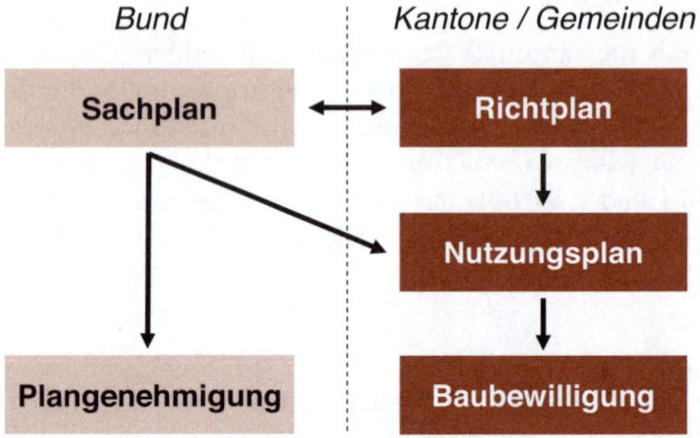

Bei *Planungen des Bundes* fehlt ein Äquivalent für die mittlere Stufe des Nutzungsplans. Diese wird jedoch durch die beiden anderen Stufen teilweise kompensiert: Einerseits umfassen neuere Sachpläne neben einem relativ abstrakten konzeptionellen Teil auch relativ konkrete Objektblätter, welche einem Nutzungsplan nahekommen. Anderseits enthalten Plangenehmigungsverfügungen – im Gegensatz zu einer Baubewilligung, die einen reinen Rechtsanwendungsakt darstellt – häufig auch planerische Elemente, insbesondere hinsichtlich der Festlegung des Standorts oder der Streckenführung (vgl. BGer, 1C_560/2010, 14.7.2011, E. 7).

II. Richtplanung

Das Bundesrecht regelt den Richtplan in Art. 6–12 RPG (näher ausgeführt in Art. 4–13 RPV). Die bundesrechtlichen Vorgaben an die Kantone waren ursprünglich sehr rudimentär, weshalb sich ein breites Spektrum kantonaler Richtpläne entwickeln konnte, vom eher abstrakten «Koordinationsrichtplan», wie er in der französischen Schweiz verbreitet ist, bis zum relativ konkreten «Vornutzungsplan», wie ihn etwa die Kantone Zürich, Basel-Stadt, Genf oder Zug kennen. Mit der RPG-Revision von 2012 wurden die Bestimmungen zum Richtplan jedoch präzisiert und besser strukturiert. Gestützt auf Art. 8 RPV ergänzte das ARE im März 2014 seinen *Leitfaden Richtplanung* aus dem Jahr 1997.

A. Funktion des Richtplans

Der Richtplan bildet die strategische Planungsebene der Kantone; es handelt sich um ein umfassendes und bereichsübergreifendes *Koordinationsinstrument.* Er ist «das Instrument zur behördenverbindlichen Abstimmung und Koordination der raumwirksamen Tätigkeit aller mit Planungsaufgaben beauftragten Hoheitsträger, insbesondere des Bundes, der Kantone und der Gemeinden» (BGer, 1C_101/2007, 26.2.2008, E. 4.1). «Le plan directeur traite des questions d'importance cantonale ou supracommunale ou qui nécessitent une coordination importante. Relèvent notamment du plan directeur les conflits importants entre différents intérêts relatifs à l'utilisation du sol et les projets déployant des effets considérables sur l'occupation du territoire, l'utilisation du sol ou l'environnement ou nécessitant un effort de coordination (...). La planfication directrice a ainsi pour objet la coordination globale de toutes les activités à incidence spatiale et elle seule est en mesure de traiter de tâches d'aménagement qui s'étendent au-delà du niveau local et concernent plusieurs domaines» (BGE 137 II 254, E. 3.2 [Pra 2011 Nr. 114]).

B. Inhalt der Richtpläne

1. Mindestinhalt im Allgemeinen

Art. 8 RPG regelt den Mindestinhalt der Richtpläne. Gemäss Abs. 1 legt der Richtplan mindestens fest, «wie der Kanton sich räumlich entwickeln soll» (lit. a), «wie die raumwirksamen Tätigkeiten im Hinblick auf die anzustrebende Entwicklung aufeinander abgestimmt werden» (lit. b) und «in welcher zeitlichen Folge und mit welchen Mitteln vorgesehen ist, die Aufgaben zu erfüllen» (lit. c).

Die *Raumentwicklungsstrategie* gemäss lit. a – im Zürcher Richtplan 2014 als Raumordnungskonzept bezeichnet – enthält die strategischen Festlegungen zur zukünftigen Entwicklung des Kantons. Sie umfasst Ziele, Leitlinien, Strategien und deren räumliche Konkretisierung, wobei der Blickwinkel über die Kantonsgrenze hinausreicht (ARE, Ergänzung Leitfaden Richtplanung, S. 8).

Art. 8 Abs. 2 RPG – eingefügt mit der Revision von 2012 – stellt klar, dass *«Vorhaben mit gewichtigen Auswirkungen auf Raum und Umwelt»* einer Grundlage im Richtplan bedürfen. «Indizien für gewichtige Auswirkungen (...) sind insbesondere eine grosse Flächenbeanspruchung, Konflikte zwischen verschiedenen Interessen an der Nutzung des Bodens, ein bedeutender Einfluss auf die Nutzungs- und Versorgungsstrukturen des Kantons, die Erzeugung grosser Verkehrsströme, die Verursachung hoher Kulturlandverluste sowie hoher Umwelt-, Natur- und Landschaftsbelastungen. Typisch für Vorhaben mit solchen Auswirkungen wird normalerweise auch ein hoher Koordinationsbedarf aus räumlichen, organisatorischen oder politischen Gründen auf kantonaler Ebene, mit Nachbarkantonen oder dem Bund sein» (ARE, Ergänzung Leitfaden Richtplanung, S. 29). Dies entspricht der bisherigen bundesgerichtlichen Rechtsprechung. So genügt es beispielsweise nicht, ein auf einer Fläche von 25 ha geplantes Verkehrssicherheitszentrum («Centre Safety Car») mit einer 3 km langen Rundstrecke, das auch zu Sport- und Freizeitzwecken genutzt werden soll, auf der Basis eines kommunalen Sondernutzungsplans zu realisieren. Mit Blick auf die räumlichen Auswirkungen des Projekts, seine politischen Implikationen und den erheblichen Koordinationsbedarf ist eine Grundlage im kantonalen Richtplan erforderlich (BGE 137 II 254 [Pra 2011 Nr. 114]). Demgegenüber verneinte das Bundesgericht das Erfordernis einer spezifischen Richtplangrundlage für ein Kleinwasserkraftwerk (BGE 140 II 262, E. 2.3.4). In einer nicht abschliessenden Aufzählung nennt das ARE als Vorhaben mit gewichtigen Auswirkungen auf Raum und Umwelt unter anderem: verkehrsintensive Einrichtungen (Einkaufszentren, Fachmärkte, Fussballstadien, grosse Sportzentren usw.); Golfplätze und weitere stark flächenbeanspruchende Freizeiteinrichtungen; Intensiverholungsgebiete (neue Skigebiete, Verbindung oder Erweiterung von Skigebieten); grosse Energieproduktionsanlagen (thermische Anlagen, grosse Wasserkraftwerke usw.); Windparks und andere Gebiete für die Nutzung von erneuerbaren Energien (ARE, Ergänzung Leitfaden Richtplanung, S. 32 f.).

2. Bereich Siedlung

Art. 8a Abs. 1 RPG statuiert besondere Anforderungen an den Richtplaninhalt im Bereich Siedlung; dabei handelt es sich um eine der wesentlichen Neuerungen der RPG-Revision von 2012.

a) Siedlungsgebiet

Gemäss lit. a muss der Richtplan im Bereich Siedlung insbesondere festlegen, «wie gross die Siedlungsfläche insgesamt sein soll, wie sie im Kanton verteilt sein soll und wie ihre Erweiterung regional abgestimmt wird». Das Siedlungsgebiet orientiert sich an der erwarteten Entwicklung der nächsten 20–25 Jahre und stellt den langfristigen Rahmen für die Festlegung der Bauzonen dar (ARE, Ergänzung Leitfaden Richtplanung, S. 18).

b) Abstimmung Siedlung/Verkehr

Weiter muss der Richtplan festlegen, «wie Siedlung und Verkehr aufeinander abgestimmt und eine rationelle sowie flächensparende Erschliessung sichergestellt werden» (lit. b). Die Koordination der Siedlungs- und der Verkehrsplanung ist ein zentraler – und bis heute stark vernachlässigter – Faktor in der Raumplanung; denn die Erstellung neuer Verkehrsinfrastrukturen zieht häufig eine beträchtliche Siedlungsentwicklung nach sich (Stichwort «S5-Stadt» im Kanton Zürich).

c) *Siedlungsentwicklung nach innen*

Neu muss der Richtplan dartun, «wie eine hochwertige Siedlungsentwicklung nach innen bewirkt» (lit. c) und «wie die Siedlungserneuerung gestärkt wird» (lit. e). «Kernanliegen und Hauptvoraussetzung dazu ist die konsequente Mobilisierung der inneren Reserven. (...) Die Beanspruchung wertvoller Landwirtschafts-, Natur- oder auch Erholungsflächen kann durch Innenentwicklung vermieden werden. (...) Innenentwicklung umfasst nicht nur das Überbauen der Baulücken, sondern auch Verdichtungsmassnahmen, welche den Bestand verändern.» Dabei muss indes «den baukulturell und historisch bedeutsamen Objekten, Ensembles und Quartieren mitsamt ihrer Umgebung wie Gärten und Pärken (...) Rechnung getragen und eine sorgfältige Interessenabwägung vorgenommen werden» (ARE, Ergänzung Leitfaden Richtplanung, S. 13 f.).

d) *Dimensionierung der Bauzonen*

Schliesslich muss der Richtplan aufzeigen, «wie sichergestellt wird, dass die Bauzonen den Anforderungen von Artikel 15 entsprechen» (lit. d). «Mit den Vorgaben an die Nutzungsplanung legt der Kanton behördenverbindlich fest, wie die Lage von unüberbauten Bauzonen verbessert werden kann, an welchen Lagen unter welchen Voraussetzungen und in welchem Ausmass Einzonungen möglich sein sollen, in welchem Ausmass allenfalls Rückzonungen nötig sind, an welchen Lagen sie zu prüfen sind und wie dazu vorgegangen werden soll» (ARE, Ergänzung Leitfaden Richtplanung, S. 24).

3. Anpassungsfrist

Art. 38a Abs. 1 RPG gewährt den Kantonen eine Übergangsfrist von fünf Jahren – d.h. bis am 30. April 2019 –, um ihre Richtpläne an die Anforderungen von Art. 8 und Art. 8a Abs. 1 RPG anzupassen (vgl. auch S. 53 f.).

4. Bereich Energie

Mit dem neuen *Energiegesetz* vom 30. September 2016, angenommen in der Referendumsabstimmung vom 21. Mai 2017, wurde folgender Art. 8b ins RPG eingefügt: «Der Richtplan bezeichnet die für die Nutzung erneuerbarer Energien geeigneten Gebiete und Gewässerstrecken.» Die Kantone «schliessen bereits genutzte Standorte mit ein und können auch Gebiete und Gewässerstrecken bezeichnen, die grundsätzlich freizuhalten sind» (Art. 10 Abs. 1 Satz 2 EnG). «Der Bund erarbeitet zur Unterstützung der Kantone methodische Grundlagen und stellt die Gesamtsicht, Einheitlichkeit und Koordination sicher» (Art. 11 Abs. 1 EnG).

C. Form der Richtpläne

«Der Richtplan besteht aus Karte und Text, die durch wechselseitige Verweisungen miteinander verbunden sind» (Art. 6 Abs. 1 RPV). Die Kombination von kartografischen und textlichen Elementen ist für Raumpläne generell typisch.

D. Arten von Richtplänen

1. Unterscheidung nach Planungsebenen

Das RPG verpflichtet lediglich die Kantone, einen Richtplan zu erlassen. Im Kanton Zürich sieht das Planungs- und Baugesetz indes drei Planungsebenen vor: den kantonalen Richtplan, regionale Richtpläne sowie kommunale Richtpläne. Der *kantonale Richtplan* (vgl. §§ 20–26 PBG) ist das umfassende, strategische Planungsinstrument für das gesamte Kantonsgebiet, welches die bundesrechtlichen Anforderungen vollumfänglich erfüllen muss. Der erste Richtplan gemäss PBG – damals, noch vor dem Erlass des RPG, als «Gesamtplan» bezeichnet – wurde 1978 festgesetzt, der zweite im Jahr 1995 (je mit nachfolgenden Teilrevisionen). Am 18. März 2014 verabschiedete der Kantonsrat nach umfangreichen Vorarbeiten und Beratungen einen totalrevidierten dritten Richtplan. Die Genehmigung durch den Bundesrat nach Art. 11 Abs. 1 RPG erfolgte am 29. April 2015 (BBl 2015 3607 ff.).

Der *regionale Richtplan* «erfasst Gebiete, die nach ihrer Lage, nach den wirtschaftlichen und sozialen Verhältnissen, nach der Erschliessung, Versorgung und Ausstattung sowie nach ihrer mutmasslichen Entwicklung einer abgestimmten Raumordnung bedürfen und zugänglich sind» (§ 30 Abs. 1 PBG). Er umfasst grundsätzlich die gleichen Bestandteile wie der kantonale Richtplan, allerdings in einem höheren Detaillierungsgrad (vgl. § 30 Abs. 2–4 PBG).

Der *kommunale Richtplan* kann sich gemäss § 31 PBG auf einzelne Teilrichtpläne beschränken (Abs. 1). Zu seinem Mindestinhalt gehört jedoch der Verkehrsplan «mit den kommunalen Strassen für die Groberschliessung und den Wegen von kommunaler Bedeutung» (Abs. 2).

2. Unterscheidung nach Teilrichtplänen

Im Kanton Zürich besteht der kantonale Richtplan aus vier aufeinander abgestimmten Teilrichtplänen (§ 20 Abs. 1 PBG; vgl. auch Art. 6 Abs. 3 RPG):

- Der *Siedlungs- und Landschaftsplan* enthält das geeignete und auf längere Sicht (20 bis 25 Jahre) benötigte Siedlungs- und Bauentwicklungsgebiet und legt unter anderem die anzustrebenden baulichen Dichten fest (Siedlungsplan; vgl. §§ 21 f. und 30 Abs. 3 PBG). Ferner bezeichnet er das Landwirtschaftsgebiet, das Waldgebiet, das Erholungsgebiet, die Natur- und Landschaftsschutzgebiete, das Trenngebiet zur Gliederung und Trennung des Siedlungsgebiets sowie die Gebiete für Materialgewinnung und Materialablagerung (Landschaftsplan; vgl. § 23 PBG).
- Der *Verkehrsplan* gibt Aufschluss über bestehende und geplante Verkehrsanlagen und -flächen, insbesondere Strassen, Bahnlinien, Tram- und Buslinien, Luftseilbahnen, schiffbare Wasserwege, Schifffahrtslinien, Luftstrassen, Parkierungsanlagen sowie

Rad-, Fuss-, Reit- und Wanderwege (vgl. §§ 24, 30 Abs. 4 und 31 Abs. 2 PBG).

- Der *Versorgungsplan* enthält die bestehenden und vorgesehenen Anlagen und Flächen für die Versorgung mit Wasser, Energie und Rohstoffen, für Fernmelde- und Nachrichtenübermittlungsdienste, für die Ableitung und Reinigung von Abwässern sowie die Beseitigung, Aufbereitung und Wiederverwertung von Abfällen und Schadstoffen; überdies bezeichnet er die zugehörigen Leitungen und die Gebiete, die zum Schutz von Versorgungsanlagen freizuhalten sind (§ 25 PBG).
- Der *Plan der öffentlichen Bauten und Anlagen* enthält die wichtigen Bauten und Anlagen, welche im öffentlichen Interesse liegen (insbesondere für öffentliche Verwaltung und Justiz, Erziehung und Bildung, Kultur, Kultuspflege und Bestattungswesen, Gesundheitswesen, Erholung und Sport; vgl. § 26 PBG).

In den kantonalen Teilrichtplänen sind die Gebiete, Anlagen, Flächen und Bauten von kantonaler Bedeutung eingetragen, in den regionalen Teilrichtplänen jene von regionaler Bedeutung und in den kommunalen Teilrichtplänen – soweit vorhanden (siehe S. 40) – jene von kommunaler Bedeutung.

E. Verbindlichkeit der Richtpläne

1. Behördenverbindlichkeit

Richtpläne sind – wie Sachpläne und Konzepte des Bundes – behördenverbindlich (Art. 9 Abs. 1 RPG; vgl. auch § 19 Abs. 1 PBG), nicht aber grundeigentümerverbindlich, da sie noch keine parzellenscharfen Anordnungen enthalten. Allerdings sind nur kantonale und kommunale (Planungs- und Vollzugs-)Behörden an Richtpläne einer übergeordneten oder der gleichen Ebene gebunden, nicht jedoch Bundesbehörden.

2. Auswirkungen auf die nachgeordnete Planung

a) *Anordnungsspielraum*

Bauzonen sind innerhalb des im Richtplan festgelegten Siedlungsgebiets auszuscheiden (§ 47 PBG). Das in der Richtplankarte bezeichnete Siedlungsgebiet kann auf regionaler und kommunaler Stufe grundsätzlich weder vergrössert noch verkleinert werden. Durch die generalisierte und nicht parzellenscharfe Darstellung des Siedlungsgebiets verbleibt den Gemeinden bei der Abgrenzung der Bauzonen jedoch ein Anordnungsspielraum. Dieser stellt sicher, dass bei der Festsetzung von Bauzonen auf örtliche Besonderheiten und Umstände – wie spezielle topografische Verhältnisse oder den Stand der Erschliessung – angemessen Rücksicht genommen werden kann. Insofern belässt der Richtplan den Trägern der Nutzungsplanung (also vorab den Gemeinden) ein erhebliches *planerisches Ermessen* (VGer, VB.97.00481, 18.12.1997 [RB 1997 Nr. 67, E. 2; BEZ 1998 Nr. 1, E. 7b]).

Was den *Umfang des Anordnungsspielraums* – d.h. des Spielraums bei der Ziehung von Bauzonengrenzen im Grenzbereich zwischen Siedlungsgebiet und Landwirtschaftsgebiet – anbelangt, ging die Praxis im Kanton Zürich unter der Geltung des Gesamtplans 1978 davon aus, der Anordnungsspielraum umfasse ein bis zwei Bautiefen. Diese Dimension ergab sich aus der Breite des damals kartografisch dargestellten weissen Bandes zwischen den verschiedenen Gebieten des Gesamtplans, welche üblicherweise rund 40 m betrug. Seit der Ablösung des Gesamtplans 1978 durch den Richtplan 1995 lässt sich der Anordnungsspielraum nicht mehr schematisch in Metern oder Bautiefen definieren; vielmehr ist er je nach den konkreten Verhältnissen des Einzelfalles grösser oder kleiner. Bei seiner Bemessung sind sowohl qualitative als auch quantitative Elemente zu berücksichtigen. In erster Linie stellt sich die Frage, ob dem einzuzonenden Land überhaupt Baulandqualität zukommt; sodann ist zu prüfen, ob überwiegende private oder öffentliche Interessen für eine Einzonung der fraglichen Parzellen sprechen (BGer,

1P.37/2003, 1P.43/2003, 12.9.2003, E. 4.1; VGer, VB.2010.00555, VB.2010.00556, 12.1.2011, E. 4.3.1 [BEZ 2011 Nr. 1]).

b) Geringfügige Abweichungen vom Richtplan

Nach der bundesgerichtlichen Rechtsprechung dürfen Nutzungspläne vom Richtplan abweichen, wenn drei Voraussetzungen kumulativ erfüllt sind (BGE 119 Ia 362, E. 4a; vgl. auch § 16 Abs. 2 PBG):

- Die Abweichung muss *sachlich gerechtfertigt* sein;
- sie muss von *untergeordneter Bedeutung* sein;
- es muss nach den Umständen *unzumutbar* erscheinen, vorgängig den Richtplan förmlich zu ändern.

Beachte: Soweit der Richtplan den Organen der Nutzungsplanung einen Anordnungsspielraum belässt und dieser nicht überschritten worden ist, liegt noch keine Abweichung vom Richtplan vor.

c) «Durchstossung» von Landwirtschaftsgebiet

Die Figur der «Durchstossung» des Richtplans ist ein zürcherisches Kuriosum, welches auf den *Richtplantext* selbst zurückzuführen ist. Dessen Ziff. 3.2.2 (3. Absatz) lautet: «Das Landwirtschaftsgebiet kann für öffentliche Aufgaben und andere spezielle Nutzungen durch Festlegungen in überkommunalen Richtplänen oder durch die Festsetzung von Freihaltezonen, Erholungszonen oder Zonen für öffentliche Bauten und Anlagen in der Nutzungsplanung *‹durchstossen›* werden.» Dabei stellt der Richtplan jedoch hohe Anforderungen an die Interessenabwägung: «Es ist darzulegen, weshalb die betreffenden Nutzungen nicht zweckmässig innerhalb des Siedlungsgebietes untergebracht werden können. Werden Fruchtfolgeflächen beansprucht, so sind diese zu kompensieren» (Ziff. 3.2.3 lit. a).

Wieweit solche «Durchstossungen» des Richtplans allerdings *bundesrechtskonform* sind, ist nach Massgabe von Art. 8 Abs. 2 RPG zu beurteilen, wonach Vorhaben mit gewichtigen Auswirkungen auf Raum und Umwelt einer Grundlage im Richtplan bedürfen (vgl. S. 36 f.). Aus Sicht des Bundesrechts ist eine «Durchstossung» des kantonalen Richtplans überdies nur zulässig, wenn die Planung nicht zur Umgehung von Art. 24 RPG – insbesondere durch Schaffung einer isolierten Kleinbauzone – führt (vgl. S. 136 f.) und auf einer sachgerechten und umfassenden, die raumplanerischen Ziele und Grundsätze berücksichtigenden Interessenabwägung beruht (BGer, 1C_491/2011, 5.7.2012, E. 5.2.2).

III. Nutzungsplanung: Allgemeines

A. Begriff und Rechtsnatur des Nutzungsplans

Art. 14 Abs. 1 RPG lautet kurz und bündig: «Nutzungspläne ordnen die zulässige Nutzung des Bodens.» Nutzungspläne sind Rechtsakte des Gemeinwesens (typischerweise der Gemeinden), welche dazu dienen, *Art, Ort und Intensität der Bodennutzung* in Übereinstimmung mit den Vorgaben der Richtpläne *parzellenscharf und grundeigentümerverbindlich* festzulegen. Man unterscheidet zwischen Rahmennutzungsplänen (nachfolgend IV.) und Sondernutzungsplänen (nachfolgend V.).

Die *Rechtsnatur* des Nutzungsplans – als Gebilde zwischen Rechtssatz und Verfügung bzw. mit Elementen von beidem – war früher Gegenstand eingehender rechtstheoretischer Erörterungen. Das Bundesgericht hielt hierzu Folgendes fest: «Il existe toutefois des actes qui se situent entre la norme et la décision, et dont la nature juridique précise doit être déterminée de cas en cas. Il en va ainsi du plan d'affectation (...). Selon la jurisprudence du Tribunal fédéral, un plan d'affectation peut être assimilé matériellement à une décision lorsqu'il contient des mesures suffisamment détaillées pouvant préjuger d'une procédure d'autorisation subséquente» (BGE 135 II 328, E. 2.1). Heute hat die Frage der Rechtsnatur an praktischer Bedeutung eingebüsst, weil die wesentlichen Aspekte –

wie das Verfahren der Planfestsetzung, die Anfechtbarkeit oder die Abänderbarkeit von Nutzungsplänen – inzwischen entweder positivrechtlich geregelt sind oder von der Rechtsprechung einer pragmatischen Lösung zugeführt wurden.

B. Form der Nutzungspläne

Ein Nutzungsplan besteht aus einer *Karte* und aus zugehörigen *Vorschriften* (Reglement). Die Vorschriften regeln die zulässigen bzw. vorgeschriebenen Bau- und Nutzweisen, welche auf der Karte mittels einer Legende und entsprechenden Signaturen *parzellenscharf* räumlich zugeordnet werden. Der «Plan» besteht also – entgegen dem umgangssprachlichen Verständnis dieses Begriffs – nicht bloss aus einer kartografischen Darstellung, sondern auch aus den zugehörigen Bau- und Nutzungsvorschriften. Die Einzelheiten werden im Kanton Zürich in der Verordnung über die Darstellung von Nutzungsplänen (VDNP) geregelt.

C. Verbindlichkeit der Nutzungspläne

«Nutzungspläne sind für jedermann verbindlich» (Art. 21 Abs. 1 RPG). Anders als Richtpläne sind sie also nicht bloss behörden-, sondern auch *grundeigentümerverbindlich*. Dies bedeutet insbesondere, dass die Festlegung oder Änderung eines Nutzungsplans für betroffene Private anfechtbar sein muss.

IV. Rahmennutzungsplanung

A. Begriff und Funktion

Der Rahmennutzungsplan legt durch Ausscheidung von Nutzungszonen parzellenscharf die *bauliche und nutzungsmässige Grundordnung* fest und erfasst – mit gewissen Ausnahmen (z.B. Wald, Flächen von Infrastrukturanlagen in Bundeszuständigkeit) – das *gesamte*

Gemeindegebiet. Er kann durch Sondernutzungspläne weitergeführt und differenziert, teilweise aber auch abgeändert werden.

Der Begriff «Rahmennutzungsplan» kommt indes weder im RPG noch im PBG vor. Er ist als Komplementärbegriff zum – im RPG und im PBG ebenfalls nicht verwendeten – Begriff «Sondernutzungsplan» zu verstehen.

B. Zonentypen nach Bundesrecht

Art. 14 Abs. 2 RPG unterscheidet von *Bundesrechts* wegen drei Zonentypen:

- Bauzonen
- Landwirtschaftszonen
- Schutzzonen

Darüber hinaus kann das *kantonale Recht* «weitere Nutzungszonen» vorsehen (Art. 18 Abs. 1 RPG). Aber auch die Bauzonen werden durch das kantonale und kommunale Recht regelmässig nach Art und Intensität der Nutzung weiter unterteilt, insbesondere in Wohnzonen, Kernzonen, Industriezonen, Gewerbezonen sowie Zonen für öffentliche Bauten und Anlagen.

Das *Waldareal* ist keine raumplanungsrechtliche Zone, sondern wird durch das Waldgesetz definiert und geschützt (Art. 18 Abs. 3 RPG; vgl. Art. 2 f. und Art. 5 WaG).

1. Bauzonen

a) Problematik

Art. 15 RPG lautete in seiner ursprünglichen Fassung, die von 1980 bis 2014 in Kraft stand, wie folgt:

«Bauzonen umfassen Land, das sich für die Überbauung eignet und

a. weitgehend überbaut ist oder

b. voraussichtlich innert 15 Jahren benötigt und erschlossen wird.»

Bereits diese Regelung sah eine Dimensionierung der Bauzonen nach Massgabe des voraussichtlichen *Bedarfs für die nächsten 15 Jahre* vor. Die Kantone waren verpflichtet, ihre Nutzungspläne innert acht Jahren nach Inkrafttreten des RPG gemäss dessen Vorgaben zu erstellen bzw. anzupassen (Art. 35 Abs. 1 lit. b RPG). Überdimensionierte Bauzonen – d.h. solche, welche den Bedarf für die nächsten 15 Jahre überschreiten – waren also bereits nach der ursprünglichen Fassung des RPG rechtswidrig und mussten verkleinert werden (BGE 140 II 25, E. 4.3, m.w.H.).

Gleichwohl sind die Bauzonen gesamtschweizerisch betrachtet nach wie vor – also dreieinhalb Jahrzehnte nach dem Inkrafttreten des RPG – *überdimensioniert* und insofern nicht RPG-konform. So sind je nach Berechnungsweise zwischen 28'000 und 43'000 ha Bauzonen oder 12 bis 18 % der gesamten Bauzonenfläche noch nicht überbaut. Diese Reserve bietet Platz für zusätzliche 1 bis 1,7 Mio. Menschen, was über dem für die Schweiz angenommenen Bevölkerungswachstum der nächsten 15 Jahre liegt. Dabei fällt die Grösse der unüberbauten Bauzonen regional sehr unterschiedlich aus: Während in städtisch geprägten Kantonen nur noch geringe Baulandreserven existieren, verfügen ländliche Kantone über vergleichsweise grosse unüberbaute Bauzonenflächen. Spitzenreiter ist der Kanton Wallis mit einem Anteil von 24 bis 35 %, gefolgt von den Kantonen Freiburg und Waadt (vgl. zum Ganzen ARE, Bauzonenstatistik Schweiz 2012).

Zudem befinden sich innerhalb der bereits überbauten Bauzonen noch beträchtliche Reserven (Industrie- und Gewerbebrachen, ehemalige Militär- und Bahnanlagen usw.). Gemäss Schätzung des ARE entsprechen diese *inneren Nutzungsreserven* einer Bauzonenfläche von rund 15'000 ha.

Schliesslich sind die Bauzonen nicht nur insgesamt überdimensioniert, sondern sie befinden sich häufig auch *«am falschen Ort»*, d.h. dort, wo eine weitere Siedlungsausdehnung mit Blick auf den Landschaftsschutz, die Erschliessung durch den öffentlichen Verkehr oder aus anderen Gründen unerwünscht ist. Baulandhortung am «richtigen» Ort in spekulativer Absicht verschärft dieses Problem, weil sie zu Ausweichbewegungen an peripheren, weniger geeigneten Lagen führt.

Konsequenz: Die *Zersiedelung* der Landschaft findet nicht nur im Nichtbaugebiet, sondern in erster Linie innerhalb zu grosser bzw. falsch situierter Bauzonen statt.

Mit dem Instrumentarium des bisherigen Rechts ist es offensichtlich nicht gelungen, hinsichtlich der Begrenzung der Bauzonen in allen Kantonen einen RPG-konformen Zustand herbeizuführen. Hier setzte die 2008 zustande gekommene «*Landschaftsinitiative*» an (BBl 2007 4965 ff.). Diese sah in einer Übergangsbestimmung ein gesamtschweizerisches Bauzonenmoratorium vor, welches grundsätzlich verboten hätte, die Gesamtfläche der Bauzonen während 20 Jahren zu vergrössern. Die RPG-Revision von 2012 war ein indirekter Gegenvorschlag zur Landschaftsinitiative, die in der Folge zurückgezogen wurde.

b) Überblick über die neue Regelung

Vor diesem Hintergrund brachte der 2012 revidierte Art. 15 RPG wesentliche Präzisierungen und Verdeutlichungen, aber auch einige materielle Neuerungen:

Abs. 1 hält weiterhin am Grundsatz fest, dass Bauzonen so festzulegen sind, «dass sie dem voraussichtlichen Bedarf für 15 Jahre entsprechen». Der *Baulandbedarf* für die nächsten 15 Jahre ist jedoch nicht der einzige Gesichtspunkt für die Festlegung der Bauzonen; «vielmehr unterliegt die Bauzonenausscheidung wie alle Raumplanung einer gesamthaften Abwägung und Abstimmung aller räumlich wesentlichen Gesichtspunkte und Interessen» (BGE 136 II 204, E. 7.1). Dabei sind insbesondere «die Ziele und Grundsätze der Raumplanung zu befolgen» (Abs. 3 Satz 1 Halbsatz 2).

Abs. 2 – eingefügt durch den Ständerat – stellt nun ausdrücklich und unmissverständlich klar: «Überdimensionierte Bauzonen sind zu reduzieren.»

Eine wesentliche – und in der Umsetzung anspruchsvolle – Neuerung enthält Abs. 3 Satz 1 Halbsatz 1: «Lage und Grösse der Bauzonen sind über die Gemeindegrenzen hinaus abzustimmen.» Zwar hob das Bundesgericht hervor, dass bereits nach bisherigem Recht eine Pflicht zur *Berücksichtigung überörtlicher, regionaler und überregionaler Entwicklungen* bestanden habe (vgl. BGer, 1C_15/2013, 9.8.2013, E. 2.1 und 2.3.2). Dennoch erfolgte die Bedarfsermittlung in der Praxis bislang nur in kommunalem und nicht in regionalem Rahmen, also innerhalb der für die Planung zuständigen Gebietskörperschaften, nicht in den funktional zusammenhängenden Räumen. Die Kantone haben nun in ihren Richtplänen festzulegen, wie das Vorgehen zur überkommunalen Abstimmung der Bauzonendimensionierung ausgestaltet werden soll. Sie können dazu «Kriterien für die Zusammenarbeit formulieren, bestehende Räume als Zusammenarbeitsräume bezeichnen (z.B. Raumplanungsregionen, funktionale Räume, ganzer Kanton bei kleinen Kantonen usw.) oder eigens dazu spezielle Räume im Richtplan ausscheiden» (ARE, Ergänzung Leitfaden Richtplanung, S. 27).

Weiter sind gemäss Abs. 3 «die Ziele und Grundsätze der Raumplanung zu befolgen». Dies impliziert eine *umfassende Interessenabwägung* (vgl. S. 26 ff.).

Abs. 4 formuliert differenziertere und teilweise neue *Kriterien für Neueinzonungen,* die kumulativ erfüllt sein müssen. Entgegen dem zu engen Wortlaut des Einleitungssatzes finden diese Kriterien – soweit passend – aber auch auf Um- und Aufzonungen sowie die Redimensionierung zu grosser Bauzonen Anwendung (ebenso Aemisegger/Kissling, in: Praxiskommentar RPG I, Art. 15 N. 88):

- Zunächst muss sich Land für eine Überbauung *eignen* (lit. a). Die Baulandeignung – etwa in Bezug auf den Untergrund oder das Nichtvorhandensein von Naturgefahren wie Lawinen oder

Überschwemmungen – wurde bereits in der ursprünglichen Fassung von Art. 15 RPG als massgebendes Kriterium genannt.

- Neu hält das Gesetz ausdrücklich fest, dass der Bedarf – gemessen am Planungshorizont von 15 Jahren – auch bei einer «konsequenten Mobilisierung der inneren Nutzungsreserven in den bestehenden Bauzonen» ausgewiesen sein muss (lit. b). Damit wird das Ziel der *Siedlungsentwicklung nach innen* bzw. der inneren Verdichtung aufgenommen, welches auch Eingang in die Planungsziele (Art. 1 Abs. 2 lit. a^{bis} RPG) und in die Anforderungen an den Richtplaninhalt (Art. 8a Abs. 1 lit. c RPG) gefunden hat. Dies entsprach freilich schon bisher den Anforderungen der bundesgerichtlichen Rechtsprechung: «Das Konzentrationsprinzip und der Grundsatz der haushälterischen Nutzung des Bodens gebieten, die Reserven innerhalb bestehender Bauzonen zu nutzen, bevor das Siedlungsgebiet ausgedehnt wird. Bei der Bedarfsprognose müssen daher auch bisher unausgeschöpfte Nutzungsmöglichkeiten im überbauten Gebiet mitberücksichtigt werden (...). Dies gilt jedenfalls insoweit, als das Verdichtungspotenzial innerhalb des Planungshorizonts realisierbar und erwünscht ist» (BGE 136 II 204, E. 6.2.2).
- Weiter muss die *Verfügbarkeit des Landes* neu «rechtlich sichergestellt» sein (lit. d). Dadurch soll verhindert werden, dass ein Grundstück eingezont, später aber nicht überbaut wird. Einzonungen sollten deshalb nur noch erfolgen, wenn ein ausgearbeitetes Projekt oder zumindest ein Überbauungskonzept vorliegt. Die rechtliche Sicherstellung der Überbauung (einschliesslich der Erschliessung) kann im Rahmen einer vertraglichen Vereinbarung zwischen dem Grundeigentümer und der Gemeinde geregelt werden.
- Schliesslich darf das *Kulturland* nicht zerstückelt werden (lit. c) und die Vorgaben des *Richtplans* müssen eingehalten sein (lit. e).

c) *Unmittelbare Anwendbarkeit*

Die detaillierte Regelung von Art. 15 RPG in der revidierten Fassung ist unmittelbar anwendbar. Bei der Ausscheidung und Dimensionierung von Bauzonen handelt es sich deshalb um eine Bundesaufgabe im Sinn von Art. 78 Abs. 2 BV, so dass diesbezüglich neu das *ideelle Verbandsbeschwerderecht* der gesamtschweizerischen Natur- und Heimatschutzorganisationen gemäss Art. 12 NHG zum Tragen kommt (BGE 142 II 509, E. 2.3–2.7). Anders liegen die Dinge jedoch, «wenn nicht die Grenzziehung zwischen Bau- und Nichtbauland, sondern die Ausgestaltung des Siedlungsgebiets streitig wäre (z.B. Art und Mass der baulichen Nutzung bei Um- und Aufzonungen innerhalb der Bauzone). Hierfür enthält das RPG weiterhin nur Rahmenvorgaben, die vom kantonalen Recht auszufüllen sind, so dass die Verbandsbeschwerde (von Spezialfällen abgesehen) nicht zulässig ist» (BGE, a.a.O., E. 2.7).

d) *Anforderungen des Umweltschutzgesetzes*

Zusätzliche bundesrechtliche Anforderungen statuiert das Umweltschutzgesetz, welches neue Bauzonen für Gebäude mit lärmempfindlichen Räumen (vgl. Art. 29 i.V.m. Art. 2 Abs. 6 LSV) nur in Gebieten zulässt, in denen die *Planungswerte* für Lärm – welche strenger sind als die Immissionsgrenzwerte – eingehalten sind oder «durch planerische, gestalterische oder bauliche Massnahmen eingehalten werden können» (Art. 24 Abs. 1 Satz 1 USG). Die Planungswerte für Strassenverkehrslärm, Eisenbahnlärm, Fluglärm usw. finden sich in den Anhängen 3–9 der LSV. Art. 43 LSV unterscheidet überdies vier Lärmempfindlichkeitsstufen, in welchen abgestufte Belastungsgrenzwerte gelten.

e) *Baulandmobilisierung*

Mit Art. 15a RPG wurde ein eigener Artikel der «Förderung der Verfügbarkeit von Bauland», d.h. der Baulandmobilisierung, gewidmet, um dem Problem der *Baulandhortung* zu Leibe zu rücken.

Dieses besteht darin, dass an gut erschlossenen, raumplanerisch geeigneten Lagen nicht gebaut wird, was einen Mangel an verfügbarem Bauland zur Folge haben kann und zumindest bisher (vgl. nun Art. 15 Abs. 4 lit. b RPG) oftmals zu Neueinzonungen an peripheren, weniger geeigneten Lagen führte. Art. 15a Abs. 1 RPG verpflichtet deshalb die Kantone, in Zusammenarbeit mit den Gemeinden die notwendigen Massnahmen zu treffen, um bestehende Bauzonen ihrer Bestimmung – d.h. der Überbauung – zuzuführen. Weiter verpflichtet Abs. 2 die Kantone, eine Regelung zu erlassen, die es den kommunalen Behörden erlaubt, nach pflichtgemässem Ermessen und unter Wahrung der Verhältnismässigkeit («wenn das öffentliche Interesse es rechtfertigt») eine Frist für die Überbauung eines Grundstücks zu setzen – also eine *Baupflicht* zu statuieren – und im Säumnisfall «bestimmte Massnahmen» anzuordnen. Allerdings hat der Bundesgesetzgeber den Kantonen hierfür keine Frist gesetzt.

Als *Massnahmen* (Sanktionen) zur Durchsetzung einer Baupflicht bekannt, aber nur beschränkt tauglich sind das Enteignungsrecht, ein gesetzliches Kaufsrecht der Gemeinde oder die Auszonung. Hingegen kann es sich – insbesondere bei besonderen Nutzungen am Siedlungsrand – als zweckmässig erweisen, eine Ein- oder Umzonung unter der (Resolutiv-)Bedingung vorzunehmen, dass das Grundstück innert einer bestimmten Frist überbaut wird. Am wirksamsten dürfte eine Lenkungsabgabe sein, wie sie in den Kantonen Aargau und Bern bereits eingeführt worden ist. So sieht die Aargauer Regelung eine jährliche Lenkungsabgabe von 2 % des steuerrechtlich massgebenden Grundstückverkehrswerts vor (§ 28j BauG AG). Im Kanton Bern beträgt die Lenkungsabgabe im ersten Jahr nach Fristablauf 1 % des Verkehrswerts und steigt jährlich um 1 % an, bis sie 5 % erreicht (Art. 126d Abs. 4 BauG BE). Einen ähnlichen Effekt hat die Besteuerung unüberbauter, landwirtschaftlich genutzter Grundstücke in der Bauzone zum Verkehrswert anstatt zum landwirtschaftlichen Ertragswert.

Das Bundesgericht nimmt die Umsetzung von Art. 15a RPG durch die Kantone ernst. So hat es eine Beschwerde gegen die Regelung des Kantons Freiburg teilweise gutgeheissen und festgestellt, dass diese den Anforderungen von Art. 15a RPG nicht genüge (BGer, 1C_222/2016, 5.7.2017, BGE-Publikation).

f) Übergangsbestimmung; Sanktionen

Anders als im bisherigen Recht hat der Gesetzgeber einen (halbwegs) griffigen Sanktionsmechanismus geschaffen, um dem Problem der überdimensionierten Bauzonen Herr zu werden: In einem ersten Schritt hat er die Anforderungen an Bauzonen gemäss Art. 15 RPG mit dem *Richtplan* verknüpft, indem er vorschreibt, dass dieser aufzeigen muss, wie die Einhaltung jener Anforderungen sichergestellt wird (Art. 8a Abs. 1 lit. d RPG). In einem zweiten Schritt setzte er den Kantonen eine *Übergangsfrist* von fünf Jahren – d.h. bis am 30. April 2019 –, um ihre Richtpläne an die Vorgaben von Art. 8 und Art. 8a Abs. 1 RPG anzupassen (Art. 38a Abs. 1 RPG). In einem dritten Schritt knüpfte er an die Frist bis zur Genehmigung der Richtplananpassung durch den Bundesrat im Rahmen der fünfjährigen Anpassungsfrist ein *kantonales Bauzonenmoratorium:* Bis zu diesem Zeitpunkt «darf im betreffenden Kanton die Fläche der rechtskräftig ausgeschiedenen Bauzonen insgesamt nicht vergrössert werden» (Art. 38a Abs. 2 RPG), was immerhin die Möglichkeit einer Flächenkompensation eröffnet (vgl. dazu Art. 52a Abs. 2 lit. a RPV, mit darüber hinausgehenden Ausnahmen in lit. b und c [hierzu aber BGE 142 II 415]; zur missglückten Regelung in Art. 52a Abs. 1 RPV vgl. BGE 141 II 393, E. 2.1–3 [Pra 2016 Nr. 52]). Schliesslich führte der Gesetzgeber in einem vierten Schritt eine *Sanktion* ein, wenn und solange ein Kanton nach Ablauf der fünfjährigen Übergangsfrist nicht über eine vom Bundesrat genehmigte Richtplananpassung verfügt: In diesem Fall «ist die Ausscheidung neuer Bauzonen unzulässig» (Art. 38a Abs. 3 RPG); es besteht dann also auch keine Kompensationsmöglichkeit mehr.

Dieser Sanktionsmechanismus greift insoweit, als er sämtliche Kantone veranlasst hat, ihre Richtpläne an die neuen bundesrechtlichen Anforderungen anzupassen (wobei die Revisionen zum Teil noch im Gang sind). Dann aber macht er – was die Verkleinerung überdimensionierter Bauzonen anbelangt – am entscheidenden Punkt halt: Die betroffenen Kantone müssen lediglich im Richtplan aufzeigen, wo, wie und innert welcher Frist sie die Redimensionierung durchführen wollen (vgl. Art. 5a Abs. 4 RPV); die Redimensionierung als solche kann durch den Bund jedoch nicht erzwungen werden, da für den Fall der Nichtumsetzung keine Sanktion mehr vorgesehen ist. Als bremsender Faktor dürfte sich weiterhin auswirken, dass Auszonungen über das (gesetzlich nicht geregelte!) Konstrukt der materiellen Enteignung – mit dem ihm inhärenten «Alles-oder-nichts-Prinzip» (volle oder gar keine Entschädigung) – abgewickelt werden, so dass in vielen Fällen erst am Ende eines langwierigen Rechtsmittelverfahrens feststeht, ob überhaupt eine Entschädigung geschuldet ist. Dies ist sowohl für das Gemeinwesen als auch für die betroffenen Grundeigentümer unbefriedigend und bedürfte dringend der Korrektur bzw. Präzisierung durch den Gesetzgeber. Zu klären wäre überdies, wie (d.h. aus welchen Mitteln) Entschädigungen finanziert werden sollen.

g) Ausführungsrecht

Die Ausführungsregelungen zur RPG-Revision von 2012 finden sich in der am 2. April 2014 *teilrevidierten RPV.* Zudem haben das UVEK und die BPUK im März 2014 gestützt auf Art. 15 Abs. 5 RPG gemeinsam *Technische Richtlinien Bauzonen* beschlossen, welche einen Kompromiss – den «grössten gemeinsamen Nenner» – darstellen (AEMISEGGER/KISSLING, in: Praxiskommentar RPG I, Art. 15 N. 121).

Kernstück der Verordnungsrevision ist die – schwer verständliche – Regelung in Art. 30a RPV, wie der *Bauzonenbedarf* zu ermitteln ist. Die Bestimmung unterscheidet zwischen Wohn-, Misch- und Zentrumszonen einerseits (Abs. 1) und Arbeitszonen anderseits

(Abs. 2). Für *Wohn-, Misch- und Zentrumszonen* sind – basierend auf der Typologie des Bundesamtes für Statistik (BFS), welche 22 Gemeindetypen unterscheidet – zwei Begrenzungen massgebend: erstens die realen Werte der Bauzonenflächenbeanspruchung; zweitens der sog. Median, d.h. der Wert, der schweizweit von der Hälfte aller Gemeinden eines bestimmten Typs erreicht wird (vgl. UVEK/BPUK, Technische Richtlinien Bauzonen, S. 4–9; ARE, Erläuternder Bericht RPV-Revision 2014, S. 4–6, 11 f.). Demgegenüber werden für *Arbeitszonen* keine Messgrössen definiert. Hier setzt die Ausscheidung neuer Zonen voraus, dass der Kanton eine «Arbeitszonenbewirtschaftung» einführt, die den entsprechenden Bedarf begründen kann. «Das Ziel der Arbeitszonenbewirtschaftung ist es, aus einer übergeordneten, regionalen Sicht die Nutzung der Arbeitszonen im Sinn der haushälterischen und zweckmässigen Bodennutzung laufend zu optimieren» (UVEK/BPUK, Technische Richtlinien Bauzonen, S. 10).

Die in Art. 30a RPV festgelegte Methode dient lediglich dazu, die Grösse der Bauzonen im *gesamten Kanton* zu beurteilen. Hinsichtlich der Verteilung innerhalb des Kantons ist die Wahl der Methode weiterhin den Kantonen überlassen (UVEK/BPUK, Technische Richtlinien Bauzonen, S. 3; ARE, Erläuternder Bericht RPV-Revision 2014, S. 11).

Art. 30a ist mit Art. 5a Abs. 2 RPV verknüpft, der es den Kantonen erlaubt, im Richtplan zur Ermittlung ihres Bauzonenbedarfs *Wachstumsannahmen über dem mittleren Szenario* des BFS für die Bevölkerungsentwicklung zu treffen, unter bestimmten Voraussetzungen sogar Wachstumsannahmen über dem hohen Szenario. Durch diese fragwürdige Massnahme wird der Bauzonenbedarf rechnerisch erhöht.

Nicht einmal auf Verordnungsstufe, sondern nur auf der Ebene der technischen Richtlinien (S. 6 f.) wird schliesslich festgelegt, dass die *inneren Nutzungsreserven* nicht sofort, sondern erst nach 45 Jahren (d.h. nach drei Nutzungsplanungsperioden) voll angerechnet werden müssen, zu Beginn lediglich zu einem Drittel (vgl. demgegenüber Art. 15 Abs. 4 lit. b RPG, der eine «konsequente» Mobilisierung der inneren Nutzungsreserven verlangt). «Dies senkt faktisch im Moment die Anforderungen an die Kantone bezüglich der Bauzonengrösse» (ARE, Erläuternder Bericht RPV-Revision 2014, S. 12).

Diese Ausführungsregelung ist in dreifacher Hinsicht problematisch:

- Art. 30a RPV ist nicht stufengerecht. Der Bundesrat hat darin eine statistische Methode, die in die technischen Richtlinien gehört, auf Verordnungsstufe gehoben, anstatt dort in allgemeiner und auch für Nichtfachleute auf dem Gebiet der Statistik nachvollziehbarer Weise die Parameter zu nennen, auf die es ankommt.
- Art. 30a RPV arbeitet mit einer Bauzonentypologie («Wohn-, Misch- und Zentrumszonen»; «Arbeitszonen») – bzw. setzt eine solche voraus –, die das Gesetz nicht vorsieht. Dies kann nicht bedeuten, dass die Kantone nun gehalten sind, solche Zonen einzuführen bzw. sie so zu benennen. Die in Art. 30a RPV erwähnten «Grundtypen» sind vielmehr als deskriptive Umschreibungen der in den Kantonen existierenden Bauzonentypen zu verstehen. Folge davon ist, dass die Kantone ihre Zonentypen den bundesrechtlichen «Grundtypen» zuordnen müssen, was bei manchen Zonen nicht leichtfallen dürfte.
- Der gewichtigste Einwand geht tiefer: Der Gesetzgeber (einschliesslich der Stimmbürgerinnen und Stimmbürger) statuierte in Art. 15 Abs. 2 RPG – anders als noch der Entwurf des Bundesrats – bewusst eine ausdrückliche Redimensionierungsverpflichtung; dies nach Jahrzehnten der Vollzugsverweigerung in bestimmten Kantonen. Die Umsetzung auf einer tieferstufigen, technokratischen Ebene lässt dieses Anliegen nun über weite Strecken ins Leere laufen. Denn aufgrund der sich darin spiegelnden Nachgiebigkeit der Bundesbehörden gegenüber den Kantonen dürfte die Zahl der Kantone mit überdimensionierten Bauzonen dahinschmelzen wie das Gletschereis im Sommer.

Indes: Das Verordnungsrecht und die technischen Richtlinien müssen *gesetzeskonform,* d.h. «so angewendet und umgesetzt werden, dass sie im Einklang stehen mit den im Verhältnis zum früheren Recht strengeren Anforderungen an die Ausscheidung und insbesondere Dimensionierung der Bauzonen» (AEMISEGGER/KISSLING, in: Praxiskommentar RPG I, Art. 15 N. 121).

2. Landwirtschaftszonen

Die bundesrechtlichen Regelungen betreffend die Landwirtschaftszone finden sich auf Gesetzesstufe in Art. 16 und Art. 16a RPG, geändert bzw. eingefügt durch die Gesetzesrevisionen von 1998 und 2007 (siehe S. 7 f.). 2013 wurden sie durch eine Regelung betreffend die Pferdehaltung ergänzt (Art. 16a^{bis} RPG). Im Einzelnen wird darauf weiter hinten einzugehen sein (siehe S. 125 ff.).

3. Schutzzonen

Gemäss Art. 17 Abs. 1 RPG umfassen Schutzzonen Bäche, Flüsse, Seen und ihre Ufer (lit. a), besonders schöne sowie naturkundlich oder kulturgeschichtlich wertvolle Landschaften (lit. b), bedeutende Ortsbilder, geschichtliche Stätten, Natur- und Kulturdenkmäler (lit. c) sowie Lebensräume für schutzwürdige Tiere und Pflanzen (lit. d). Das Raumplanungsgesetz schafft mit diesem Zonentyp die planerische Grundlage für *Natur- und Heimatschutzmassnahmen.*

Statt Schutzzonen festzulegen, kann das kantonale Recht auch *andere geeignete Massnahmen* vorsehen (Art. 17 Abs. 2 RPG). «Die Errichtung einer Schutzzone ist die Massnahme, die das RPG an erster Stelle in Betracht zieht. Sie ermöglicht nicht nur, den Schutz, seinen Zweck und seine Regelung deutlich festzusetzen, sondern gewährleistet, wenn nötig, die Koordination mit den andern in den Raumplanungsverfahren zu berücksichtigenden Interessen. Diese Massnahme schliesst die Anwendung anderer Mittel nicht aus. Denn die Verschiedenheit der Situationen ist so, dass manchmal der Zweck des Schutzes durch eine zonenmässige Bezeichnung i.S.v.

Art. 17 RPG nicht hinreichend erreicht würde (...). Somit kann es neben den Unterlassungspflichten, die sich aus einem klassischen Zonenplan und dem dazugehörigen Reglement ergeben können, notwendig sein, Verpflichtungen zu einem Tun aufzustellen (...). Zu den in Art. 17 Abs. 2 RPG vorbehaltenen anderen Massnahmen gehören vor allem die Inventare und Einreihungen, die allgemeinen Schutzbestimmungen und die Bestimmungen über die Ästhetik, die Verträge mit Privatpersonen, die formelle Enteignung sowie die einstweiligen Massnahmen. Die Einreihungsverfahren führen zu zwingenden Schutzregelungen und definieren das Schutzobjekt sowie die den Eigentümern auferlegten Pflichten (...)» (BGE 135 I 176, E. 3.1 [zit. nach Pra 2009 Nr. 117]).

4. Weitere Zonen nach kantonalem Recht

Art. 18 Abs. 1 RPG gestattet dem kantonalen Recht, weitere Nutzungszonen vorzusehen, wovon die Kantone zum Teil ausgiebig Gebrauch gemacht haben. Das Bundesrecht enthält somit keine abschliessende Zonentypologie, sondern – der Grundsatzgesetzgebungskompetenz entsprechend – nur eine Mindesttypologie.

Soweit solche Zonen «ausserhalb der Bauzonen liegen und zumindest teilweise für die Bebauung vorgesehen sind», will der VE-RPG 2 mit neuen Absätzen 4 und 5 präzisere, an Art. 15 RPG angelehnte Vorgaben ins Gesetz einfügen.

C. Zonentypen nach kantonalem Recht

Vorbemerkung zur Terminologie: Im zürcherischen PBG wird der kommunale Rahmennutzungsplan als *«Bau- und Zonenordnung»* (BZO) bezeichnet (vgl. §§ 45 f. PBG). Darin kommt die für den Nutzungsplan charakteristische Kombination von Vorschriften (Bau- und Nutzungsvorschriften) und Karte (Zonenplan) zum Ausdruck.

Das PBG kennt folgende Zonentypen: *Bauzonen, Landwirtschaftszonen, Freihaltezonen, Erholungszonen* sowie die *Reservezone.*

1. Bauzonen

Das PBG unterscheidet und regelt sechs Arten von Bauzonen (vgl. § 48 Abs. 2 PBG):

- Kernzonen (§ 50 PBG)
- Quartiererhaltungszonen (§ 50a PBG)
- Zentrumszonen (§ 51 PBG)
- Wohnzonen (§ 52 PBG)
- Industrie- und Gewerbezonen (§§ 56–59 PBG)
- Zonen für öffentliche Bauten (§ 60 PBG)

a) Kernzonen

Kernzonen umfassen *schutzwürdige Ortsbilder* – wie Stadt- und Dorfkerne oder einzelne Gebäudegruppen –, die in ihrer Eigenart erhalten oder erweitert werden sollen (§ 50 Abs. 1 PBG). Die Festsetzung einer Kernzone ist somit eine planerische Massnahme des Ortsbild- und Denkmalschutzes, die sich typischerweise jedoch nicht auf einzelne Gebäude, sondern auf Gebäudegruppen oder ganze Dorf- bzw. Stadtkerne bezieht. Sie ist nur zulässig, wenn im fraglichen Bereich erhaltenswürdige Bauten vorhanden sind. Die Kernzone ist jedoch nicht eine Schutzzone im Sinn von Art. 17 RPG, sondern eine Bauzone. Sie vermag die Substanz der schutzwürdigen Bauten allein nicht zu schützen und zu erhalten. Hierzu bedarf es gegebenenfalls weiterer Denkmalschutzmassnahmen (VGer, VB.2001.00031, 29.3.2001, E. 3c [BEZ 2001 Nr. 21]).

Um den Besonderheiten der Schutzobjekte Rechnung zu tragen, gestatten § 50 Abs. 2 und 3 PBG den Gemeinden, in ihren *Bau- und Zonenordnungen* in verschiedener Hinsicht Sonderregelungen zu treffen, welche teilweise von den kantonalrechtlichen Vorschriften abweichen können (z.B. Bauen auf die Strassengrenze oder an die

Grundstücksgrenze, Verzicht auf Nutzungsziffern oder besondere Vorschriften über die Masse und die Erscheinung der Bauten).

Ausserdem enthält das *PBG selbst* Bestimmungen, die insbesondere oder ausschliesslich im Zusammenhang mit Kernzonen zum Tragen kommen, nämlich § 205 lit. a (Festsetzung einer Kernzone als mögliche Schutzmassnahme), § 238 Abs. 2 (qualifizierte Anforderungen an die Einordnung und Gestaltung), § 309 Abs. 1 lit. c (Bewilligungspflicht für den Gebäudeabbruch) und § 338b Abs. 1 lit. a (ideelles Verbandsbeschwerderecht).

b) Quartiererhaltungszonen

Der Zonentyp Quartiererhaltungszone wurde erst mit der PBG-Revision von 1991 eingeführt, als flankierende Massnahme zu den damals geschaffenen Möglichkeiten der baulichen und nutzungsmässigen Verdichtung. Die Quartiererhaltungszone sollte den Nachteilen der flächendeckenden Anhebung der Ausnützung durch das kantonale Recht entgegenwirken und eine differenzierte Umsetzung mittels Massnahmen ermöglichen, die den örtlichen Gegebenheiten angepasst sind. Anders als die Kernzone bezweckt die Quartiererhaltungszone nicht den Schutz von Ortsbildern im Sinne des Heimat- und Denkmalschutzes, sondern die Erhaltung hochwertiger Siedlungsstrukturen (VGer, VB.2002.00052, 11.7.2002, E. 4b [RB 2002 Nr. 71]): «Quartiererhaltungszonen umfassen in sich geschlossene Ortsteile mit hoher Siedlungsqualität, die in ihrer Nutzungsstruktur oder baulichen Gliederung erhalten oder erweitert werden sollen» (§ 50a Abs. 1 PBG). Die Gemeinden sind befugt, in ihrer BZO die gleichen Regelungen zu treffen wie für Kernzonen (Abs. 2).

c) Zentrumszonen

«Zentrumszonen sind bestimmt für eine dichte Überbauung zur Entwicklung von Stadt-, Orts- und Quartierzentren, die ausser dem Wohnen vorab der Ansiedlung von Handels- und Dienstleistungsbetrieben, Verwaltungen sowie mässig störenden Gewerbebetrieben dienen» (§ 51 Abs. 1 PBG). Die Bau- und Zonenordnungen können auch hier Sonderregelungen vorsehen, wenn auch weniger weit gehend als in Kern- und Quartiererhaltungszonen (Abs. 2).

d) Wohnzonen

Gemäss § 52 Abs. 1 Halbsatz 1 PBG sind Wohnzonen «in erster Linie» – demnach aber nicht ausschliesslich – für die *Wohnnutzung* bestimmt. Zur Wohnnutzung zählt nicht nur das Wohnen im engeren Sinn, sondern beispielsweise auch der Aufenthalt von Kindern in kleineren Kindertagesstätten (vgl. BGer, 1C_207/2012, 15.3.2013, E. 2.3 [ZBl 2014 331 ff.]; 1C_148/2010, 6.9.2010, E. 2.2.5 [ZBl 2011 489 ff.]; VGer, VB.2009.00324, 18.11.2009, E. 4.4 [BEZ 2010 Nr. 1]).

Andere Nutzungen sind in der Wohnzone also grundsätzlich ebenfalls zulässig. Eine Wohnnutzung kann nur dann verlangt werden, wenn die Gemeinde *Mindestwohnanteile* vorgeschrieben hat und diese im Einzelfall nicht bereits eingehalten sind. Gemäss § 49a Abs. 3 PBG sind die Gemeinden befugt, in ihren Bau- und Zonenordnungen entsprechende Mindestwohnanteilsvorschriften zu erlassen. An der Festlegung minimaler Wohnflächenanteile in Wohn-, Kern-, Quartiererhaltungs- und Zentrumszonen kann ein erhebliches öffentliches Interesse bestehen; sie dient dazu, preisgünstige Wohnungen zu erhalten, der Entleerung und Verödung der Stadtkerne entgegenzuwirken und die Durchmischung von Arbeitsplätzen und Wohnnutzung sicherzustellen (BGE 111 Ia 93, E. 2b).

Arbeitsräume, «die mit einer Wohnung zusammenhängen und in einem angemessenen Verhältnis zur eigentlichen Wohnfläche stehen» (§ 52 Abs. 1 Halbsatz 2 PBG), gelten als Wohnnutzung. Das «angemessene Verhältnis» der Arbeitsräume zur eigentlichen Wohnfläche ist praxisgemäss eingehalten, wenn es einen Drittel nicht übersteigt. Weil derartige Arbeitsräume der Wohnnutzung zugerechnet werden, sind sie auch auf einen Mindestwohnanteil anrechenbar, wo ein solcher vorgeschrieben ist.

Stark störende Betriebe sind in der Wohnzone unzulässig. *Mässig störende* Betriebe hingegen können in der BZO – also im kommunalen Rahmennutzungsplan – gestattet werden (§ 52 Abs. 3 PBG); ansonsten sind sie ebenfalls unzulässig. Nicht störende Betriebe sind zulässig, sofern sie nicht gegen Wohnanteilsvorschriften verstossen. Früher wurde in einer typisierenden Betrachtungsweise unmittelbar auf die Begriffe «nicht störend», «mässig störend» und «stark störend» abgestellt, um die Zulässigkeit bestimmter Arten von Betrieben in den einzelnen Zonen zu beurteilen. So galten beispielsweise Schneiderateliers als nicht störende, Schreinereien dagegen als mässig störende Betriebe. Seit dem Inkrafttreten der Lärmschutz-Verordnung des Bundes im Jahr 1987 haben diese Kategorien ihre selbständige Bedeutung jedoch weitgehend verloren. Sie dienen heute vorab der Zuweisung der *Lärmempfindlichkeitsstufen* gemäss Art. 43 LSV (BGE 114 Ib 214, E. 4a). Lässt eine kommunale BZO in einer Wohnzone mässig störende Betriebe zu, bedeutet dies grundsätzlich nur noch, dass in der fraglichen Zone nicht die Empfindlichkeitsstufe II, sondern die weniger strenge Empfindlichkeitsstufe III gilt (vgl. allerdings S. 197 ff.).

Beispiel: In einer Wohnzone mit Gewerbeerleichterung soll eine neue Autowaschanlage errichtet werden. Die BZO lässt in der fraglichen Zone mässig störende Betriebe zu. Gemäss Art. 43 Abs. 1 lit. c LSV ist demnach die ES III massgebend. Anhang 6 LSV (Belastungsgrenzwerte für Industrie- und Gewerbelärm) sieht für die ES III einen (nach Art. 25 Abs. 1 USG massgebenden) Planungswert von 60 dB(A) am Tag und 50 dB(A) in der Nacht vor. Verursacht die geplante Autowaschanlage bei den angrenzenden Grundstücken keine höheren Lärmimmissionen, ist sie unter dem Aspekt der Zonenkonformität grundsätzlich bewilligungsfähig.

e) *Industrie- und Gewerbezonen*

«Industrie- und Gewerbezonen sind in erster Linie für die Ansiedlung industrieller und gewerblicher Betriebe der Produktion, der Gütergrossverteilung, der Lagerhaltung und des Transports bestimmt» (§ 56 Abs. 1 PBG). Handels- und Dienstleistungsbetriebe sind nur zugelassen, soweit die BZO dies vorsieht (Abs. 3). Im Übrigen belassen die §§ 56–59 PBG den Gemeinden auch anderweitige Regelungsspielräume (Ausscheidung von Industrie- und Gewerbezonen unterschiedlicher Einwirkungen; Regelungen betreffend das Bauen an die Grundstücksgrenze).

Gemäss alt § 58 PBG kann die BZO die Gebäudehöhe oder die Gesamthöhe auch ohne Festlegung einer Geschosszahl bestimmen. Die Regelung ist mit der PBG-Revision von 2015 obsolet geworden (vgl. S. 170).

Aktuell war in jüngerer Zeit immer wieder die Frage, ob und wie weit *Kultusbauten* in Gewerbezonen zonenkonform sind. Das Bundesgericht hielt hierzu fest, dass die baurechtliche Grundordnung einer Gemeinde so ausgestaltet bzw. gehandhabt werden muss, dass Glaubensgemeinschaften die Ausübung ihrer Religion nicht verunmöglicht wird (BGer, 1C_366/2009, 30.11.2009, E. 7.2 f.).

f) *Zonen für öffentliche Bauten*

«Einer Zone für öffentliche Bauten können Grundstücke zugewiesen werden, die von ihren Eigentümern zur Erfüllung öffentlicher Aufgaben benötigt werden» (§ 60 Abs. 1 PBG). Als öffentliche Aufgabe gilt der Bau von Schulhäusern, Spitälern, Alters- und Pflegeheimen, Verwaltungsgebäuden und dergleichen, aber auch etwa von Schwimmbädern oder Tennisanlagen. Dabei kommt es nicht auf die Eigentümerstellung an, sondern darauf, ob die Baute oder Anlage grundsätzlich der Öffentlichkeit zugänglich ist. Die Allgemeinzugänglichkeit kann allerdings aus rechtlichen oder tatsächlichen Gründen - z.B. wegen Platzmangel - eingeschränkt sein (BGer, 1C_310/2011, 10.11.2011, E. 2.4 [ZBl 2012 371 ff.]).

2. Landwirtschaftszonen

Die räumliche Zuordnung einzelner Zonen erfolgt typischerweise auf Gemeindestufe. Das PBG sieht im Rahmen der Nutzungsplanung indes *kantonale und regionale Landwirtschafts- und Freihaltezonen* vor (für die Landwirtschaftszonen vgl. § 36 PBG), wobei es zwar regionale Freihaltezonen, aber keine regionalen Landwirtschaftszonen gibt. Bei den übrigen Zonenzuweisungen handelt es sich durchwegs um kommunale Festlegungen.

§ 46 Abs. 3 PBG gestattet «namentlich im Siedlungsgebiet» ergänzende *kommunale* Landwirtschaftszonen.

Die in der Landwirtschaftszone *zulässigen Nutzweisen* sind abschliessend im Bundesrecht geregelt (Art. 16, 16a und $16a^{bis}$ RPG).

3. Freihaltezonen

Die §§ 39–44 PBG regeln *kantonale* und *regionale* Freihaltezonen, die §§ 61–64 PBG *kommunale* Freihaltezonen.

Freihaltezonen sind typischerweise Nichtbauzonen und können verschiedene *Funktionen* haben. Das Gesetz nennt folgende (§§ 39 und 61 PBG):

- die Erholung der Bevölkerung;
- die Bewahrung von Objekten des Natur- und Heimatschutzes;
- die Trennung und Gliederung des Siedlungsgebiets bzw. der Bauzonen.

Die Freihaltezonen des zürcherischen Rechts weisen mithin unterschiedliche Zweckbestimmungen auf. Teils erfüllen sie die Funktion von Schutzzonen gemäss Art. 17 RPG, teils sind sie als Spezialzonen für bestimmte öffentliche Zwecke im Sinn von Art. 18 RPG einzustufen (BGE 118 Ib 503, E. 5b). Daraus ergibt sich, dass in Freihaltezonen – je nach Zweckbestimmung – *zonenkonformes* Bauen und damit die Erteilung einer Baubewilligung nach Art. 22 RPG in beschränktem Umfang möglich ist. Bauten und Anlagen müssen jedoch funktionell und räumlich von untergeordneter Bedeutung sein und in ihrer konkreten Ausgestaltung der Verwirklichung des Zonenzwecks dienen. Darüber hinausgehende Vorkehrungen erfordern eine *Ausnahmebewilligung* nach Art. 24–24e RPG (§ 40 Abs. 1 Satz 2 PBG).

Freihaltezonen sind allerdings nicht in jedem Fall dem Nichtbaugebiet zuzuordnen; vielmehr können sie auch *innerhalb der Bauzonen* liegen. «Dabei kommt es (…) auf ihren Zweck und ihre Lage an: Liegt die Zone innerhalb des Siedlungsgebiets und dient sie dessen Gliederung, dem Erhalt von Grünflächen i.S.v. Art. 3 Abs. 3 lit. e RPG oder dem Schutz ökologisch wertvoller Elemente innerhalb des Siedlungsgebiets, gehört sie funktionell zum Baugebiet. Bauvorhaben sind daher nach Massgabe der kommunalen Zonenvorschriften bzw. der (kommunalen oder kantonalen) Ausnahmevorschriften zu beurteilen (Art. 22 f. RPG) und nicht nach Art. 24 RPG» (BGer, 1C_33/2015, 1.6.2015, E. 2.4). Im Kanton Zürich gilt bezüglich «innenliegender», d.h. kleinräumiger und mehr oder weniger vollständig von Bauzonen umschlossener Freihaltezonen allerdings die Besonderheit, dass für zonenwidrige Bauten und Anlagen keine materiellen Vorschriften bestehen, weshalb gleichwohl die Art. 24 ff. RPG zur Anwendung gelangen, wenn auch nur analog bzw. «durch Verweis über § 40 Abs. 1 Satz 2 PBG als kantonales Recht» (BGer, 1C_14/2013, 14.10.2013, E. 2.3).

Für Freihaltezonen im Nichtbaugebiet liegt die *Bewilligungszuständigkeit* gemäss Art. 25 Abs. 2 RPG bei einer kantonalen Behörde. In Bezug auf «innenliegende» Freihaltezonen verbleibt die Zuständigkeit hingegen bei der kommunalen Behörde.

4. Erholungszonen

Erholungszonen dienen den gleichen Zwecken wie Freihaltezonen. Sie sind ebenfalls in den §§ 61–64 PBG geregelt, wobei es im Gegensatz zu den Freihaltezonen nur kommunale, nicht aber auch kantonale und regionale Erholungszonen gibt.

Eine scharfe Abgrenzung zwischen Erholungszonen und Freihaltezonen ist dementsprechend nicht möglich. Tendenziell werden Erholungszonen für intensivere bauliche Nutzungen vorgesehen als Freihaltezonen (z.B. für Sportanlagen).

5. Reservezone

Gemäss § 65 Abs. 1 PBG umfasst die Reservezone «Flächen, deren Nutzung noch nicht bestimmt ist oder in denen eine bestimmte Nutzung erst später zugelassen werden soll», mithin jene Flächen, die keiner anderen Zone zugewiesen sind. Eine Reservezone ist *keine Bauzone* im Sinn von Art. 14 Abs. 2 und Art. 15 RPG. Deshalb sind Bauten und Anlagen nur nach Massgabe von Art. 24–24e RPG zulässig. Zudem dürfen sie der in den Richtplänen vorgesehenen Zweckbestimmung nicht zuwiderlaufen (§ 65 Abs. 2 PBG).

Eigentümer von Grundstücken in Reservezonen haben einen *Anspruch auf Überprüfung* der Bauzonendimensionierung; dieser kann frühestens acht Jahre nach der Festsetzung oder Revision des Zonenplans geltend gemacht werden (§ 65 Abs. 4 PBG).

V. Sondernutzungsplanung

A. Begriff und Funktion

Sondernutzungspläne haben die Funktion, den für das gesamte Gemeindegebiet geltenden Rahmennutzungsplan – also die bauliche und nutzungsmässige Grundordnung – zu *ergänzen* oder zu *überlagern* (d.h. teilweise zu verdrängen). Ergänzenden Charakter hat beispielsweise ein Baulinienplan, überlagernden ein Gestaltungsplan für ein bestimmtes Gebiet. Im Übrigen handelt es sich beim Terminus Sondernutzungsplan um eine Sammelbezeichnung für ganz unterschiedliche Erscheinungsformen, vom relativ einfachen Baulinienplan bis zum komplexen Quartierplan.

Weder das RPG noch das PBG verwenden den Begriff «Sondernutzungsplan». Hingegen spricht Art. 5 Abs. 3 UVPV – im Zusammenhang mit dem für die Durchführung einer Umweltverträglichkeitsprüfung massgeblichen Verfahren – von «Sondernutzungsplanung (Detailnutzungsplanung)», ohne diesen Begriff jedoch bundesrechtlich definieren und den kantonalen Regelungsspielraum einengen zu wollen.

B. Arten von Sondernutzungsplänen

Die einzelnen Kantone kennen zumeist ein ähnliches Instrumentarium der Sondernutzungsplanung, doch verwenden sie für gleichartige Typen von Sondernutzungsplänen teilweise unterschiedliche Bezeichnungen. Im Folgenden werden die wichtigsten Sondernutzungspläne des zürcherischen Rechts dargestellt.

1. Gestaltungsplan

a) Zweck; Inhalt; Rechtswirkungen

Der in der Praxis sehr bedeutsame, in den §§ 83–87 PBG geregelte Gestaltungsplan – in anderen Kantonen auch als Bebauungs-, Überbauungs- oder Quartierplan bezeichnet – ist ein Sondernutzungsplan, der eine *städtebaulich und architektonisch hochwertige Überbauung* anstrebt. Zu diesem Zweck stellt er für ein bestimmtes Gebiet – in der Regel ein oder mehrere zusammenhängende Grundstücke – eine *Spezialbauordnung* auf, welche von den allgemeinen Festlegungen der Bau- und Zonenordnung abweicht und diese überlagert.

Mit dem Gestaltungsplan werden die Zahl, Lage und äusseren Abmessungen sowie die Nutzweise und Zweckbestimmung der

Bauten bindend festgelegt; dabei darf er von den Bestimmungen über die *Regelbauweise* – d.h. von der baulichen Grundordnung nach kantonalem und kommunalem Recht – sowie von den kantonalen Mindestabständen *abweichen* (§ 83 Abs. 1 PBG). Allerdings sind solche Abweichungen nicht schrankenlos zulässig, weil die Bau- und Zonenordnung die zulässige Dimensionierung und Nutzung der Bauten aus einer ganzheitlichen Optik festlegt und aufeinander abstimmt. Gestaltungspläne dürfen deshalb «nicht dazu führen, dass die planerisch und demokratisch abgestützte Grundordnung ihres Sinngehalts entleert würde» (BGE 135 II 209, E. 5.2). Dies gilt auch dann, wenn der Gestaltungsplan von den gleichen Organen und im gleichen Verfahren festgesetzt und genehmigt wird wie die Bau- und Zonenordnung (BGer, 1C_800/2013, 29.4.2014, E. 2.2.2).

Der Gestaltungsplan ordnet auch die Erschliessung sowie die gemeinschaftlichen Ausstattungen und Ausrüstungen, soweit sie nicht schon durch einen Quartierplan geregelt sind; überdies kann er Festlegungen über die weitere Umgebungsgestaltung enthalten (§ 83 Abs. 3 PBG).

Anders als bei Arealüberbauungen und Sonderbauvorschriften sind die Grundeigentümer im Perimeter (d.h. im Gebiet) eines Gestaltungsplans an dessen Festlegungen *gebunden* (vgl. § 83 Abs. 1 PBG: «bindend»). Die Grundordnung wird also ersetzt, so dass nur noch gestaltungsplankonform gebaut werden kann.

b) Arten von Gestaltungsplänen

Das PBG unterscheidet zwischen öffentlichen und privaten Gestaltungsplänen:

- Ein *öffentlicher Gestaltungsplan* wird von der Gemeindelegislative erlassen (§ 88 PBG). Er setzt voraus, dass daran ein «wesentliches öffentliches Interesse» besteht (§ 84 Abs. 1 PBG).

  Nebst kommunalen gibt es auch *überkommunale,* insbesondere kantonale Gestaltungspläne, die von der Baudirektion festgesetzt werden (§ 84 Abs. 2 PBG; Beispiel: die sechs kantonalen Gestaltungspläne für das Hochschulgebiet Zürich Zentrum, öffentlich aufgelegt von April bis Juni 2017). § 44a PBG regelt ausdrücklich kantonale und regionale Gestaltungspläne für Materialgewinnung und Materialablagerung.

- Ein *privater Gestaltungsplan* wird von den Grundeigentümern aufgestellt (§ 85 Abs. 1 PBG), was in der Regel unter Beizug eines Planungsbüros und nach informellen Absprachen mit den kommunalen Behörden geschieht. Damit private Gestaltungspläne öffentlichrechtliche Wirkungen entfalten, bedürfen sie der *Zustimmung der Gemeinde:* Grundsätzlich ist die Zustimmung der Gemeindelegislative erforderlich, welche auch die Bau- und Zonenordnung, d.h. den Rahmennutzungsplan, erlässt (§ 86 Satz 1 i.V.m. § 88 PBG). Ausnahmsweise genügt jedoch die Zustimmung der Gemeindeexekutive, nämlich dann, wenn der private Gestaltungsplan nicht über das hinausgeht, was im betreffenden Gebiet auch mit einer Arealüberbauung realisiert werden könnte (§ 86 Satz 2 i.V.m. § 3 Abs. 4 PBG).

  Private Gestaltungspläne können *allgemeinverbindlich* erklärt werden, «wenn ihnen die Grundeigentümer zustimmen, denen mindestens zwei Drittel der einbezogenen Flächen gehören, und wenn keine schutzwürdigen Interessen der andern Grundeigentümer verletzt werden» (§ 85 Abs. 2 PBG). In einem solchen, wohl seltenen Fall gelten sie dann auch für Grundstücke im Perimeter des Gestaltungsplans, deren Eigentümer sich diesem nicht unterziehen wollten.

Öffentliche wie private Gestaltungspläne bedürfen der *Genehmigung* durch die zuständige kantonale Direktion (§ 89 Abs. 1 i.V.m. § 2 lit. b PBG). In der Regel ist dies die Baudirektion (vgl. S. 84).

Eine faktische und im PBG dementsprechend nicht geregelte Unterscheidung ist diejenige zwischen *projektbezogenen* und nicht projektbezogenen Gestaltungsplänen. Beim projektbezogenen Gestaltungsplan liegt von Anfang an ein bereits relativ konkret ausgearbeitetes Bauprojekt vor, welches mit dem Gestaltungsplan eine massgeschneiderte Sonderregelung erhält (Beispiel: der nie realisierte Gestaltungsplan Stadion Zürich). In den übrigen Fällen besteht bei Erlass des Gestaltungsplans noch kein konkretes Bauvorhaben; ein solches wird in der Folge erst erarbeitet, und zwar auf der Grundlage des Gestaltungsplans. Dabei kann es sich auch um mehrere, allenfalls zeitlich gestaffelte Projekte handeln (Beispiel: Gestaltungsplan «Stadtraum HB», heute: «Europa-Allee»).

c) Gestaltungsplanpflicht

Mit der Zonenzuweisung in der BZO kann vorgeschrieben werden, dass für bestimmte Teilbereiche ein Gestaltungsplan aufgestellt werden muss. Vorausgesetzt wird ein wesentliches öffentliches Interesse, etwa ein solches des Ortsbild-, Landschafts-, Aussichts- oder Immissionsschutzes oder ein solches an einer differenzierten baulichen Verdichtung (§ 48 Abs. 3 PBG). Die Gestaltungsplanpflicht bedeutet, dass der Grundeigentümer vor Einreichung eines Baugesuchs einen Gestaltungsplan erwirken muss. Dabei kann es sich um einen privaten oder öffentlichen Gestaltungsplan handeln.

d) Änderung/Aufhebung von Gestaltungsplänen

Gestaltungspläne können frühestens fünf Jahre nach ihrem Inkrafttreten aufgehoben werden, wenn weder eine wesentliche Bautätigkeit eingesetzt hat, die von den eingeräumten Möglichkeiten Gebrauch macht, noch entsprechende ernsthafte Bestrebungen nachgewiesen werden (§ 87 i.V.m. § 82 PBG). Untergeordnete Änderungen lässt die Praxis schon vorher zu.

2. Sonderbauvorschriften

Sonderbauvorschriften, geregelt in den §§ 79–82 PBG, ermöglichen und erleichtern die *freiere Überbauung bestimmter geeigneter Gebiete nach einheitlichen Gestaltungsgrundsätzen* (§ 79 Abs. 1 PBG; Beispiel: Sonderbauvorschriften «Zentrum Zürich Nord», heute: «Neu-Oerlikon»). Sie nehmen damit eine ähnliche Funktion wahr wie der Gestaltungsplan. Auch Sonderbauvorschriften können von den Bestimmungen über die Regelbauweise abweichen (§ 80 Abs. 1 Satz 1 PBG). Bezüglich des Ausmasses der Abweichung muss indes das Gleiche gelten wie bei Gestaltungsplänen; Sonderbauvorschriften dürfen die Grundordnung also nicht aus den Angeln heben. Im Weiteren haben sie für die einwandfreie Einordnung, Gestaltung, Erschliessung, Ausstattung und Ausrüstung der Überbauung zu sorgen (§ 80 Abs. 1 Satz 2 PBG).

Ein äusserlicher Unterschied zum Gestaltungsplan besteht darin, dass Sonderbauvorschriften *nicht zwingend* durch eine *Karte* ergänzt werden müssen (§ 80 Abs. 3 PBG), mitunter also nur aus Vorschriften bestehen. Diese können, müssen aber nicht in die Bauordnung integriert sein.

Anders als der Gestaltungsplan bewirken Sonderbauvorschriften *keinen Zwang, nach ihnen zu bauen,* sondern lassen alternativ das Bauen nach der Regelbauweise zu. Sie können jedoch bestimmen, dass Baubewilligungen auf ihrer Grundlage nur erteilt werden, wenn die entsprechende Überbauung des ganzen Gebiets oder näher zu umschreibender Teilgebiete rechtlich gesichert ist (§ 81 Abs. 1 und 2 PBG). Dies ist insbesondere dann von Bedeutung, wenn der erste Grundeigentümer damit beginnt, nach den Sonderbauvorschriften zu bauen.

Wie Gestaltungspläne können Sonderbauvorschriften frühestens fünf Jahre nach ihrem Inkrafttreten *aufgehoben* werden, wenn weder eine wesentliche Bautätigkeit eingesetzt hat, die von den eingeräumten Möglichkeiten Gebrauch macht, noch entsprechende ernsthafte Bestrebungen nachgewiesen werden (§ 82 PBG).

3. Exkurs: Arealüberbauung

Bei der Arealüberbauung, geregelt in den §§ 69–73 PBG, handelt es sich nicht um einen Sondernutzungsplan, sondern um eine besondere Baumöglichkeit, die *in der BZO – also im Rahmennutzungsplan – vorgesehen* ist. Wegen seiner sachlichen Nähe zum Gestaltungsplan und zu den Sonderbauvorschriften wird dieses Instrument jedoch an dieser Stelle erläutert.

Die Gemeinden können in ihren Bau- und Zonenordnungen in den Bauzonen allgemein, aber auch zonen- oder gebietsweise Arealüberbauungen zulassen. Zu diesem Zweck haben sie *Mindestarealflächen* festzulegen (§ 69 PBG). Mit dem Instrument der Arealüberbauung verfügen die Baubehörden über eine rechtliche Handhabe, um – gestützt auf die BZO selbst – eine *von der Grundordnung abweichende Überbauung* zu gestatten. Die BZO kann deshalb Bauvorschriften enthalten, die von den Bestimmungen für die Regelbauweise und von den kantonalen Mindestabständen abweichen (§ 72 Abs. 1 PBG). M.E. darf diese Abweichung jedoch keinesfalls weiter gehen als bei Gestaltungsplänen und Sonderbauvorschriften.

Anders als beim Gestaltungsplan bleibt dem Grundeigentümer die Wahl, von der Regelbauweise abzuweichen oder nicht. Meistens sind die Grundeigentümer jedoch bestrebt, die Vorteile einer Arealüberbauung zu nutzen; denn in der Regel sehen die Bau- und Zonenordnungen einen sog. *Arealüberbauungs-* bzw. *Ausnützungsbonus* in der Grössenordnung von 10 % vor.

Im Gegenzug für diese Privilegierung gelten *erhöhte Anforderungen* in Bezug auf die Gestaltung, Einordnung, Umgebung und Wohnqualität (§ 71 Abs. 1 und 2 PBG; vgl. dazu BGer, 1C_313/2015, 1C_317/2015, 10.8.2016, E. 4 [ZBl 2017 50 ff.]). Arealüberbauungen können auch bereits überbaute Grundstücke umfassen, wenn die Überbauung als Ganzes den Anforderungen genügt (§ 71 Abs. 3 PBG; vgl. VGer, VB.2011.00308, 7.12.2011 [BEZ 2012 Nr. 18]; BRG I, 0006/2014, 24.1.2014 [BEZ 2014 Nr. 31]).

Im Unterschied zum Gestaltungsplan und zu Sonderbauvorschriften ist eine vorgängige Sondernutzungsplanung nicht erforderlich. Vielmehr wird *direkt das Baugesuch eingereicht.* Ob die Voraussetzungen einer Arealüberbauung erfüllt sind und das Vorhaben als solches bewilligt werden kann, prüft und entscheidet die Baubewilligungsbehörde.

Kritische Würdigung: Das Institut der Arealüberbauung ist nicht per se fragwürdig, aber als der «schnellere Weg» im Vergleich zu Gestaltungsplänen und Sonderbauvorschriften nicht unproblematisch; denn dadurch wird der gesamte Prozess der demokratischen Partizipation und Entscheidung, der in der Nutzungsplanung von grosser Bedeutung ist, umgangen. Dementsprechend können sich auch Rekurse Dritter erst in einem späten Stadium der Projektierung «entladen», nämlich wenn die Baubewilligung bereits erteilt worden ist. Arealüberbauungen sollten deshalb nur für mittelgrosse Projekte möglich sein, die weniger stark von der Regelbauweise abweichen als Gestaltungspläne und Sonderbauvorschriften. Die Bundesrechtskonformität von grösseren Abweichungen – wie sie etwa die BZO der Stadt Zürich vorsieht – erscheint mit Blick auf die bundesrechtliche Planungspflicht gemäss Art. 2 Abs. 1 RPG fraglich.

4. Quartierplan

Der – im zürcherischen Recht so genannte – Quartierplan ist der im PBG mit Abstand am ausführlichsten geregelte Sondernutzungsplan (§§ 123–177). Anwendbar ist ausserdem die Quartierplanverordnung vom 18. Januar 1978 (LS 701.13).

a) Zweck und Aufgaben des Quartierplans

Der Quartierplan soll im erfassten Gebiet «eine der planungs- und baurechtlichen Ordnung entsprechende Nutzung» ermöglichen (§ 123 Abs. 1 PBG). Zu diesem Zweck muss er zwei Hauptaufgaben erfüllen:

Einerseits muss er – soweit nötig – mittels *Grenzveränderungen* und *Landumlegungen* dafür sorgen, dass Parzellen geschaffen werden, die sich für eine zonengemässe Überbauung eignen. Das Quartierplangebiet ist so einzuteilen, dass alle Grundstücke ohne Ausnahmebewilligungen und nachbarliche Zustimmung in einer den örtlichen Verhältnissen und der Bauzone angemessenen Weise überbaut werden können; ist dies nicht möglich, sind die erforderlichen Rechte und Lasten mit dem Quartierplan zu begründen (§ 126 Abs. 1 PBG).

Anderseits muss der Quartierplan dafür sorgen, dass alle Grundstücke im Beizugsgebiet *feinerschlossen* werden und an gegebenenfalls erforderlichen gemeinschaftlichen Ausstattungen und Ausrüstungen teilhaben (§ 128 Abs. 1 PBG). Erschliessungen sowie gemeinschaftliche Ausstattungen und Ausrüstungen sind so festzulegen, dass sie bei vollständiger Nutzung der erfassten Grundstücke den einschlägigen gesetzlichen Anforderungen genügen (§ 128 Abs. 2 PBG).

b) Aufstellung des Quartierplans; Verfahren

«Das Verfahren wird auf Gesuch eines Grundeigentümers oder, wo die bauliche Entwicklung und der Erschliessungsplan es als wünschbar erscheinen lassen, durch den Gemeinderat von Amtes wegen eingeleitet» (§ 147 PBG). Nach rechtskräftiger Verfahrenseinleitung erstellt der Gemeinderat (d.h. die Gemeindeexekutive; vgl. § 3 Abs. 4 PBG) einen Entwurf des Quartierplans, der an einer *ersten Grundeigentümerversammlung* erläutert wird (§§ 151 f. PBG). Die Grundeigentümer bzw. anderweitig an den betroffenen Grundstücken Berechtigten können anlässlich dieser Versammlung Wünsche und Anregungen vorbringen oder solche innert 30 Tagen schriftlich nachreichen (§ 152 Abs. 3 PBG). Innert sechs Monaten nach Ablauf der Frist zur schriftlichen Stellungnahme ist eine Bereinigung der Einwendungen anzustreben und der Entwurf zu überarbeiten (§ 153 PBG). Anschliessend wird der überarbeitete Entwurf während 30 Tagen für die Beteiligten aufgelegt.

Gleichzeitig werden diese zu einer zweiten Versammlung eingeladen, die innert weiteren 30 Tagen durchzuführen ist (§ 154 Abs. 1 PBG). Innerhalb der Auflagefrist können die Quartierplanbeteiligten bestimmte Begehren stellen, welche die Grundlagen des Quartierplans betreffen (vgl. im Einzelnen § 155 Abs. 1 lit. a–d PBG); später sind sie mit solchen Begehren grundsätzlich ausgeschlossen. Anderweitige Begehren – beispielsweise betreffend die Kostenverlegung – können auch noch in der zweiten Versammlung vorgebracht werden (§ 155 Abs. 2 und 3 PBG). Wer seine Begehren nicht rechtzeitig stellt, ist damit im Rekursverfahren ausgeschlossen (§ 155 Abs. 4 PBG).

Anlässlich der *zweiten Grundeigentümerversammlung* erläutert der Gemeinderat den überarbeiteten Entwurf und nimmt zu den Begehren Stellung (§ 156 PBG). Hernach wird der Entwurf innert vier Monaten bereinigt und der Quartierplan vom Gemeinderat festgesetzt (§§ 157 f. PBG). Der festgesetzte Quartierplan bedarf schliesslich der Genehmigung durch die «zuständige Direktion», d.h. in der Regel die Baudirektion (§ 159 i.V.m. § 2 lit. b PBG; vgl. S. 84).

c) Landzuteilung und Geldausgleich

Ein Quartierplanverfahren führt normalerweise zu Neuzuteilungen. Nach dem *Realersatzprinzip* ist die Gesamtfläche, die nach Abzug der Erschliessungs- und weiteren gemeinschaftlichen Anlagen verbleibt, «so zuzuteilen, dass die Grundeigentümer nach Möglichkeit geeignete Parzellen in gleichwertiger Lage und im Verhältnis zur Fläche ihres Altbestands unter Berücksichtigung der Wertunterschiede erhalten» (§ 139 Abs. 1 PBG).

Eine absolute Gleichbehandlung der Quartierplanbeteiligten kann indes in aller Regel nicht gewährleistet werden. Aus diesem Grund sieht § 145 PBG vor, dass *Mehr- oder Minderzuteilungen,* die im Interesse einer geeigneten Gestaltung der Parzellen erforderlich sind, in Geld ausgeglichen werden müssen.

Einen Spezialfall der Minderzuteilung stellt der *Auskauf* von Grundstücken dar, deren Fläche für eine Überbauung nicht ausreicht und die auch nicht durch geeignete Quartierplanmassnahmen überbaubar gemacht werden können (§ 141 PBG). Beim Auskauf handelt es sich um einen Sonderfall der formellen Enteignung.

d) Administrativkosten

Gemäss § 177 Abs. 1 PBG sind die sog. Administrativkosten, d.h. die *Kosten der Gemeinde für die Aufstellung und den Vollzug des Quartierplans,* von den beteiligten Grundeigentümern samt Zins in der Regel im Verhältnis der Flächen ihrer neuen Grundstücke zu bezahlen (Satz 1); besondere Verhältnisse sind dabei zu berücksichtigen (Satz 2). Als Administrativkosten gelten namentlich die Kosten für die administrative Begleitung, die Bearbeitung der Pläne mit Einschluss von Architektur- und Ingenieurarbeiten, die Festlegung des Geldausgleichs und des Verlegers der Erstellungskosten, die Vermessung und Vermarkung sowie den grundbuchlichen Vollzug (§ 15 der Quartierplanverordnung).

Der Gemeinderat kann für anstehende Kostenforderungen angemessene *Bevorschussungen* und für bereits beglichene Rechnungen angemessene *Abschlagszahlungen* verlangen (§ 177 Abs. 2 PBG). Geleistete Zahlungen werden den Quartierplanbeteiligten in der Schlussabrechnung gutgeschrieben.

e) «Superprivater» Quartierplan

Bei Vorliegen *einfacher Verhältnisse* muss für die Schaffung erschlossener und überbaubarer Grundstücke nicht zwingend ein Quartierplanverfahren durchgeführt werden. Besteht zwischen den Grundeigentümern grundsätzliche Einigkeit über die Umlegung und Erschliessung ihrer Grundstücke, so haben sie die Möglichkeit, anstelle eines Quartierplanverfahrens auf *privater Basis* ein Landumlegungs- und Erschliessungsverfahren durchzuführen. Unter diesen Voraussetzungen ist es den Grundeigentümern freigestellt, auf ein Gesuch um Einleitung eines Quartierplanverfahrens zu verzichten und die Feinerschliessung ihrer Grundstücke ohne Einschaltung des Gemeinwesens durchzuführen. Häufig kann dadurch ein aufwendiges und langwieriges Verfahren vermieden werden.

Die zürcherische Praxis hat dieses – im PBG nicht vorgesehene – «superprivate» Quartierplanverfahren seit jeher anerkannt. Der *privatrechtliche Landumlegungs- und Erschliessungsvertrag* ersetzt in diesem Fall den Quartierplan. Die materiellen öffentlichrechtlichen Anforderungen an die Erschliessung müssen jedoch vollumfänglich eingehalten werden.

Zur Bezeichnung *«superprivat»:* Das PBG unterschied ursprünglich zwischen einem amtlichen und einem privaten Quartierplan. Diese begriffliche Unterscheidung wurde im Rahmen der PBG-Revision von 1991 aufgegeben (vgl. allerdings § 160a PBG), doch hatte sich der Begriff «superprivater» Quartierplan – zur Abgrenzung vom privaten Quartierplan – so stark eingebürgert, dass er auch heute noch verwendet wird.

5. Baulinien

a) *Zweck und Funktionen; Verkehrsbaulinien insbesondere*

Beim Baulinienplan handelt es sich um einen Sondernutzungsplan, der den Rahmennutzungsplan ergänzt. Die in den §§ 96–110a PBG geregelten Baulinien «begrenzen die Bebauung und dienen insbesondere der Sicherung bestehender und geplanter Anlagen und Flächen sowie der baulichen Gestaltung» (§ 96 Abs. 1 PBG in der Fassung von 2015, übereinstimmend mit Ziff. 7.3 Anhang 1 IVHB). Je nach Zweckbestimmung stehen hierfür verschiedene Baulinienarten zur Verfügung (Verkehrsbaulinien, Baulinien für Betriebsanlagen zu Verkehrsinfrastrukturen, Gewässerbaulinien, Versorgungsbaulinien, Baulinien für Anschlussgleise).

Zur *Sicherung bzw. Freihaltung des Raums* für Strassen, Wege, Plätze und Eisenbahnen – gegebenenfalls samt begleitenden Vorgärten, Grünzügen, Lärmschutzanlagen und Fahrzeugabstellplätzen – gelangen hauptsächlich *Verkehrsbaulinien* zur Anwendung (§ 96

Abs. 2 lit. a PBG). Solche wurden im Kanton Zürich für den überwiegenden Teil der Staats- und Gemeindestrassen festgesetzt. Verkehrsbaulinien sind «nicht erst zu ziehen, wenn die Strasse erstellt werden muss; vielmehr ist das aktuelle Bedürfnis für die Landsicherung schon dann gegeben, wenn ersichtlich ist, dass die Erstellung über kurz oder lang notwendig sein wird, da andernfalls die Gefahr besteht, dass Bauvorhaben die spätere Bauausführung erschweren und verteuern (...). Mit Rücksicht auf die Eigentumsbeschränkungen, zu denen die Linienfestsetzung führt, wird jedoch verlangt, dass konkrete Vorstellungen für den künftigen Strassenbau jedenfalls im Sinn eines generellen Projekts vorliegen (...).» Zudem muss im Rahmen der Verhältnismässigkeitsprüfung untersucht werden, ob zumindest prima facie Varianten ersichtlich sind, die zu weniger schweren Eingriffen führen würden (BGer, 1C_789/2013, 21.2.2014, E. 4, m.w.H.).

Neben der Freihaltung des eigentlichen Verkehrsraums haben Verkehrsbaulinien auch eine *städtebaulich-ästhetische Funktion.* Sie dienen der Schaffung und Erhaltung unüberbaubarer Grünstreifen entlang der Strassen (sog. Vorgärten) und sorgen für einheitliche Häuserfluchten in städtischen Quartieren (vgl. § 97 PBG). Schliesslich gewährleisten sie den an der Strasse stehenden Gebäuden auch ein Mindestmass an Belichtung, Belüftung und Besonnung.

b) Rechtswirkungen in Bezug auf neue Bauten im Baulinienbereich

Innerhalb zweier Baulinien dürfen grundsätzlich nur Bauten und Anlagen erstellt werden, die dem Zweck der Baulinien nicht widersprechen (§ 99 Abs. 1 PBG); im Baulinienbereich besteht somit ein grundsätzliches *Bauverbot.*

Vorspringende Gebäudeteile wie Erker, Balkone, Aussentreppen oder Vordächer dürfen jedoch bis 2 m in den Baulinienbereich hineinragen, wobei in der Vertikalen ein dem Charakter der betreffenden Anlage entsprechender Abstand – in der Regel mindestens 3 m – einzuhalten ist, wenn die Baulinie und die Grenze des für die

Anlage benötigten Raums zusammenfallen. Die Breite vorspringender Gebäudeteile ist auf die Hälfte des zugehörigen Fassadenabschnitts begrenzt; bei Dachvorsprüngen ist sie nicht begrenzt. Vorspringende Gebäudeteile müssen indes entschädigungslos beseitigt werden, sobald die Ausführung des Werks oder der Anlage, für welche bzw. welches die Baulinie festgesetzt worden ist, dies erfordert (sog. Beseitigungsrevers; zum Ganzen: § 100 Abs. 2 und 3 PBG i.V.m. § 6c ABV).

Gemäss alt § 100 Abs. 1 PBG dürfen «einzelne oberirdische Gebäudevorsprünge» bis 1,5 m über Baulinien hinausragen. Die Breite solcher Vorsprünge ist nicht begrenzt.

Weitergehende und *andersartige* Beanspruchungen des Baulinienbereichs können gemäss § 100 Abs. 4 (alt Abs. 3) PBG «mit der baurechtlichen Bewilligung, nötigenfalls unter sichernden Nebenbestimmungen, gestattet werden». Nach früherer Rechtsprechung des Verwaltungsgerichts setzte dies das Vorliegen «besonderer Umstände» voraus. Solche wurden nur dann bejaht, wenn die Sachumstände von den durchschnittlichen Gegebenheiten erheblich abwichen (VGer, VB 91/0068, 18.9.1991 [RB 1991 Nr. 52]). Diese Betrachtungsweise, welche von einer Ausnahmesituation ausging, ist von der Baurekurskommission II in Zweifel gezogen worden (BRK II, 0136/2006, 27.6.2006 [BEZ 2006 Nr. 50]). Es komme in der Praxis häufig vor, dass Bauten und Anlagen wie etwa Einfriedungen, Stützmauern, Garageneinfahrten oder Abfahrtsrampen, aber auch Kunden- oder Besucherabstellplätze, im Vorgartenbereich situiert würden. Das Verwaltungsgericht schloss sich dieser Sichtweise an und änderte seine Rechtsprechung: «Ungeachtet der Bezeichnung in der Marginalie betrifft § 100 Abs. 3 PBG keine Ausnahmen im technischen Sinn, sondern stellt als ‹Kann-Vorschrift› die Bewilligung in das Ermessen der Behörde. Diese hat im Einzelfall abzuwägen zwischen den mit der Baulinienfestsetzung verfolgten öffentlichen Interessen auf der einen und den privaten Interessen des Grundeigentümers an einer zweckmässigen Nutzung seines Grundstücks auf der anderen Seite sowie den Interessen allfälliger

Drittbetroffener» (VGer, VB.2006.00348, 14.3.2007, E. 2.3 [BEZ 2007 Nr. 17; Leitsätze in RB 2007 Nr. 64]).

c) *Rechtswirkungen in Bezug auf bestehende Bauten im Baulinienbereich*

Baulinienwidrige Bauten und Anlagen im Baulinienbereich dürfen gemäss § 101 Abs. 1 PBG entsprechend dem bisherigen Verwendungszweck *unterhalten* und *modernisiert* werden. Dies entspricht der sog. Besitzstandsgarantie.

Weitergehende, also über die blosse Besitzstandswahrung hinausgehende Vorkehren sind nach Abs. 2 zulässig, «wenn die Baulinie in absehbarer Zeit nicht durchgeführt werden soll». In diesem Fall muss mit sichernden Nebenbestimmungen ausgeschlossen werden, dass das Gemeinwesen bei einer späteren Inanspruchnahme der Baulinie «den entstandenen Mehrwert zu entschädigen hat» (sog. Mehrwertrevers, der zum Beseitigungsrevers hinzutritt).

Bei § 101 PBG handelt es sich – nebst der «Generalklausel» in § 357 Abs. 1 PBG (vgl. S. 234 ff.) – um eine der wenigen Bestimmungen, die sich ausdrücklich mit baurechtswidrig gewordenen Bauten und Anlagen befassen.

VI. Festsetzung und Änderung von Raumplänen

A. Zuständigkeit und Verfahren

1. Mitwirkung der Bevölkerung

Art. 4 Abs. 2 RPG verpflichtet die mit Planungsaufgaben betrauten Behörden, dafür zu sorgen, «dass die Bevölkerung bei Planungen in geeigneter Weise mitwirken kann». Diesem Mitwirkungsverfahren kommt eine doppelte Funktion zu:

- Es dient einerseits der *Transparenz, Partizipation und Kommunikation;* damit fördert es die Akzeptanz von Planungsentscheiden.

- Anderseits dient das Mitwirkungsverfahren auch der *Grundlagenbeschaffung und Sachaufklärung* und ist insofern ein Instrument zur Qualitätssicherung bei der Planung.

Nach der bundesgerichtlichen Rechtsprechung verfügen die zuständigen Behörden bei der Anwendung von Art. 4 Abs. 2 RPG über einen *weiten Handlungsspielraum.* «Das gilt insbesondere auch für die Bestimmung des Kreises, welcher in ein Mitwirkungsverfahren einzubeziehen ist (...). Als Mindestgarantie fordert Art. 4 RPG, dass die Planungsbehörden neben der Freigabe der Entwürfe zur allgemeinen Ansichtsäusserung Vorschläge und Einwände nicht nur entgegennehmen, sondern auch materiell beantworten (...). Es genügt allerdings, wenn sich die Behörden materiell mit den Vorschlägen und Einwänden befassen, eine individuelle Beantwortung wird nicht verlangt» (BGE 135 II 286, E. 4.1).

Die Mitwirkung gemäss Art. 4 RPG ist weder den Instrumenten der direkten Demokratie noch dem Rechtsschutz zuzuordnen: «Sie gehört wie das *Vernehmlassungsverfahren* zu jenen institutionellen Formen, die keine rechtliche Bindung, sondern blosse politische Einflussnahme bewirken. Information und Mitwirkung ermöglichen die notwendige Breite der Interessenabwägung, bilden eine wichtige Grundlage für den sachgerechten Planungsentscheid und tragen damit zu einer qualitativ guten Planung bei. Deshalb verlangt deren Durchführung einen Zeitpunkt, in welchem die abschliessende Interessenabwägung noch offen ist (BGE 135 II 286, E. 4.2.3; Hervorhebung hinzugefügt)

Mitwirkungsberechtigt ist die Bevölkerung, also «weder nur die Stimmberechtigten der planenden Gebietskörperschaft noch nur die Grundeigentümer im Planperimeter oder die im Sinne der Rechtsschutzbestimmungen besonders betroffene Bevölkerung. Ein besonderer Interessennachweis ist nicht verlangt (...). Es liegt allerdings nahe, dass die durch die Planung direkt Betroffenen, welche in einem späteren Rechtsmittelverfahren zur Beschwerde legitimiert sind, ihre Interessen bereits im Mitwirkungsverfahren im Sinne von Einwendungen und Anregungen geltend machen» (BGE 135 II 286, E. 4.2.3).

Gemäss Art. 10 Abs. 2 RPG regeln die Kantone, wie die Gemeinden, andere Träger raumwirksamer Aufgaben sowie die nach NHG oder USG beschwerdeberechtigten Umwelt-, Natur- und Heimatschutzorganisationen bei der Erarbeitung der *Richtpläne* mitwirken. Die *Gemeinden* haben dabei einen besonderen Mitwirkungsanspruch, insbesondere wenn ihre Autonomie betroffen ist. Dieser Anspruch geht weiter als die Mitwirkung der Bevölkerung nach Art. 4 RPG. So muss der Kanton sicherstellen, dass die Gemeinden «ihre Interessen selber formulieren, in den Planungsprozess frühzeitig eingeben und vor den zuständigen kantonalen Behörden selber vertreten können» (BGE 136 I 265, E. 3.2).

Im *Kanton Zürich* regelt § 7 PBG das Mitwirkungsverfahren für Richt- und Nutzungspläne im Einzelnen wie folgt: «Die Pläne sind vor der Festsetzung öffentlich aufzulegen. Innert 60 Tagen nach der Bekanntmachung kann sich jedermann bei der die Auflage verfügenden Instanz zum Planinhalt äussern» (Abs. 2). «Über die nicht berücksichtigten Einwendungen wird gesamthaft bei der Planfestsetzung entschieden» (Abs. 3). «Hernach stehen die Pläne und die Stellungnahme zu den nicht berücksichtigten Einwendungen zur Einsichtnahme offen» (Abs. 4), womit die Voraussetzungen für die Plananfechtung (Rechtsschutz) geschaffen werden.

2. Zuständigkeiten

a) Kantonaler Richtplan

Der kantonale Richtplan wird im Kanton Zürich vom *Kantonsrat* festgesetzt (§ 32 Abs. 1 PBG). In der Mehrzahl der Kantone ist indessen nicht die Legislative, sondern die Exekutive für die Festsetzung des kantonalen Richtplans zuständig. Der Beschluss des Kantonsrats untersteht nicht dem fakultativen Referendum (vgl. Art. 33 Abs. 1 KV und BGer, 1C_415/2015, 27.4.2016).

Richtpläne bedürfen von Bundesrechts wegen der *Genehmigung durch den Bundesrat* (Art. 11 RPG). Sind Richtplananpassungen allerdings unbestritten, so genehmigt sie das UVEK (Art. 11 Abs. 2 RPV).

Falls der Bund einen Richtplan oder Teile davon nicht genehmigen kann oder ein Nachbarkanton mit einer ins Auge gefassten Richtplanfestsetzung nicht einverstanden ist, wird ein *Bereinigungsverfahren* mit einer Einigungsverhandlung durchgeführt (Art. 7 Abs. 2 und 12 RPG; Art. 13 RPV). «Kommt keine Einigung zustande, so entscheidet der Bundesrat, spätestens drei Jahre nachdem er die Einigungsverhandlung angeordnet hat» (Art. 12 Abs. 3 RPG).

b) Regionale Richtpläne

Der Kanton Zürich ist in elf Planungsregionen unterteilt, wobei die Stadt Zürich eine eigene Planungsregion bildet. Die übrigen Planungsregionen bestehen aus mehreren Gemeinden. Die regionalen Richtpläne werden vom *Regierungsrat* festgesetzt (§ 32 Abs. 2 PBG). Eine Genehmigung (durch den Regierungsrat) entfällt.

Ausserhalb der Region Stadt Zürich erfolgt die Ausarbeitung und Antragstellung an den Regierungsrat durch regionale *Planungsverbände.* Dabei handelt es sich um Zweckverbände der Gemeinden zur Mitwirkung an der übergeordneten Planung (vgl. §§ 12 f. PBG). Im jeweiligen Verbandsgebiet steht den Stimmberechtigten das Initiativ- und das Referendumsrecht zu, wobei die konkrete Ausgestaltung in den Verbandsstatuten zu regeln ist (Art. 93 Abs. 2 und Art. 144 KV). Dies führt zu folgender Besonderheit: Die Stimmberechtigten können nicht über die Festsetzung des regionalen Richtplans, sondern nur über den Antrag an den Regierungsrat abstimmen, weil der Planungsverband über keine Festsetzungskompetenz verfügt.

c) *Kommunale Richtpläne*

Kommunale Richtpläne werden – je nach Gemeindeordnung – von der Gemeindeversammlung, vom Gemeindeparlament oder durch Urnenabstimmung festgesetzt (§ 32 Abs. 3 Satz 1 PBG), also von der *kommunalen Legislative.*

Sie bedürfen der *Genehmigung* (§ 32 Abs. 3 Satz 2 PBG). Genehmigungsinstanz ist die Baudirektion als zuständige kantonale Direktion (§ 2 lit. b PBG).

d) *Rahmennutzungspläne*

Bau- und Zonenordnungen werden im Kanton Zürich ebenfalls von der *kommunalen Legislative* erlassen, geändert oder aufgehoben, und zwar je nach Gemeindeordnung von der Gemeindeversammlung, vom Gemeindeparlament oder durch Urnenabstimmung (§ 88 PBG). Zur Urnenabstimmung kommt es in Versammlungsgemeinden, wenn ein Drittel der in der Gemeindeversammlung anwesenden Stimmberechtigten dies verlangt (fakultatives Referendum; Art. 86 Abs. 3 KV). In Parlamentsgemeinden kann die Gemeindeordnung das obligatorische oder fakultative Referendum vorsehen (vgl. § 157 GPR in der Fassung vom 20. April 2015).

Nutzungspläne bedürfen von Bundesrechts wegen der *Genehmigung* durch eine kantonale Behörde (Art. 26 Abs. 1 RPG). Dadurch soll sichergestellt werden, dass sie mit den übergeordneten Richtplänen übereinstimmen und die Planungsziele und -grundsätze des RPG beachten. Genehmigungsbehörde ist im Kanton Zürich die «zuständige Direktion» (§ 89 Abs. 1 i.V.m. § 2 lit. b PBG). Dies ist normalerweise die Baudirektion, im Zusammenhang mit Baulinien jedoch die Volkswirtschaftsdirektion (vgl. Anhang 1 lit. D Ziff. 3 VOG RR). Seit der PBG-Revison von 2013 («Verfahren und Rechtsschutz») erfolgt die Genehmigung von Nutzungsplänen (und weiterer genehmigungsbedürftiger Akte) im Anschluss an ihre Festsetzung – was in § 5 Abs. 3 PBG zwar nicht ausdrücklich gesagt, aber vorausgesetzt wird – und nicht wie bisher erst in einem späteren Zeitpunkt. Dies ermöglicht es, die Planfestsetzung und den Genehmigungsentscheid gleichzeitig anzufechten, was der Verfahrensbeschleunigung dient.

Der Regierungsrat wollte im Rahmen der PBG-Revision «Verfahren und Rechtsschutz» eine obligatorische *Vorprüfung* durch die zuständige Direktion einführen, was zu begrüssen gewesen wäre. Der Kantonsrat beschloss jedoch lediglich eine fakultative Vorprüfung (§ 87a Abs. 1 PBG). Diese hat innert zwei Monaten zu erfolgen; falls eine UVP erforderlich ist, beträgt die Frist drei Monate (Abs. 2). Die Direktion ist bei der späteren Genehmigung an ihren Vorprüfungsbericht gebunden (§ 89 Abs. 2 PBG).

Als Nutzungspläne unterliegen Bau- und Zonenordnungen der *Berichterstattungspflicht* gemäss Art. 47 RPV (siehe dazu S. 88 ff.).

Kantonale bzw. *regionale* Landwirtschafts- oder Freihaltezonen (vgl. §§ 36 und 39 PBG) werden von der zuständigen Direktion festgesetzt (§ 2 lit. b PBG). Bei regionalen Zonen erfolgt dies auf Antrag des regionalen Planungsverbandes. Eine Genehmigung (durch den Regierungsrat) ist nicht vorgesehen; nach Auffassung des Bundesgerichts ist eine solche bei Festsetzung durch eine kantonale Behörde auch nicht erforderlich (BGer, 1C_17/2008, 13.8.2008, E. 2.3.1: «L'adoption du plan comporte l'approbation au sens de l'art. 26 LAT»; anders jedoch EJPD/BRP, Erläuterungen, Art. 26 N. 4, und darauf Bezug nehmend Ruch, in: Praxiskommentar RPG I, Art. 26 N. 10; Waldmann/Hänni, Handkommentar RPG, Art. 26 N. 4; Hänni, S. 239).

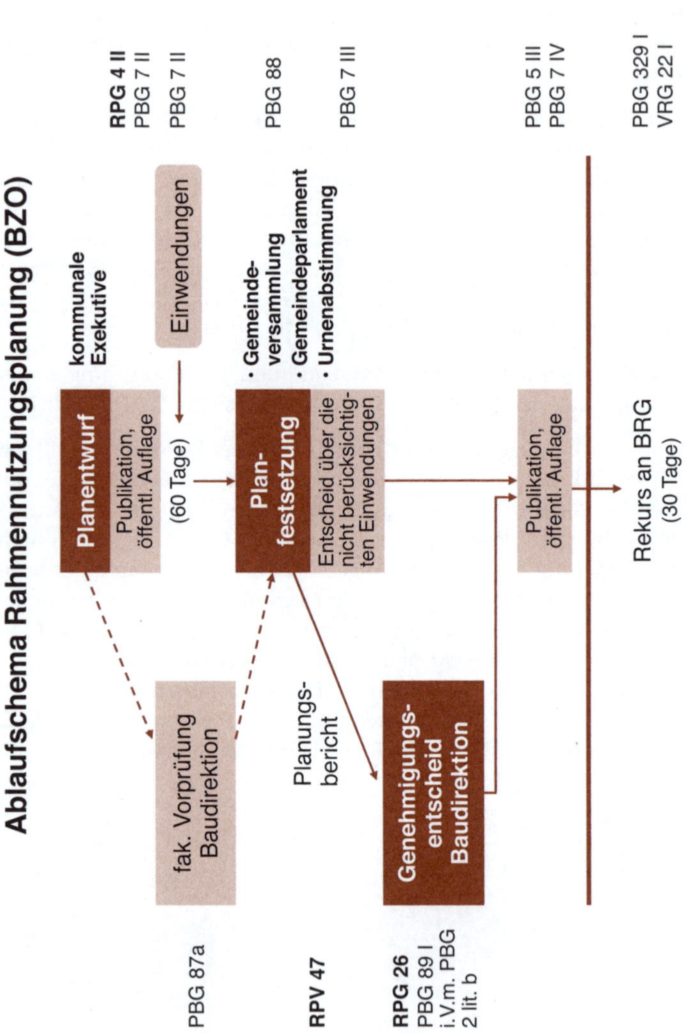
Ablaufschema Rahmennutzungsplanung (BZO)
Planentwurf
Publikation, öffentl. Auflage
kommunale Exekutive
RPG 4 II
PBG 7 II
fak. Vorprüfung Baudirektion
PBG 87a
Einwendungen
PBG 7 II
(60 Tage)
Plan-festsetzung
Entscheid über die nicht berücksichtig-ten Einwendungen
• Gemeinde-versammlung
• Gemeindeparlament
• Urnenabstimmung
PBG 88
PBG 7 III
Planungs-bericht
RPV 47
Genehmigungs-entscheid Baudirektion
RPG 26
PBG 89 I
i.V.m. PBG
2 lit. b
Publikation, öffentl. Auflage
PBG 5 III
PBG 7 IV
Rekurs an BRG
(30 Tage)
PBG 329 I
VRG 22 I

e) Sondernutzungspläne

Für *öffentliche Gestaltungspläne* und *Sonderbauvorschriften* gilt hinsichtlich der Festsetzung, Genehmigung, Berichterstattung und Vorprüfung das Gleiche wie für Bau- und Zonenordnungen (§§ 87a, 88 Abs. 1 und 89 Abs. 1 PBG). Überkommunale Gestaltungspläne werden von der Baudirektion als der zuständigen kantonalen Direktion festgesetzt (§ 84 Abs. 2 PBG; § 44a i.V.m. § 2 lit. b PBG). Eine Genehmigung ist – wie bei kantonalen und regionalen Landwirtschafts- oder Freihaltezonen – nicht vorgesehen (vgl. S. 85).

Private Gestaltungspläne bedürfen – da sie von den Grundeigentümern aufgestellt werden (§ 85 Abs. 1 PBG) – nach der Festsetzung zusätzlich der Zustimmung durch die Gemeindelegislative (§ 86 PBG; vgl. aber die Ausnahme in Satz 2). Im Übrigen gilt das Gleiche wie für öffentliche Gestaltungspläne.

Die Festsetzung von *Baulinien* obliegt für kommunale Anlagen den Gemeinden, in den andern Fällen der Volkswirtschaftsdirektion als der zuständigen kantonalen Direktion (§ 108 Abs. 1 PBG; siehe S. 84). Die gemeindeinterne Zuständigkeit richtet sich nach der Gemeindeordnung. Besteht keine besondere Regelung, so ist die Festsetzung kommunaler Baulinien Sache des für die Nutzungsplanung zuständigen Organs (BRG IV, 0016/2016, 4.2.2016, E. 4.1 f. [BEZ 2016 Nr. 12]). Im Übrigen können kommunale Baulinien auch im Quartierplanverfahren festgesetzt werden (§ 125 PBG). Kommunale Baulinienpläne bedürfen der Genehmigung durch die Volkswirtschaftsdirektion (§ 109 i.V.m. § 2 lit. b PBG).

3. Prüfungsumfang im Rahmen des Genehmigungsverfahrens

Gemäss Art. 11 Abs. 1 RPG genehmigt der *Bundesrat* Richtpläne, «wenn sie diesem Gesetz entsprechen, namentlich die raumwirksamen Aufgaben des Bundes und der Nachbarkantone sachgerecht berücksichtigen». Im Wesentlichen handelt es sich somit um eine

Rechtskontrolle; eine Überprüfung der Zweckmässigkeit erfolgt nicht.

Die Genehmigung hat für den Bund und die Nachbarkantone konstitutive, d.h. rechtsbegründende Wirkung (Art. 11 Abs. 2 RPG). Für die kantonalen, regionalen und kommunalen Behörden ist sie jedoch bloss deklaratorisch, soweit innerkantonale Planinhalte, nicht aber raumwirksame Aufgaben des Bundes oder der Nachbarkantone betroffen sind (BGer, 1C_388/2015, 23.3.2016, E. 1.3 und 2). Insoweit können die kantonalen und kommunalen Behörden bereits vor der bundesrätlichen Genehmigung mit der Ausarbeitung der nachgeordneten Planung beginnen (es sei denn, der Kanton messe der Genehmigung auch im innerkantonalen Verhältnis konstitutive Wirkung bei).

Im *Kanton Zürich* prüfen die zuständigen Direktionen genehmigungsbedürftige Akte in Bezug auf ihre Rechtmässigkeit, Zweckmässigkeit und Angemessenheit (§ 5 Abs. 1 PBG), also umfassend. Die Genehmigung «ist eine gesamtheitliche Beurteilung der Planung auf ihre Übereinstimmung mit übergeordnetem Recht sowie mit der Richtplanung» (BGE 135 II 22, E. 1.2.3); sie hat konstitutive Wirkung (§ 5 Abs. 2 PBG). Allerdings schreibt § 89 Abs. 2 PBG neu vor, dass die Direktion bei der Genehmigung «an den Vorprüfungsbericht gebunden» ist.

4. Berichterstattungspflicht

Gemäss Art. 47 Abs. 1 RPV muss die Behörde, welche einen *Nutzungsplan* (Rahmen- oder Sondernutzungsplan) erlässt, der kantonalen Genehmigungsbehörde Bericht darüber erstatten, wie der Nutzungsplan folgende Gesichtspunkte berücksichtigt:

- die Ziele und Grundsätze der Raumplanung;
- die Anregungen aus der Bevölkerung;
- den Richtplan sowie die Sachpläne und Konzepte des Bundes;

- die Anforderungen des übrigen Bundesrechts, insbesondere die Umweltschutzgesetzgebung.

Die Planungsbehörde hat überdies darzulegen, «welche Nutzungsreserven in den bestehenden Bauzonen bestehen und welche notwendigen Massnahmen in welcher zeitlichen Folge ergriffen werden, um diese Reserven zu mobilisieren oder die Flächen einer zonenkonformen Überbauung zuzuführen» (Art. 47 Abs. 2 RPV).

Der Planungsbericht ist nicht Bestandteil des Nutzungsplans, stellt aber eine wichtige *Entscheidungsgrundlage* für die Genehmigungsbehörde dar. Er hat auch deshalb eine besondere Bedeutung, weil Nutzungspläne im Anwendungsfall grundsätzlich nicht mehr akzessorisch auf ihre Rechtmässigkeit hin überprüft werden können (vgl. S. 268 f.).

Was den sog. «*Umweltteil*» des Planungsberichts anbelangt, so muss sich dieser – wie das Bundesgericht in einem Urteil von 2006 präzisierte – konkret zu den Fragen betreffend Lärm- und Luftbelastung äussern, die mit den vorgesehenen Änderungen verbunden sind. Weiter muss er aufzeigen, ob und in welchem Ausmass eine Realisierung der plankonformen Bau- und Nutzungsmöglichkeiten die Belastungen der Umwelt vergrössern oder gegebenenfalls verringern wird, und allfällige Massnahmen nennen, um unerwünschte Auswirkungen zu vermeiden. Die Intensität der Prüfung hängt vom Detaillierungsgrad des Plans ab: Erfolgt die Planfestsetzung mit Blick auf ein konkretes und bereits detailliert ausgearbeitetes Projekt, muss die Behörde schon in diesem Stadium prüfen, ob das Projekt in Übereinstimmung mit den bundesrechtlichen Anforderungen an den Umweltschutz realisiert werden kann. In den übrigen Fällen muss sie sich zumindest vergewissern, dass eine Zonenentwicklung in Übereinstimmung mit diesen Anforderungen möglich ist, gegebenenfalls mittels Vorkehrungen, welche hernach im Baubewilligungsverfahren festzulegen sind (BGer, 1A.281/2005, 21.7.2006, E. 1.3).

Die Berichterstattungspflicht gemäss Art. 47 RPV gilt nur für kommunale, nicht auch für kantonale Behörden (BGer, 1C_568/2008, 6.7.2009, E. 6).

B. Voraussetzungen der Planänderung

1. Ausgangslage: Spannungsfeld der Interessen

Anpassungen von Raumplänen bewegen sich stets in einem Spannungsfeld zweier gegenläufiger Interessen: «d'une part, l'aménagement du territoire étant un processus continu, et la détermination des différentes affectations impliquant des pesées d'intérêts fondées sur des circonstances changeantes et des pronostics qui ne se confirment jamais entièrement, l'adaptation périodique des plans d'affectation est indispensable pour assurer, progressivement, leur conformité aux exigences légales; d'autre part, il faut tenir compte des intérêts privés et publics dont la protection nécessite une certaine sécurité juridique» (BGE 132 II 408, E. 4.2 [Pra 2007 Nr. 66]).

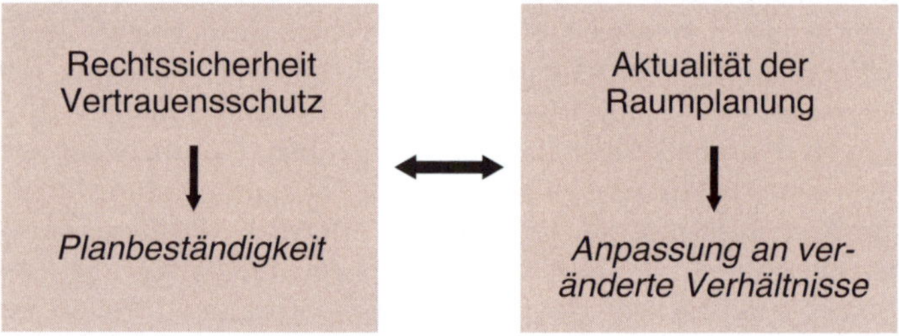

2. Folge: Zweistufige Prüfung

Diesem Spannungsfeld der Interessen hat der Gesetzgeber mit einem zweistufigen Prüfprogramm Rechnung getragen, welches seinerseits nochmals zwischen Richt- und Nutzungsplänen differenziert.

a) *Veränderte Situation*

Zunächst muss geprüft werden, ob *veränderte Verhältnisse* vorliegen. Bei Richtplänen genügen veränderte Verhältnisse schlechthin (Art. 9 Abs. 2 RPG), wogegen bei den grundeigentümerverbindlichen Nutzungsplänen eine «erhebliche» Veränderung der Verhältnisse erforderlich ist (Art. 21 Abs. 2 RPG). «Die Erheblichkeit ist auf dieser Stufe bereits zu bejahen, wenn eine Anpassung der Zonenplanung im fraglichen Gebiet in Betracht fällt und die entgegenstehenden Interessen der Rechtssicherheit und des Vertrauens in die Planbeständigkeit nicht so gewichtig sind, dass eine Plananpassung von vornherein ausscheidet» (BGE 140 II 25, E. 3.2).

Liegt eine (erhebliche) Veränderung der Verhältnisse vor, so ist der betreffende Plan in einem ersten Schritt auf seine Anpassungsbedürftigkeit zu *überprüfen* (Art. 9 Abs. 2 RPG; Art. 21 Abs. 2 RPG); d.h. es ist auf die Planänderung einzutreten. Wenn sich die Verhältnisse jedoch nicht (erheblich) geändert haben, ist eine Überprüfung des Plans nicht statthaft.

b) *Überwiegendes Interesse an einer Planänderung*

Haben sich die Verhältnisse verändert (bei Nutzungsplänen: erheblich verändert), sind die Pläne wie dargelegt zu überprüfen und – in einem zweiten Schritt – «nötigenfalls» anzupassen (Art. 9 Abs. 2 RPG; Art. 21 Abs. 2 RPG). Dies impliziert eine *Interessenabwägung* (BGE 132 II 408, E. 4.2 [Pra 2007 Nr. 66]). Besteht ein überwiegendes Interesse an einer Planänderung, so ist diese vorzunehmen, andernfalls hat sie – trotz (erheblich) veränderter Verhältnisse – zu unterbleiben. Als relevante Gesichtspunkte sind insbesondere zu berücksichtigen: die bisherige Geltungsdauer des Plans, sein Konkretisierungsgrad, der Stand seiner Umsetzung, die Tragweite der ins Auge gefassten Änderung sowie der Grund für die Änderung (BGE 128 I 190, E. 4.2). Bei Nutzungsplänen kommt dem Alter des Plans eine besondere Bedeutung zu: «Je neuer ein Zonenplan ist, umso mehr darf mit seiner Beständigkeit gerechnet werden, und je einschneidender sich die beabsichtigte Änderung auswirkt, umso gewichtiger müssen die Gründe sein, die für die Planänderung sprechen» (BGer, 1C_306/2010, 2.12.2010, E. 2.1).

Bei *Richtplänen* wiegt das Interesse an einer Aktualisierung grundsätzlich schwerer als bei Nutzungsplänen, weil sie eine strategische Steuerungsfunktion wahrnehmen und für die Grundeigentümer keine unmittelbar verbindliche Wirkung entfalten. Gemäss Art. 9 Abs. 3 RPG sind sie deshalb «in der Regel alle zehn Jahre» gesamthaft zu überprüfen und nötigenfalls zu überarbeiten.

Aber auch *Rahmennutzungspläne* sind von Zeit zu Zeit gesamthaft zu überprüfen: «Nach Ablauf des Planungshorizontes, der für Bauzonen 15 Jahre beträgt (...), sind Zonenpläne grundsätzlich einer Überprüfung zu unterziehen und nötigenfalls anzupassen (...). Im Rahmen dieser Gesamtrevision können auch veränderte politische Vorstellungen zum Ausdruck kommen. Je näher eine Planungsrevision dieser Frist kommt, desto geringer ist deshalb das Vertrauen auf die Beständigkeit des Plans, und umso eher können auch geänderte Anschauungen und Absichten der Planungsorgane als zulässige Begründung für eine Revision berücksichtigt werden» (BGer, 1C_306/2010, 2.12.2010, E. 2.1).

C. Wirtschaftliche Folgen der Planfestsetzung bzw. -änderung

Raumplanerische Massnahmen des Gemeinwesens haben mitunter erhebliche Auswirkungen auf den Wert des Grundeigentums. Wird insbesondere Landwirtschaftsland «eingezont» (genauer: in eine Bauzone umgezont), so vergrössert sich sein Wert bisweilen um das Zehn- bis Hundertfache; denn in der Regel beträgt der Preis für Landwirtschaftsland 5–10 Fr./m^2, derjenige für Bauland hingegen 300–1'500 Fr./m^2. Das Umgekehrte geschieht bei einer Auszonung. Beides ruft aus Gründen der Gerechtigkeit – im Sinne der Opfersymmetrie – nach einem wirtschaftlichen Ausgleich. Der Gesetzgeber hat diesem Anliegen in Art. 5 RPG Rechnung getragen.

1. Mehrwertausgleich

a) *Allgemeines*

Art. 5 Abs. 1 RPG verpflichtet die Kantone, «einen angemessenen Ausgleich für erhebliche Vor- und Nachteile» zu regeln, «die durch Planungen nach diesem Gesetz entstehen». Damit sind die Kantone von Bundesrechts wegen verpflichtet, erhebliche planungsbedingte Mehrwerte teilweise abzuschöpfen, insbesondere durch eine *Mehrwertabgabe.* Bei dieser handelt es sich um eine kostenunabhängige – und damit nicht dem Kostendeckungsprinzip unterliegende – Kausalabgabe, die an einen durch staatliche Planungsmassnahmen geschaffenen individuellen Sondervorteil anknüpft (vgl. BGE 121 II 138, E. 3c; 142 I 177, E. 4.3.1; zu den Kriterien «erheblicher» Vorteil und «angemessener» Ausgleich vgl. BGE 132 II 401, E. 2.1 [Pra 2007 Nr. 28]). In Fachkreisen ist seit langem anerkannt, dass der Mehrwertausgleich ein wichtiges Instrument darstellt, um der Vergrösserung der Bauzonen und damit auch der Zersiedelung entgegenzuwirken. Gleichwohl sind nur wenige Kantone dem seit 1980 bestehenden, verpflichtenden Gesetzgebungsauftrag des Bundes nachgekommen: während langer Zeit nur Basel-Stadt (1977) und Neuenburg (1986), viel später dann auch Genf (2011), Thurgau (2012) und Tessin (2014). In einigen Kantonen bestanden immerhin Rechtsgrundlagen für eine vertragliche Mehrwertabschöpfung durch die Gemeinden. Die meisten Kantone betrachteten die Grundstückgewinnsteuer als genügendes Instrument.

Nachdem sich also die überwiegende Mehrzahl der Kantone während rund 30 Jahren geweigert hatte, den bundesrechtlichen Gesetzgebungsauftrag zu erfüllen, und die Mehrwertabgabe weitherum verpönt war, drehte der Wind im Rahmen der Beratungen der RPG-Revision von 2012 plötzlich. Der Ständerat präzisierte die seit 1980 geltende Verpflichtung und fügte *Mindestvorschriften für die Kantone* in den Gesetzesentwurf ein, einschliesslich einer subsidiären bundesrechtlichen Mehrwertabgabe, falls ein Kanton auch weiterhin säumig bleiben sollte. Die definitive Fassung (Art. 5 Abs. 1bis–1^{sexies} RPG) geht im Wesentlichen auf einen Alternativvorschlag der BPUK zurück, der die ständerätliche Fassung zu weit gegangen war. Sie sieht keine subsidiäre bundesrechtliche Mehrwertabgabe mehr vor, dafür eine *Sanktion:* Die Kantone haben fünf Jahre seit dem Inkrafttreten der RPG-Revision von 2012 – also bis am 30. April 2019 – Zeit, um eine entsprechende Regelung zu erlassen (Art. 38a Abs. 4 RPG). Nach Ablauf dieser Frist «ist die Ausscheidung neuer Bauzonen unzulässig», solange der Kanton seiner Verpflichtung nicht nachgekommen ist (Abs. 5).

Umstritten ist das Verhältnis zwischen dem bisherigen, unverändert gebliebenen Absatz 1 und den neuen Absätzen 1bis–1^{sexies} von Art. 5 RPG, insbesondere die Frage, ob ein Kanton nur die bundesrechtlichen Minimalanforderungen umsetzen und den Gemeinden verbieten darf, darüber hinauszugehen. Übergangsrechtlich – aber nur insoweit – hat das Bundesgericht die Frage geklärt: «Solange der Kanton von seiner Gesetzgebungskompetenz nicht Gebrauch macht und die Mehrwertabgabe weder selber regelt noch den Rahmen setzt, innerhalb welchem die Gemeinden verpflichtet oder befugt sind, Mehrwertabgaben zu erheben», ist es den Gemeinden nicht verwehrt, «diese Aufgabe in eigener Kompetenz wahrzunehmen, weil sie eng mit der ihnen obliegenden Ortsplanung verknüpft ist» (BGE 142 I 177, E. 4.2.3).

b) Bundesrechtliche Mindestanforderungen

Abgabepflichtige Tatbestände: Die Kantone sind verpflichtet, «mindestens Mehrwerte bei neu und dauerhaft einer Bauzone zugewiesenem Boden» auszugleichen, also bei Neueinzonungen (Art. 5 Abs. 1bis Satz 3 RPG). Hingegen sind sie frei, ob sie auch Umzonungen (zwischen zwei verschiedenen Bauzonentypen) und Aufzonungen (d.h. Erhöhungen des zulässigen Nutzungsmasses innerhalb des gleichen Zonentyps) erfassen wollen oder nicht.

Abgabesatz: Planungsvorteile sind «mit einem Satz von mindestens 20 Prozent» auszugleichen (Abs. 1bis Satz 1). Dieser Mindest-Abgabesatz ist sehr tief; er stellt die unterste Grenze dar, bei der noch von einem «angemessenen» Ausgleich im Sinn von Abs. 1 gesprochen werden kann. Die obere Grenze dürfte bei etwa 60 % liegen. Das Bundesgericht erachtete eine Abschöpfung von bis zu 60 % des Mehrwerts als mit der Eigentumsgarantie vereinbar (BGE 105 Ia 134, E. 3b). Zulässig ist es, zwischen Neueinzonungen und Um- bzw. Aufzonungen zu differenzieren und Letztere mit einem tieferen Abgabesatz zu erfassen, um die raumplanerisch erwünschte Siedlungsentwicklung nach innen zu fördern oder zumindest nicht zu behindern.

Fälligkeit der Abgabe: «Der Ausgleich wird bei der Überbauung des Grundstücks oder dessen Veräusserung fällig» (Abs. 1bis Satz 2). Das kantonale Recht muss festlegen, welches der massgebende Zeitpunkt der Überbauung ist (Baubewilligung, Baubeginn, Bauvollendung) und was alles als Veräusserungstatbestand gilt (vgl. Art. 12 Abs. 2 StHG). Umstritten ist, ob die Kantone nach wie vor einen Spielraum haben, die Fälligkeit auf den Zeitpunkt der Einzonung vorzuverlegen, um der Baulandhortung entgegenzuwirken (bejahend Aemisegger/Kissling, in: Praxiskommentar RPG I, Art. 15a N. 40; eher verneinend Poltier, a.a.O., Art. 5 N. 58 f.).

Zweckbindung: Die Einnahmen aus der Mehrwertabschöpfung fliessen nicht in den allgemeinen Haushalt des Kantons oder der Gemeinde, sondern sind zweckgebunden. Gemäss Abs. 1ter ist der Ertrag für Entschädigungen wegen materieller Enteignung (Rückzonungen) «oder für weitere Massnahmen der Raumplanung nach Artikel 3» zu verwenden.

Ausnahmen: Gemäss Abs. 1^{quinquies} «kann» das kantonale Recht von der Erhebung der Abgabe absehen, wenn «ein Gemeinwesen abgabepflichtig wäre» (lit. a) oder «der voraussichtliche Abgabeertrag in einem ungünstigen Verhältnis zum Erhebungsaufwand steht» (lit. b). In Bezug auf den zweiten Tatbestand handelt es sich indessen nicht um eine echte Kann-Vorschrift. Vielmehr sind die Kantone gehalten, im Sinne eines Schwellenwerts einen Mindest-Mehrwert festzulegen, um dem Verhältnismässigkeitsprinzip, aber auch der Beschränkung auf «erhebliche» Vorteile in Abs. 1 Rechnung zu tragen. Als Richtwert dürfte sich ein Freibetrag von 30'000 Franken anbieten, wie er in der ursprünglichen Fassung des Ständerats vorgesehen war.

Verhältnis zur Grundstückgewinnsteuer: Diese knüpft an die Veräusserung eines Grundstücks an und erfasst den Wertzuwachs, den das Grundstück erfahren hat. Die bezahlte Mehrwertabgabe «ist bei der Bemessung einer allfälligen Grundstückgewinnsteuer als Teil der Aufwendungen vom Gewinn in Abzug zu bringen» (Abs. 1^{sexies}). Im Übrigen eröffnet Art. 12 Abs. 2 lit. e StHG zwar die Möglichkeit, die Mehrwertabschöpfung im Rahmen der Grundstückgewinnsteuer umzusetzen, doch ist diese dafür nach überwiegender Auffassung wenig geeignet (vgl. POLTIER, in: Praxiskommentar RPG I, Art. 5 N. 111 ff.).

c) *Mehrwertausgleichsgesetz des Kantons Zürich*

Der Zürcher Vernehmlassungsentwurf eines Mehrwertausgleichsgesetzes (MAG) vom 25. Mai 2016 (vgl. S. 16 f.) orientiert sich – wie viele neue kantonale Regelungen – am bundesrechtlichen Minimum. So sieht er eine Abgabe von 20 % des Mehrwerts bei Einzonungen und von lediglich 5 % des Mehrwerts bei Auf- und Umzonungen vor (§ 5 Abs. 1). Die Gemeinden dürfen für Auf- und Umzonungen zusätzlich eine Abgabe von höchstens 15 % des Mehrwerts erheben oder «als Alternative den Ausgleich mittels städtebaulichen Verträgen zulassen» (§ 17 Abs. 2). Bei den Städten und Gemeinden stiess diese zurückhaltende Regelung auf Widerstand, weil sie sich dadurch in ihren Gestaltungsmöglichkeiten eingeschränkt sehen.

2. Entschädigung bei materieller Enteignung

Art. 5 Abs. 2 RPG wiederholt, bezogen auf raumplanerische Massnahmen, was sich bereits aus Art. 26 Abs. 2 BV ergibt: «Führen Planungen zu Eigentumsbeschränkungen, die einer Enteignung gleichkommen, so wird voll entschädigt.» Eine Eigentumsbeschränkung, die einer Enteignung gleichkommt – eine sog. *materielle Enteignung* –, liegt nach konstanter bundesgerichtlicher Rechtsprechung (erstmals BGE 91 I 329, E. 3) vor,

- wenn einem Eigentümer der bisherige oder ein voraussehbarer künftiger Gebrauch seiner Sache untersagt oder in einer Weise eingeschränkt wird, die *besonders schwer* wiegt, weil ihm eine wesentliche aus dem Eigentum fliessende Befugnis entzogen wird. Geht der Eingriff weniger weit, kann dennoch eine materielle Enteignung vorliegen, falls ein einziger oder einzelne Grundeigentümer durch die Eigentumsbeschränkung so betroffen werden, dass ihr Opfer gegenüber der Allgemeinheit unzumutbar erschiene (sog. *«Sonderopfer»*).
- In beiden Fällen ist die Möglichkeit einer *künftigen besseren Nutzung* der Sache indessen nur zu berücksichtigen, wenn im massgebenden Zeitpunkt anzunehmen war, sie lasse sich mit hoher Wahrscheinlichkeit in naher Zukunft verwirklichen.

Als «wesentliche aus dem Eigentum fliessende Befugnis» gilt namentlich die Berechtigung, zu bauen, sofern sie auf einer mit dem Bundesrecht übereinstimmenden Nutzungsplanung beruht (BGE 123 II 481, E. 6b). Unter einer «künftigen besseren Nutzung» ist bei Grundstücken in der Regel die *Möglichkeit der Überbauung* zu verstehen (BGE 131 II 151, E. 2.1; 125 II 431, E. 3a). Damit die besondere Intensität des Eingriffs bejaht werden kann, muss sich diese Möglichkeit mit hoher Wahrscheinlichkeit in naher Zukunft verwirklichen lassen. Dabei sind für die Beurteilung der Realisierungswahrscheinlichkeit alle rechtlichen und tatsächlichen Gegebenheiten in Betracht zu ziehen, welche die Überbauungschancen beeinflussen können (BGE 131 II 72, E. 3.3): Massgebend sind der Stand der kommunalen und kantonalen Planung, die Lage und Beschaffenheit des Grundstücks, die Erschliessungsverhältnisse sowie die bauliche Entwicklung in der Umgebung (Riva, in: Praxiskommentar RPG I, Art. 5 N. 171). Auf eine subjektive Überbauungsabsicht des Eigentümers kommt es hingegen grundsätzlich nicht an (BGE 113 Ib 318, E. 3c). Was insbesondere die Erschliessung anbelangt, so genügt für die Bejahung der Realisierungswahrscheinlichkeit die Groberschliessung des in Frage stehenden Grundstücks (BGE 125 II 431, E. 4a; 119 Ib 124, E. 2d).

Die Eigentumsgarantie gewährleistet indessen nicht die ungeschmälerte und dauernde Beibehaltung einer einmal eingeräumten baulichen Nutzungsmöglichkeit und umfasst (als Wertgarantie) auch keinen entsprechenden Entschädigungsanspruch. So stellt die *Um- oder Abzonung* einer Bauparzelle (Abzonung = Verminderung des zulässigen Nutzungsmasses) keinen schweren, entschädigungspflichtigen Eingriff dar, wenn eine *bestimmungsgemässe, wirtschaftlich sinnvolle und gute Nutzung* erhalten bleibt. Planungsmassnahmen mit Auswirkungen auf die bauliche Nutzung, die aufgrund neuer Erkenntnisse getroffen werden, gehören vielmehr «zur optimierten inhaltlichen Umschreibung der Eigentumsbefugnisse und sind grundsätzlich entschädigungslos hinzunehmen» (BGer, 1C_349/2011, 9.1.2012, E. 3.5).

Der prototypische Fall einer materiellen Enteignung ist die *Auszonung* eines baureifen Grundstücks, d.h. dessen Zuweisung von einer Bauzone zu einer Nichtbauzone. Der gebotenen Verkleinerung überdimensionierter Bauzonen steht deshalb häufig die vermeintliche oder reale Befürchtung entgegen, wegen materieller Enteignung entschädigungspflichtig zu werden. Um das Risiko einer Entschädigungszahlung für die Gemeinden zu mindern, unterscheidet das Bundesgericht bei der Beurteilung der Entschädigungsfolgen raumplanerischer Massnahmen zwischen grundsätzlich entschädigungspflichtigen Auszonungen und grundsätzlich nicht entschädigungspflichtigen Nichteinzonungen. Von einer *Nichteinzonung* wird dann gesprochen, wenn ein Grundstück bei der erstmaligen Festsetzung eines Nutzungsplans, der den materiellen und formellen Anforderungen des RPG entspricht, einer Nichtbauzone zugewiesen wird. Dabei kommt es nicht darauf an, ob das Grundstück zuvor in einer Nichtbauzone oder in einer altrechtlichen, nicht RPG-konformen Bauzone lag, also nach früherem Recht hätte überbaut werden können. Darüber hinaus liegt eine Nichteinzonung nach der bundesgerichtlichen Rechtsprechung nicht nur bei der Revision altrechtlicher, vor Inkrafttreten des RPG erlassener Zonenpläne vor, «sondern auch bei der Anpassung von Zonenplänen, die zwar unter der Herrschaft des RPG in Kraft getreten sind, aber materiell nicht in jeder Hinsicht auf die bundesrechtlichen Planungsgrundsätze ausgerichtet waren» (BGer, 1C_573/2011, 1C_581/2011, 30.8.2013, E. 2.2 [ZBl 2015 201 ff.]).

Ausnahmsweise hat der Grundeigentümer jedoch auch bei einer Nichteinzonung einen Anspruch auf Entschädigung wegen materieller Enteignung, nämlich dann, wenn aufgrund besonderer Umstände anzunehmen ist, dass er mit hoher Wahrscheinlichkeit mit einer aus eigener Kraft realisierbaren Überbauung seines Landes rechnen durfte (BGE 132 II 218, E. 2.2).

Art. 5 Abs. 1 RPG beauftragt die Kantone überdies, einen Ausgleich für *weitere «erhebliche» Nachteile* vorzusehen, die durch planerische Massnahmen entstanden sind, also solche unterhalb der Schwelle der materiellen Enteignung. Entsprechende kantonale Regelungen scheinen jedoch kaum zu existieren. Nach wohl überwiegender Auffassung genügt es denn auch, wenn ein Kanton den Nachteilsausgleich auf den Tatbestand der materiellen Enteignung beschränkt (so Hänni, S. 255; Poltier, in: Praxiskommentar RPG I, Art. 5 N. 43; anders Haller/Karlen, N. 495 ff.).

VII. Instrumente zur Sicherung der Planung

A. Planungszone

1. Bundesrecht

Für die Sicherung einer noch fehlenden oder in Änderung begriffenen Nutzungsplanung sieht das RPG in Art. 27 das Instrument der Planungszone vor. Dieses dient der einstweiligen Sicherung der beabsichtigten Planfestsetzung bzw. -änderung, insbesondere der Bewahrung der Planungs- und Entscheidungsfreiheit der Behörden, welche nicht durch Vorhaben, die den Planungsabsichten zuwiderlaufen, beeinträchtigt werden soll. Mithin bezweckt die Planungszone, eine *negative Präjudizierung* der noch ausstehenden oder in Änderung befindlichen Planung zu verhindern (Ruch, in: Praxiskommentar RPG I, Art. 27 N. 26). Diesen Zweck vermag die Planungszone nur zu erfüllen, wenn sie frühzeitig erlassen wird.

Die bundesrechtliche Regelung ist wie folgt ausgestaltet: «Müssen Nutzungspläne angepasst werden oder liegen noch keine vor, so kann die zuständige Behörde für genau bezeichnete Gebiete Planungszonen bestimmen. Innerhalb der Planungszonen darf nichts unternommen werden, was die Nutzungsplanung erschweren könnte» (Art. 27 Abs. 1 RPG). Die bundesrechtliche Planungszone dient also lediglich der Sicherung der *Nutzungsplanung*. Obwohl es sich um eine «Kann»-Formulierung handelt, ist die zuständige Behörde zum Erlass einer Planungszone verpflichtet, wenn die beabsichtigte Planfestsetzung bzw. -änderung ansonsten gefährdet wäre (BGer, 1C_141/2014, 4.8.2014, E. 5.2 [ZBl 2015 194 ff.]).

Gemäss Art. 27 Abs. 2 RPG dürfen Planungszonen aus Gründen der Verhältnismässigkeit für *längstens fünf Jahre* erlassen werden, wobei das kantonale Recht eine Verlängerung vorsehen kann. Dem kantonalen Gesetzgeber ist es zwar gestattet, auch eine kürzere Maximaldauer als fünf Jahre festzulegen, doch muss diesfalls eine entsprechende Verlängerungsmöglichkeit bestehen (BGer, 1C_141/2014, 4.8.2014, E. 5.3 f. [ZBl 2015 194 ff.]). Ganz allgemein lässt Art. 27 RPG Raum für kantonale Detailregelungen (BGer, a.a.O., E. 5.2).

2. Kantonales Recht

Auch das zürcherische PBG kennt in § 346 das Instrument der Planungszone, und zwar nicht nur zur Sicherung der *Nutzungs-*, sondern auch der *Richtplanung*. Danach können bis zum Erlass oder während der Revision von Richt- oder Nutzungsplänen «für genau bezeichnete Gebiete Planungszonen festgesetzt werden, innerhalb deren keine baulichen Veränderungen oder sonstigen Vorkehren getroffen werden dürfen, die der im Gang befindlichen Planung widersprechen» (Abs. 1). «Planungszonen dürfen für längstens drei Jahre festgesetzt werden; soweit nötig, kann die Frist um zwei Jahre verlängert werden» (Abs. 3; vgl. auch die Präzisierung in Abs. 4). Für die Festsetzung von Planungszonen ist die Baudirektion zuständig (Abs. 2 Satz 1 i.V.m. § 2 lit. b PBG); diese hat «begründeten Festsetzungsbegehren untergeordneter Planungsträger zu entsprechen» (Abs. 2 Satz 2).

Die Festsetzung einer Planungszone muss sich vorab am Grundsatz der *Verhältnismässigkeit* orientieren: «Eine Planungszone darf nicht über das hinausgehen, was zur Erreichung des Sicherungsziels in räumlicher, sachlicher und zeitlicher Hinsicht erforderlich ist. In räumlicher Hinsicht dürfen sich Planungszonen nur soweit ausdehnen, als dies zur Sicherung der künftigen Planung notwendig erscheint» (BGer, 1C_472/2009, 1C_486/2009, 21.5.2010, E. 3.6).

An den *Konkretisierungsgrad* der behördlichen Planungsabsicht «ist kein strenger Massstab anzulegen; eine ‹einigermassen konkretisierte Absicht› genügt. Ziel ist es, die Entscheidungsfreiheit der Planungsorgane zu sichern. Dementsprechend dürfen die Anforderungen an den Erlass einer Planungszone nicht allzu hoch angesetzt werden» (VGer, VB.2006.00082, 22.3.2007, E. 5.2 [RB 2007 Nr. 62]).

Eine Planungszone kommt weitgehend einem *befristeten Bau- und Veränderungsverbot* gleich, welches der Wahrung der Planungsfreiheit dient und in einem erheblichen öffentlichen Interesse liegt (BGE 105 Ia 223, E. 2c). Allerdings führt eine Planungszone nicht zu einem absoluten Bauverbot; vielmehr ist im Einzelfall zu prüfen, ob das Bauprojekt der im Gang befindlichen Planung zuwiderläuft. Steht fest, dass das Bauvorhaben den künftigen planungsrechtlichen Festlegungen nicht oder jedenfalls mit grosser Wahrscheinlichkeit nicht widerspricht, darf bzw. muss die Baubewilligung erteilt werden (VGer, VB.2004.00090, 2.6.2004 [RB 2004 Nr. 68; BEZ 2004 Nr. 45]; VGer, VB.2002.00105, 2.9.2002 [BEZ 2002 Nr. 61]). Läuft ein bereits bewilligtes Projekt der Planungsabsicht zuwider, so ist «unter den Gesichtspunkten von Rechtssicherheit sowie von Treu und Glauben zu prüfen, ob die strengen Voraussetzungen für einen Widerruf gegeben sind» (BGer, 1C_91/2011, 26.10.2011, E. 2.7).

B. Bausperre

1. Sicherung öffentlicher Werke und Anlagen

Der Kanton Zürich kennt ein eigentliches *vorsorgliches Bauverbot* (Bausperre) lediglich im Zusammenhang mit der Sicherung öffentlicher Werke und Anlagen, die sich in Vorbereitung befinden, aber nicht Gegenstand eines Richt- oder Werkplans sind (§§ 120–122 PBG).

Im Übrigen wird eine analoge Wirkung durch das Institut der «planungsrechtlichen Baureife» erzielt, geregelt in den §§ 233–235 PBG.

2. Institut der planungsrechtlichen Baureife

a) Zweck: Schutz vor negativer Präjudizierung

Gemäss § 233 Abs. 1 PBG dürfen Bauten und Anlagen nur auf Grundstücken erstellt werden, die *baureif* sind oder deren Baureife auf die Fertigstellung oder, wo die Verhältnisse es erfordern, bereits auf den Baubeginn hin gesichert ist. Gemäss § 234 PBG gilt ein Grundstück als baureif, «wenn es erschlossen ist und wenn durch die bauliche Massnahme keine noch fehlende oder durch den Gemeinderat [d.h. die Gemeindeexekutive; vgl. § 3 Abs. 4 PBG] beantragte planungsrechtliche Festlegung nachteilig beeinflusst wird». Diese Bestimmung bezweckt den Schutz fehlender oder in Änderung stehender planungsrechtlicher Festlegungen, wobei eine «noch fehlende» Planung heute nur noch relevant ist, soweit eine entsprechende Planungspflicht besteht (BRG I, 0059/2012, 25.4.2012, E. 3.3 [BEZ 2012 Nr. 38]).

Das Erfordernis der planungsrechtlichen Baureife löst eine befristete Bausperre aus, wenn eine noch ausstehende Planung oder eine Planänderung durch ein Bauvorhaben negativ präjudiziert würde. Künftige Planfestsetzungen entfalten auf diese Weise eine *negative Vorwirkung* (BGE 118 Ia 510, E. 4d). Sie lösen – gestützt auf § 234 PBG – die Nichtanwendung geltenden Rechts bis zum Inkrafttreten des neuen Rechts aus. Dabei kommt es hinsichtlich der negativen Präjudizierung nicht in erster Linie auf die Auswirkungen des betreffenden Bauvorhabens an sich an; massgebend ist vielmehr dessen präjudizielle Bedeutung. Zu fragen ist also nach den Folgen einer Vielzahl gleichartiger Projekte (BRG I, 0088/2014, 0089/2014, 11.7.2014, E. 5.5 [BEZ 2014 Nr. 44]).

b) Voraussetzungen

aa) Planungsrechtliche Festlegung

§ 234 PBG dient nicht allgemein der negativen Voranwendung künftigen Rechts, sondern ausschliesslich der Plansicherung (BGE 116 Ia 449, E. 4a). Geschützt werden sollen lediglich planungsrechtliche Festlegungen, d.h. Normen, die einen *planerischen Gehalt* aufweisen, bei denen es sich also um ein unmittelbares oder zumindest mittelbares Planungsinstrument handelt (VGer, VB.2015.00762, VB.2015.00768, 14.7.2016, E. 4.2 [BEZ 2016 Nr. 27]). Dazu gehören etwa die Bestimmungen über die Nutzweise, die Ausnützung, die erlaubte Überbauungsart oder die Geschosszahl, nicht aber blosse Messvorschriften oder Vorschriften, die überwiegend feuerpolizeilichen Zwecken dienen (VGer, VB.95.00066, VB.95.00067, 3.11.1995, E. 3b).

bb) Hinreichender Konkretisierungsgrad

Um negativ präjudiziert werden zu können, muss eine Planungsabsicht überdies einen bestimmten Konkretisierungsgrad erreicht haben. Dieser ist tendenziell höher als bei einer Planungszone. Als von der Gemeindeexekutive beantragt und damit hinreichend konkretisiert gilt eine planerische Festlegung in der Regel dann, wenn sie zuhanden der *öffentlichen Auflage* gemäss § 7 PBG verabschiedet worden ist (VGer, VB.2005.00562, VB.2005.00578, 22.3.2006, E. 2.3 [BEZ 2006 Nr. 30]). Will die Gemeinde den Schutz vor negativer Präjudizierung schon früher eintreten lassen, so drängt es sich allenfalls auf, die Festsetzung einer Planungszone zu beantragen.

Die Rechtsprechung stellt allerdings nicht in jedem Fall auf den Zeitpunkt der öffentlichen Auflage ab. So kann beispielsweise bereits ein Konzept, welches die Exekutive der Legislative – eventuell zusammen mit einem Kreditbeschluss – zur Genehmigung bzw. zum Beschluss unterbreitet, hinreichend konkretisiert sein; denn «bei Planungen mit grossem konzeptionellem Inhalt und/oder solchen mit einem hohen Koordinations- oder Finanzbedarf muss es der Exekutive möglich sein, die grundsätzliche Zustimmung der Legislative einzuholen, ohne befürchten zu müssen, dass die weiteren Planungsschritte durch nachträglich eingereichte Bauvorhaben beeinträchtigt oder verunmöglicht werden» (VGer, VB.2008.00038, 21.5.2008, E. 3.2 [RB 2008 Nr. 68; BEZ 2008 Nr. 35]).

cc) Ernsthafte Realisierungschance

Schliesslich muss die ins Auge gefasste Vorlage eine ernsthafte Realisierungschance haben; andernfalls kann sie einem Bauvorhaben nicht entgegengehalten werden (VGer, VB.2007.00393, 9.4.2008, E. 3.1 [BEZ 2008 Nr. 19]). Neuerdings relativiert das Verwaltungsgericht diese Voraussetzung jedoch in dem Sinn, dass nur in krassen Fällen von Fehlplanungen von der Berücksichtigung einer planungsrechtlichen Festlegung abzusehen ist (VGer, VB.2015.00762, VB.2015.00768, 14.7.2016, E. 4.4 [BEZ 2016 Nr. 27]).

c) Dauer der negativen Vorwirkung

Gemäss § 235 PBG sind planungsrechtliche Festlegungen, deren Fehlen einem Bauvorhaben entgegengehalten wird, innert längstens *drei Jahren* zu erlassen. «Nach Ablauf dieser Frist darf die fehlende planungsrechtliche Baureife nur noch geltend gemacht werden, soweit die rechtzeitig erlassene Festlegung wegen Rechtsmitteln noch nicht in Kraft gesetzt werden kann.» Die Begrenzung der zeitlichen Dauer der negativen Vorwirkung ist Ausdruck des Verhältnismässigkeitsprinzips (BGer, 1C_353/2011, 5.4.2012, E. 5.2).

d) Sonderfall: Wirkung auf hängige Rechtsmittelverfahren

Differenzierter ist die Rechtslage, wenn der Antrag der Gemeindeexekutive auf Änderung der planungsrechtlichen Grundlagen während eines hängigen Rechtsmittelverfahrens betreffend ein konkretes Bauvorhaben erfolgt. In diesem Fall konnte die bevorstehende Rechtsänderung im Baubewilligungsverfahren noch nicht berücksichtigt werden. Die Beachtung der ins Auge gefassten planungsrechtlichen Festlegung hängt nach ständiger Rechtsprechung von einer *Interessenabwägung* im konkreten Einzelfall ab; denn in dieser Konstellation, in welcher – noch ohne Berücksichtigung der negativen Vorwirkung – bereits eine erstinstanzliche Verfügung ergangen ist, erhält der Vertrauensschutz des Privaten ein erhöhtes Gewicht. Deshalb ist das öffentliche Interesse, dass die künftige Planung nicht negativ präjudiziert werde, gegen das Vertrauen des Baugesuchstellers in die Beständigkeit der noch geltenden planungsrechtlichen Grundlagen abzuwägen (BGE 118 Ia 510, E. 4d; VGer, VB.2007.00393, 9.4.2008, E. 3.1 [BEZ 2008 Nr. 19]; VB.2005.00562, VB.2005.00578, 22.3.2006, E. 2.2 [BEZ 2006 Nr. 30]). Überwiegt bei der Interessenabwägung der Vertrauensschutz, so ist die bevorstehende Rechtsänderung im betreffenden Rechtsmittelverfahren nicht zu beachten. Sie entfaltet dann also in Bezug auf das fragliche Bauvorhaben keine negative Vorwirkung.

e) Kritische Würdigung

Die über das Institut der planungsrechtlichen Baureife erzeugte negative Vorwirkung ist zweifellos ein wichtiges Instrument, um zu verhindern, dass planerische Absichten des Gemeinwesens negativ präjudiziert oder gar vereitelt werden. Gleichwohl vermag die geltende Regelung bzw. die darauf beruhende, etwas holzschnittartige Rechtsprechung nicht vollumfänglich zu befriedigen. Mit Blick auf die heutige Bedeutung des Vertrauensschutzes (Art. 5 Abs. 3 und Art. 9 BV) schiene es mir angemessener, eine Interessenabwägung nicht nur dann vorzunehmen, wenn die massgebende Kundgabe der Planungsabsicht während eines hängigen Rechtsmittelverfahrens erfolgt ist, sondern unter Umständen auch dann, wenn dies bereits *während des Baubewilligungsverfahrens* der Fall war. Eine Interessenabwägung drängt sich insbesondere auf, wenn der Gesuchsteller die Rechtsänderung im Zeitpunkt der Einreichung des Baugesuchs nicht voraussehen konnte. Kein schutzwürdiges Vertrauen besteht hingegen, wenn die negative Vorwirkung schon vor der Gesuchseinreichung eingetreten ist oder wenn die Rechtsänderung in diesem Zeitpunkt bereits absehbar war.

3. Quartierplanbann

Eine besondere Sicherungsmassnahme kennt das zürcherische Quartierplanrecht. Nach rechtskräftiger Einleitung des Quartierplanverfahrens kommt gemäss § 150 PBG der sog. Quartierplanbann zum Tragen. Dies bedeutet, dass an den Grundstücken des Beizugsgebiets ohne Bewilligung des Gemeinderats *weder tatsächliche noch rechtliche Änderungen* vorgenommen werden dürfen (Abs. 1 Halbsatz 1). Die Regelung erfasst mithin nicht nur rechtliche, sondern auch tatsächliche Veränderungen und geht in dieser Hinsicht weiter als § 234 PBG. Veränderungen dürfen nur bewilligt werden, wenn sie die Aufstellung oder den Vollzug des Quartierplans weder verunmöglichen noch wesentlich erschweren (Abs. 1 Halbsatz 2).

Der Quartierplanbann ist bei allen Grundstücken im Grundbuch anzumerken (Abs. 3). Auf Antrag des Gemeinderats kann die zuständige kantonale Direktion den Quartierplanbann bereits vor Abschluss des Einleitungsverfahrens anordnen, wenn besondere Verhältnisse es rechtfertigen (Abs. 2).

3. Teil: Erschliessungsrecht

§ 7 Begriff und Funktionen der Erschliessung

I. Anforderungen an die Erschliessung

A. Bundesrechtlicher Erschliessungsbegriff

Zur Erschliessung (franz. équipement; ital. urbanizzazione) zählt die Gesamtheit aller Einrichtungen, die notwendig sind, um ein Grundstück zonen- und bauordnungsgemäss zu nutzen. Art. 19 Abs. 1 RPG statuiert bundesrechtliche Anforderungen an die Erschliessung: «Land ist erschlossen, wenn die für die betreffende Nutzung hinreichende Zufahrt besteht und die erforderlichen Wasser-, Energie- sowie Abwasserleitungen so nahe heranführen, dass ein Anschluss ohne erheblichen Aufwand möglich ist.» Dabei handelt es sich um *Mindestanforderungen;* den Kantonen ist es unbenommen, zusätzliche Anforderungen an die Erschliessung zu stellen, z.B. hinsichtlich der Erschliessung durch den öffentlichen Verkehr.

Im Einzelnen unterscheiden sich die Anforderungen an die Erschliessung *je nach Nutzungszone.* Insbesondere was als «hinreichende Zufahrt» gilt, hängt von der beanspruchten Nutzung des Grundstücks sowie den weiteren Umständen des Einzelfalls ab. Die Zufahrt muss die örtlichen Verhältnisse berücksichtigen und die Verkehrssicherheit aller Benutzer (Fussgänger, Radfahrer, Personenwagen, öffentliche Dienste) gewährleisten. Unter verschiedenen möglichen Varianten ist diejenige zu wählen, die den Verhältnissen am besten angepasst ist (BGer, 1C_30/2010, 2.11.2010, E. 3.1, m.w.H.).

Von der Erschliessung zu unterscheiden ist die *Ausstattung.* Diese umfasst Bauten und Anlagen zur Erfüllung öffentlicher Aufgaben wie Schulen, Spitäler, Altersheime, Verwaltungsgebäude, Kirchen,

Friedhöfe oder kulturelle Einrichtungen. (Beachte: Die zürcherische ABV verwendet in § 3 einen anderen, wesentlich engeren Begriff der Ausstattung.) Erschliessung und Ausstattung bilden zusammen die *Infrastruktur.*

B. Konkretisierendes kantonales Recht

Im Kanton Zürich gilt ein Grundstück gemäss § 236 Abs. 1 PBG als erschlossen, «wenn es für die darauf vorgesehenen Bauten und Anlagen genügend zugänglich ist, wenn diese ausreichend mit Wasser und Energie versorgt werden können und wenn die einwandfreie Behandlung von Abwässern, Abfallstoffen und Altlasten gewährleistet ist».

Betreffend die *Zugänglichkeit* im Besonderen sind massgebend:

- § 237 Abs. 1 Satz 1 PBG;
- die Normalien über die Anforderungen an Zugänge (Zugangsnormalien) vom 9. Dezember 1987 (LS 700.5);
- die Verkehrssicherheitsverordnung (VSiV) vom 15. Juni 1983 (LS 722.15).

Zu den Rechtswirkungen von «Normalien»: Gemäss § 360 Abs. 3 PBG kann von Richtlinien und Normalien aus wichtigen Gründen abgewichen werden. In § 11 der Zugangsnormalien und § 6 Abs. 2 VSiV sind Gründe für solche Abweichungen beispielhaft aufgezählt.

C. Selbständiges kantonales Recht

§ 237 Abs. 1 Satz 2 PBG lautet: «Bei grösseren Überbauungen muss überdies die Erreichbarkeit mit dem öffentlichen Verkehr gewährleistet sein.» Dieses Erfordernis der *genügenden Erreichbarkeit mit dem öffentlichen Verkehr* stellt im Kanton Zürich eine selbständige kantonalrechtliche Bauvoraussetzung dar, die über die bundesrechtlichen Anforderungen an die Erschliessung hinausgeht (leading case: VGer, VB.2000.00111, 2.11.2000 [RB 2000 Nr. 93; BEZ

2000 Nr. 50; URP 2000 823 ff.], bestätigt in BGer, 1P.23/2001, 5.9.2001, E. 1d [Pra 2002 Nr. 20]).

Auch andere Kantone kennen Vorschriften zur Erschliessung mit dem öffentlichen Verkehr (Beispiele: § 32 Abs. 2 BauG AG; Art. 74 BauG BE; § 28 Abs. 2 PBG SO). Die Anforderungen richten sich im Einzelnen nach dem jeweiligen kantonalen Recht und können nicht unbesehen auf einen andern Kanton übertragen werden (vgl. BGer, 1A.125/2005, 21.9.2005, E. 9.2.3).

D. Ergänzende Anforderungen des Umweltschutzgesetzes

Die Umweltschutzgesetzgebung statuiert in Art. 24 Abs. 2 USG und – etwas klarer – in Art. 30 LSV zusätzliche bundesrechtliche Anforderungen an die Erschliessung: Bauzonen für Gebäude mit lärmempfindlichen Räumen (vgl. dazu Art. 2 Abs. 6 LSV), die beim Inkrafttreten des USG am 1. Januar 1985 noch nicht erschlossen waren, dürfen nur so weit erschlossen werden, als die *Planungswerte* für Lärm gemäss den Anhängen zur LSV eingehalten sind oder eingehalten werden können

- durch planerische, gestalterische oder bauliche Massnahmen;
- durch Umzonung in eine weniger empfindliche Zone (vgl. zu den je nach Nutzweise unterschiedlichen Lärmempfindlichkeitsstufen Art. 43 LSV).

E. Unterscheidung Groberschliessung – Feinerschliessung

1. Groberschliessung

Das Raumplanungsgesetz nimmt keine Unterscheidung zwischen Grob- und Feinerschliessung vor. Hingegen kennt das Wohnbau- und Eigentumsförderungsgesetz von 1974 (WEG) eine entsprechende Differenzierung. Art. 4 Abs. 1 WEG lautet: «Unter Groberschliessung wird die Versorgung eines zu überbauenden Gebiets mit den Hauptsträngen der Erschliessungsanlagen verstanden, namentlich Wasser-, Energieversorgungs- und Abwasserleitungen sowie Strassen und Wege, die unmittelbar dem zu erschliessenden Gebiet dienen.» Die Groberschliessung umfasst also die *Hauptstränge der Erschliessungsanlagen*. Bei dem zu erschliessenden Gebiet kann es sich um ein Quartier, einen Dorfteil oder einen Stadtteil handeln.

Anlagen der Groberschliessung sind:

- Sammelstrassen;
- die wichtigsten Versorgungsleitungen (für Trink-, Brauch-, Löschwasser und Energie) sowie Abwasserleitungen;
- die Hauptachsen des Fusswegnetzes (vgl. dazu Art. 2 Abs. 3 des Bundesgesetzes über Fuss- und Wanderwege [FWG]).

Von der Groberschliessung abzugrenzen ist einerseits die Feinerschliessung (vgl. nachstehend 2.), anderseits die sog. *Grund-* oder *Basiserschliessung*. Darunter fallen übergeordnete Anlagen, die nicht nur das zu überbauende, sondern ein grösseres zusammenhängendes Gebiet umfassen und an die Einrichtungen der Groberschliessung heranführen (Autobahnen, Hauptverkehrsstrassen und Eisenbahnlinien; Wasserfassungs- und Wasseraufbereitungsanlagen sowie Abwasserreinigungsanlagen; Anlagen zur Energieproduktion und zur übergeordneten Energieverteilung).

2. Feinerschliessung

Art. 4 Abs. 2 WEG lautet: «Die Feinerschliessung umfasst den Anschluss der einzelnen Grundstücke an die Hauptstränge der Erschliessungsanlagen mit Einschluss von öffentlich zugänglichen Quartierstrassen und öffentlichen Leitungen.» Feinerschliessung bedeutet somit den Anschluss einzelner Grundstücke – oder von Parzellengruppen – *an die Anlagen der Groberschliessung*. Gemeint ist damit noch nicht die eigentliche Gebäudeerschliessung; Strassen, Wege, Wasser-, Abwasser- und Energieleitungen müssen jedoch hinreichend nah an das Grundstück heranführen. Ein wichtiges

Instrument zur Feinerschliessung ist der Quartierplan. Erst mit der Feinerschliessung gilt Bauland als erschlossen.

Von der Feinerschliessung abzugrenzen ist die *Gebäudeerschliessung* (sog. Hausanschlüsse), d.h. die Hauszufahrt und der Hauszugang sowie die Hausanschlussleitungen an die Anlagen der Fein- oder Groberschliessung. Die Hausanschlüsse gehören nicht mehr zur Erschliessung (vgl. Art. 19 Abs. 1 RPG a.E.), sondern bilden Bestandteil des Baugesuchs. Planung, Erstellung und Finanzierung der Gebäudeerschliessung sind dementsprechend Sache der Grundeigentümer.

Somit ergibt sich folgende Übersicht:

Infrastruktur	
Ausstattung (Bauten und Anlagen zur Erfüllung öffentlicher Aufgaben)	**Erschliessung** - Grunderschliessung (Basiserschliessung) - Groberschliessung - Feinerschliessung
	- Gebäudeerschliessung (Hausanschluss)

II. Funktionen der Erschliessung

A. Polizeiliche Funktion der Erschliessung

Die primäre und ursprüngliche Funktion der Erschliessung ist eine polizeiliche. Zum einen gewährleistet sie die Zugänglichkeit für *öffentliche Dienste* wie Feuerwehr, Sanität oder Kehrichtabfuhr; zum andern sichert sie mittels Wasser-, Abwasser-, Strom- und Gasleitungen eine ausreichende *Wohnhygiene.*

B. Erschliessung als «Scharnier» zwischen Nutzungsplanung und Baubewilligung

Die Erschliessung stellt gewissermassen das Bindeglied, das «Scharnier» zwischen der Nutzungsplanung einerseits und der Baubewilligung anderseits dar; denn sie weist zu beiden Bereichen enge Bezüge auf (weshalb das Erschliessungsrecht in diesem Band denn auch zwischen dem Raumplanungs- und dem Baurecht dargestellt wird).

1. Erschliessung und Nutzungsplanung

Mit der Nutzungsplanung ist die Erschliessung in verschiedener Hinsicht verbunden:

- Art. 19 RPG ist gesetzessystematisch in den Abschnitt über *Zweck und Inhalt der Nutzungspläne* eingeordnet.
- Die Erschliessung ist ein wesentliches Kriterium für die *Ausscheidung von Bauzonen* (Art. 15 Abs. 4 lit. b RPG). Die Pflicht zur Erschliessung der Bauzonen obliegt in erster Linie dem Gemeinwesen (siehe nachfolgend § 8). Bauzonengrösse und Bebauungsstruktur steuern somit massgeblich die mit der Bauzonenausscheidung verbundenen Erschliessungskosten. Die Bemessung der Grösse der Bauzonen hat sich deshalb auch an der Erschliessungskapazität des Gemeinwesens zu orientieren: Die Gemeinden müssen finanziell in der Lage sein, das eingezonte Bauland innerhalb der nächsten 15 Jahre zu erschliessen.
- Bei der *Erschliessungsplanung* handelt es sich um einen Teil der Nutzungsplanung (vgl. § 90 Abs. 1 PBG betreffend die Groberschliessung). Die Erschliessungsplanung hat sich daher ebenfalls an den Planungszielen und -grundsätzen gemäss Art. 1 und 3 RPG zu orientieren (vgl. BGer, 1C_361/2008, 27.4.2009, E. 3.1.3).

2. Erschliessung und Baubewilligung

a) *Erschliessung als Bauvoraussetzung*

Die genügende Erschliessung eines Grundstücks ist eine Voraussetzung für die Erteilung einer Baubewilligung (Art. 22 Abs. 2 lit. b RPG). Das zürcherische Recht bringt dies mit dem Begriff der *Baureife* zum Ausdruck, welche namentlich die (Fein-)Erschliessung voraussetzt (vgl. § 233 Abs. 1 und § 234 PBG). Damit eine Baubewilligung erteilt werden kann, müssen somit grundsätzlich die erforderlichen Erschliessungspläne vorliegen und die grundstücksexternen Erschliessungsanlagen erstellt sein (BGer, 1C_361/2008, 27.4.2009, E. 3.2.4).

Das Erfordernis der Baureife gilt auch für *Umbauten* und *Nutzungsänderungen,* allerdings nur, wenn dadurch «von den bisherigen Verhältnissen wesentlich abgewichen wird» (§ 233 Abs. 2 PBG). Abweichungen gelten dann als wesentlich, wenn sie bezüglich der Anforderungen an die Baureife ins Gewicht fallen (VGer, VB.2006.00181, 27.9.2006, E. 5.1). Nicht jede zusätzliche Wohneinheit führt indes zu einer wesentlichen Änderung der bisherigen Verhältnisse, welche die genügende Erschliessung des Baugrundstücks erneut in Frage stellt (VGer, VB.2006.00062, 14.6.2006, E. 3.2).

Wird durch Erhöhung der zulässigen baulichen Nutzung eine *Siedlungsverdichtung* angestrebt, so hat das Gemeinwesen dafür zu sorgen, dass auch die Erschliessungsanlagen den neuen Nutzungsmöglichkeiten angepasst werden. Dabei ist dem Grundsatz der Verhältnismässigkeit Rechnung zu tragen, aber nicht in der Weise, dass einzelne Baubewilligungen ungeachtet einer unzureichenden Erschliessung erteilt werden; vielmehr sind beim Ausbau der Erschliessungsanlagen keine übertriebenen Anforderungen zu stellen und Eingriffe in die bestehende Überbauung möglichst schonend vorzunehmen (VGer, VB.2005.00263, 2.11.2005 [RB 2005 Nr. 66]).

b) *Exkurs: Privatrechtlich geordnete Zugänge*

Es kommt nicht selten vor, dass der Zugang zu einem Grundstück über ein Drittgrundstück geführt werden muss. Die entsprechende Berechtigung kann durch *privatrechtliche Vereinbarung* - insbesondere durch eine Dienstbarkeit - eingeräumt werden, was in § 237 Abs. 4 PBG stillschweigend vorausgesetzt wird. Das PBG misst einer solchen privatrechtlichen Vereinbarung mithin auch *öffentlichrechtliche Wirkungen* zu. Dabei stellt die privatrechtliche Vereinbarung lediglich den Rechtstitel für die Benutzung des fremden Grundstücks dar; sie ändert nichts daran, dass die öffentlichrechtlichen Anforderungen an die Erschliessung vollumfänglich erfüllt sein müssen.

Die dauernde und jederzeitige bestimmungsgemässe Benutzung des Zugangs muss stets, also auch im Fall einer privatrechtlichen Regelung, gewährleistet sein. Privatrechtlich geordnete Zugänge dürfen deshalb ohne Zustimmung der örtlichen Baubehörde *weder tatsächlich oder rechtlich verändert noch aufgehoben* werden; diese Beschränkung ist (als Revers) im Grundbuch anzumerken (§ 237 Abs. 4 PBG). Das öffentliche Recht knüpft somit an die privatrechtliche Vereinbarung an, verleiht ihr aber selbständige öffentlichrechtliche (Folge-)Wirkungen.

Da die genügende Erschliessung des Baugrundstücks eine notwendige Voraussetzung für die Erteilung der Baubewilligung darstellt, sind die Verwaltungsbehörden gehalten, Bestand, Inhalt und Tragweite einer entsprechenden privatrechtlichen Vereinbarung im Sinne einer *zivilrechtlichen Vorfrage* zu prüfen. Bei der Entscheidung von Vorfragen aus einem fremden Zuständigkeitsbereich - hier aus demjenigen der Zivilgerichte - ist jedoch Zurückhaltung geboten. Die privatrechtliche Regelung des Grundstückszugangs kann von den Baubehörden und Verwaltungsrechtspflegeinstanzen nur dann als hinreichende Sicherung akzeptiert werden, wenn sich das Recht zur dauernden und jederzeitigen Benützung des Zugangs klar daraus ergibt. Trifft dies nicht zu, so ist die Baubewilligung zu verweigern, bis sich der Bauherr - nötigenfalls auf dem Zivilweg - «einen hinreichenden Ausweis über seine Berechtigung am Zufahrtsgrundstück verschafft hat» (VGer, VB 105/1980, E. 3a [BEZ 1981 Nr. 1]).

§ 8 Durchführung der Erschliessung

I. Erschliessungspflicht des Gemeinwesens

A. Grundsatz

Die Erschliessung ist grundsätzlich Sache des Gemeinwesens: «Das Gemeinwesen hat die Bauzonen innerhalb der im Erschliessungsprogramm vorgesehenen Frist zu erschliessen» (Art. 19 Abs. 2 Satz 1 Halbsatz 1 RPG). Kann oder möchte das Gemeinwesen seiner Verpflichtung zur Erschliessung des unüberbauten Baulands nicht nachkommen, so muss es nutzungsplanerische Konsequenzen ziehen, indem es z.B. die Bauzonen verkleinert (BGer, 1C_178/2014, 2.5.2016, E. 4.4).

Seit der RPG-Revision von 2012 hält das Gesetz ausdrücklich fest, dass das Gemeinwesen die Erschliessung bei Bedarf *etappieren* kann (Art. 19 Abs. 2 Satz 1 Halbsatz 2 RPG). Üblicherweise wird davon ausgegangen, dass etwa ein Drittel der Bauzonen, die für die nächsten 15 Jahre benötigt werden, erschlossen sein sollen (ARE, Erläuternder Bericht RPV-Revision 2014, S. 13). Auf Verordnungsstufe wurde eine obere Grenze eingeführt: «Im Kanton dürfen insgesamt nicht mehr Bauzonen erschlossen sein, als unter Annahme eines Wachstums gemäss dem mittleren Szenario des BFS für die Bevölkerungsentwicklung für die jeweils nächsten 15 Jahre benötigt werden» (Art. 32 Abs. 2 RPV). Dies ist als Korrektiv dafür gedacht, dass die Kantone für die Dimensionierung der Bauzonen auch Wachstumsannahmen über dem mittleren Szenario berücksichtigen dürfen (Art. 5a Abs. 2 RPV; vgl. S. 55).

B. Subsidiär: Privaterschliessung

Subsidiär verleiht Art. 19 Abs. 3 RPG dem Grundeigentümer einen Anspruch auf *Selbsterschliessung* (Privaterschliessung) bzw. auf *Bevorschussung der Erschliessung:* «Erschliesst das Gemeinwesen Bauzonen nicht fristgerecht, so ist den Grundeigentümern zu gestatten, ihr Land nach den vom Gemeinwesen genehmigten Plänen selber zu erschliessen oder die Erschliessung durch das Gemeinwesen nach den Bestimmungen des kantonalen Rechts zu bevorschussen.» Nach dem Wortlaut dieser Bestimmung besteht indes kein Recht auf eigenmächtige Erschliessung oder Bevorschussung. Der Grundeigentümer muss sich vielmehr vorgängig vom Gemeinwesen ermächtigen lassen bzw. – wenn die Ermächtigung verweigert wird – sich das Recht auf Privaterschliessung oder Bevorschussung in einem entsprechenden Verfahren erstreiten.

Die Modalitäten der Privaterschliessung bzw. der Bevorschussung und die endgültige Kostenverteilung werden häufig durch *verwaltungsrechtlichen Vertrag* (Erschliessungsvertrag) geregelt, mitunter auch dann, wenn das Gemeinwesen mit der Erschliessung nicht in Verzug ist. Die Gemeinde übernimmt privat erstellte Erschliessungsanlagen nach deren Fertigstellung in der Regel in ihr Eigentum.

II. Erschliessungsplanung

Das Bundesrecht schreibt dem Gemeinwesen vor, für die Erschliessung der Bauzonen ein *Erschliessungsprogramm* zu erlassen (Art. 19 Abs. 2 Satz 1 Halbsatz 1 RPG). Ob dieses auf Stufe (kommunaler) Richtplan oder im Rahmen der Nutzungsplanung festzusetzen ist, bestimmt das kantonale Recht.

Gemäss § 90 Abs. 1 PBG setzen im Kanton Zürich die Gemeinden mit der Bau- und Zonenordnung – also mit dem Rahmennutzungsplan – einen *Erschliessungsplan* fest. Dieser gibt Aufschluss über die öffentlichen Werke und Anlagen, die für die *Groberschliessung* der Bauzonen notwendig sind. Weiter zeigt er auf, in welchen zeitlichen Etappen das Gemeinwesen die Groberschliessung durchführt und wie diese auf die Angebotsplanung im öffentlichen Personenverkehr sowie die Güterverkehrsplanung abgestimmt ist (§ 91 PBG).

Für die jeweils bevorstehende *Erschliessungsetappe* sind die Dimensionierungen der Erschliessungsanlagen festzulegen und ihre Kosten zu ermitteln (§ 92 Abs. 1 PBG). Mit dieser Festlegung gelten die entsprechenden Ausgaben als bewilligt (Abs. 2); es ist also kein separater Kreditbeschluss mehr erforderlich (zur kreditrechtlichen Funktion von § 92 PBG vgl. VGer, VB.2005.00258, 5.10.2005 [RB 2005 Nr. 56; BEZ 2006 Nr. 2]). Die Groberschliessung ist rechtzeitig in Angriff zu nehmen, so dass die Überbauung der betreffenden Gebiete auf den Ablauf der massgebenden Etappe hin möglich wird (§ 93 Abs. 1 PBG).

Der Erschliessungsplan wird im gleichen *Verfahren* und in gleicher *Zuständigkeit* wie die Bau- und Zonenordnung festgesetzt; er bedarf der Genehmigung durch die zuständige kantonale Direktion (§ 95 i.V.m. § 2 lit. b PBG).

Die *Feinerschliessung* ist nicht Gegenstand der Erschliessungsplanung, sondern typischerweise eines Quartierplans.

III. Projektierung und Bau der Erschliessungsanlagen

Projektierung und Bau der Erschliessungsanlagen für die *Groberschliessung* erfolgen in der Regel im Rahmen einer Sondernutzungsplanung, im Kanton Zürich etwa mittels eines Strassenprojekts gemäss den §§ 12 ff. des Strassengesetzes (StrG).

Feinerschliessungsanlagen, die in einem Quartierplan vorgesehen sind, werden in dessen Rahmen erstellt (vgl. §§ 166 ff. PBG).

IV. Finanzierung der Erschliessung

Der Bau und der Unterhalt staatlicher Infrastrukturanlagen werden in erster Linie aus Steuermitteln finanziert, also nach dem Gemeinlastprinzip. Für die Finanzierung der Erschliessungsanlagen sah das kantonale Recht jedoch seit jeher auch die Erhebung von *Kausalabgaben* vor.

Art. 19 Abs. 2 Satz 2 RPG lautet dementsprechend: «Das kantonale Recht regelt die Beiträge der Grundeigentümer.» Daraus ergibt sich, dass die Erschliessungskosten von Bundesrechts wegen *zumindest teilweise auf die Grundeigentümer überwälzt* werden müssen. Dies gilt für die Kosten der Grob- und der Feinerschliessung, nicht aber für diejenigen der Grunderschliessung. Die Durchbrechung des Gemeinlastprinzips ist bei der Grob- und der Feinerschliessung insofern gerechtfertigt, als den Grundeigentümern dadurch ein Sondervorteil entsteht (Wertsteigerung des Grundstücks).

Art. 19 Abs. 2 RPG ist selbst keine gesetzliche Grundlage für die Erhebung von Kausalabgaben, enthält aber einen Gesetzgebungsauftrag. Erforderlich ist mithin eine gesetzliche Regelung im *kantonalen oder kommunalen Recht,* welche den erhöhten Anforderungen genügt, die im Abgaberecht – mit Bezug auf die Normstufe – an die gesetzliche Grundlage gestellt werden (vgl. für Abgaben des Bundes die entsprechenden Anforderungen gemäss Art. 127 Abs. 1 und Art. 164 Abs. 1 lit. d BV). Bei der näheren Ausgestaltung der Kostenbeteiligung haben die Kantone indes einen beträchtlichen *Spielraum;* denn das Wort «Beiträge» in Art. 19 Abs. 2 Satz 2 RPG ist nicht in einem rechtstechnischen Sinn, sondern weit zu verstehen. Das Gemeinwesen darf sowohl eigentliche Beiträge (Vorzugslasten) als auch andere Abgaben vorsehen, insbesondere Gebühren.

Die Vielfalt der kantonalen und kommunalen Regelungen ist gross. Weit verbreitet ist die Erhebung

- von *Beiträgen* für den Bau von Strassen, Wegen, Trottoirs und Parkierungsflächen (Erschliessungsbeiträge);

- von *Gebühren* für den Anschluss an die öffentlichen Versorgungs- und Entsorgungsanlagen (Anschlussgebühren) sowie für die Benutzung derselben (periodische Benutzungsgebühren, z.B. im Sinn von Art. 60a GSchG).

Sowohl bei der Ausgestaltung als auch bei der Bemessung der Abgaben haben sich die Kantone und Gemeinden an die allgemeinen Verfassungsgrundsätze zu halten, insbesondere an das Kostendeckungs- und das Äquivalenzprinzip.

Bei Feinerschliessungsanlagen, die im Rahmen eines *Quartierplans* erstellt werden, regelt dieser, wie die Erstellungskosten zu verteilen sind (§ 146 Abs. 1 PBG). Massgebend ist das objektive Interesse der einzelnen Grundeigentümer an der betreffenden Erschliessungsanlage. Ein solches besteht nicht nur an den direkt benutzten Zugängen, Zufahrten und Leitungen, sondern auch an Anlagen, welche die Verkehrs- oder Erschliessungsverhältnisse im Quartier allgemein verbessern oder Immissionen reduzieren. Eine Kostenbeteiligung ist auch dann möglich, wenn das Grundstück bereits erschlossen war, durch den Quartierplan jedoch aufgewertet wird (VGer, VB.2010.00420, 27.3.2013, E. 3.1 [BEZ 2013 Nr. 8]). Bei der Kostenverteilung ist – im Rahmen des Äquivalenzprinzips – eine Schematisierung zulässig; in der Praxis werden meist verschiedene Bautiefen mit abgestufter Belastung festgelegt (VGer, a.a.O., E. 3.2).

4. Teil: Öffentliches Baurecht

§ 9 Bauen ausserhalb der Bauzonen

I. Vorbemerkung

Nach dem Willen des Verfassungsgebers soll das Gebiet ausserhalb der Bauzonen grundsätzlich ein Nichtbaugebiet sein (Trennungsgrundsatz; vgl. nachfolgend II.). Dies bedeutet allerdings nicht, dass ausserhalb der Bauzonen keinerlei Bautätigkeit stattfindet. Einerseits gibt es – insbesondere im Zusammenhang mit der Landwirtschaft – zonenkonforme Nutzweisen, die mittels einer ordentlichen Baubewilligung bewilligt werden können (vgl. nachfolgend III.). Anderseits sind gewisse zonenwidrige Bauten, Anlagen und Nutzungen einer Ausnahmebewilligung zugänglich (vgl. nachfolgend IV.).

In der Realität ist die Verwischung von Bau- und Nichtbaugebiet allerdings wesentlich grösser als vom Verfassungs- und Gesetzgeber intendiert: So befinden sich ausserhalb der Bauzonen

- 38 % aller Siedlungsflächen (einschliesslich Verkehrsflächen),
- 20 % aller Gebäudeflächen, ansteigend – abgesehen vom Kanton Basel-Stadt – von 9 % im Kanton Genf bis 46 % im Kanton Appenzell Innerrhoden (Kanton Zürich: 10 %),
- 11 % aller Gebäude mit Wohnnutzung.

In den 24 Jahren zwischen der ersten und der dritten Arealstatistik des BFS (erhoben in den Jahren 1979–1985 bzw. 2004–2009) haben die Gebäudeflächen ausserhalb der Bauzonen schweizweit um 21 % zugenommen. Markant zugenommen hat in den Jahren 2014 und 2015 die Zahl der Neubauten mit Wohnnutzung ausserhalb der Bauzonen, per saldo (d.h. abzüglich der Abbrüche) um rund 400 neue Gebäude pro Jahr (Quelle: ARE, Monitoring Bauen ausserhalb Bauzonen).

II. Trennungsgrundsatz und Konzentrationsprinzip

A. Inhalt und Bedeutung

Beim Trennungsgrundsatz und beim Konzentrationsprinzip handelt es sich um zwei fundamentale und sich gegenseitig ergänzende raumplanungsrechtliche Prinzipien, die aus dem Verfassungsartikel (Art. 75 BV) sowie den Zielen und Grundsätzen der Raumplanung (Art. 1 und 3 RPG) abgeleitet werden und dem gesamten Raumplanungsrecht zugrunde liegen:

- Der *Trennungsgrundsatz* verlangt die Trennung des Baugebiets vom Nichtbaugebiet (Art. 1 Abs. 1 Satz 1 RPG in der Fassung von 2012), und zwar in rechtlicher wie in tatsächlicher Hinsicht.
- Das *Konzentrationsprinzip* verlangt die Konzentration der Siedlungstätigkeit, um dem Gebot der haushälterischen Bodennutzung zu genügen. Siedlungen sollen in räumlich zusammenhängenden, vom Nichtbaugebiet klar abgegrenzten und auf das Notwendige beschränkten Bauzonen zusammengefasst werden (BGer, 1C_119/2007, 13.11.2008, E. 3.7.3; vgl. insbesondere Art. 1 Abs. 2 lit. a^{bis} und b RPG in der Fassung von 2012). Daraus ergibt sich etwa, dass Grundstücke in der Regel nur dann neu eingezont werden können, wenn sie an bestehende Überbauungen mit Siedlungscharakter angrenzen (BGer, 1C_374/2011, 14.3.2012, E. 3 [ZBl 2013 389 ff.]).

B. Folgen

Der Trennungsgrundsatz und das Konzentrationsprinzip wirken sich einerseits auf die Zuständigkeit zur materiellrechtlichen Regelung des Bauens ausserhalb der Bauzonen und anderseits auf die Bewilligungszuständigkeit aus.

1. Materiellrechtliche Regelung des Bauens ausserhalb der Bauzonen

«Die Einschränkung der Siedlungstätigkeit ausserhalb der Bauzonen ist ein zentrales Anliegen des RPG. Dementsprechend sind die Zonenkonformität von Bauten und Anlagen ausserhalb der Bauzonen und die Erteilung von Ausnahmebewilligungen bundesrechtlich geregelt» (BGE 128 I 254, E. 3.8.4). Weil das Hauptaugenmerk des Verfassungsgebers auf dem Raum ausserhalb der Bauzonen liegt, sind in diesem Zusammenhang nach allgemein anerkannter Auffassung auch gestützt auf eine *Grundsatzgesetzgebungskompetenz* detaillierte, direkt anwendbare bundesrechtliche Regelungen zulässig. Allerdings hat der Bundesgesetzgeber seine Regelungsbefugnis m.E. dennoch überschritten, soweit er ab 1998 besondere Nutzungen – wie bestimmte Biogasanlagen (Art. 16a Abs. 1bis RPG), Bauten und Anlagen für die Pferdehaltung (Art. $16a^{bis}$ RPG) und die Hobbytierhaltung (Art. 24e RPG) oder nichtlandwirtschaftliche Nebenbetriebe mit bzw. ohne engen sachlichen Bezug zum landwirtschaftlichen Gewerbe (Art. 24b RPG) – flächendeckend in sämtlichen Landwirtschaftszonen der Schweiz zugelassen hat. Es würde genügen und den Verfassungszielen wesentlich besser entsprechen, solche Nutzungen lediglich im Grundsatz zuzulassen, im Übrigen aber wie innerhalb des Baugebiets mit dem Instrumentarium der Richt- und Nutzungsplanung zu erfassen und zu steuern – immer vorausgesetzt, die betreffende Nutzung als solche sei materiell überhaupt verfassungskonform (GRIFFEL, Grundsatzgesetzgebungskompetenz, S. 46 f.). Freilich muss auch in *materiellrechtlicher* Hinsicht bezweifelt werden, dass das heutige Regelungskonglomerat als Ganzes – mit Blick auf die von der Bundesverfassung zum zentralen raumplanerischen Grundsatz erhobene Trennung des Bau- und des Nichtbaugebiets – noch als verfassungskonform bezeichnet werden kann (vgl. auch MUGGLI, in: Praxiskommentar RPG II, Vorbem. zu Art. 16–16b N. 45, Vorbem. zu Art. 24–24e und 37a N. 16).

Das Bundesrecht regelt grundsätzlich abschliessend, *was* ausserhalb der Bauzonen gebaut werden darf bzw. welchen Nutzweisen Bauten und Anlagen dort zugeführt werden dürfen (vgl. allerdings den 2007 eingefügten Vorbehalt einschränkender kantonaler Bestimmungen in Art. 27a RPG). Hingegen kommen hinsichtlich der Frage, *wie* ausserhalb der Bauzonen gebaut werden darf, ergänzend auch Regelungen des kantonalen Rechts zur Anwendung (z.B. feuerpolizeiliche Vorschriften, Abstandsregelungen, Gestaltungsanforderungen oder Mindestanforderungen an Wohnräume).

Demgegenüber ist die Regelung des Bauens *innerhalb* der Bauzonen – vom Erfordernis der Erschliessung abgesehen (Art. 19 i.V.m. Art. 22 Abs. 2 lit. b RPG) – grundsätzlich Sache der Kantone.

2. Bewilligungszuständigkeit

Eine Baubewilligung wird typischerweise – so auch im Kanton Zürich (vgl. § 318 PBG) – durch eine kommunale Baubehörde erteilt. Dies gilt jedenfalls für den Normalfall, das Bauen innerhalb der Bauzonen. Sowohl für die Beurteilung der *Zonenkonformität* als auch der *Ausnahmebewilligungsfähigkeit* eines Bauvorhabens ausserhalb der Bauzonen schreibt das Bundesrecht indes eine *kantonale Bewilligungsinstanz* vor (Art. 25 Abs. 2 RPG). Dies soll eine einheitliche Rechtsanwendung im ganzen Kantonsgebiet gewährleisten (vgl. dazu BGE 128 I 254).

Im *Kanton Zürich* ist die sachliche Zuständigkeit wie folgt geregelt (Ziff. 1.2 Anhang BVV):

- Regelfall: Das *Amt für Raumentwicklung* (ARE) ist zuständig für Bauten und Anlagen in Landwirtschafts-, Freihalte- und Reservezonen, ferner in Erholungszonen, wenn das Vorhaben nicht dem Zonenzweck entspricht.
- Spezialfälle: Das *Amt für Landschaft und Natur* (ALN) ist zuständig für Bauten und Anlagen im Wald, in Naturschutzgebieten, im Nahbereich von Ufervegetation sowie im Bereich von Lebensräumen geschützter Pflanzen und Tiere.

Beachte: Für alle *übrigen Bewilligungsvoraussetzungen* (das «Wie») bleibt die *kommunale Baubehörde* zuständig. Es ergeht somit neben der kantonalen Bewilligung stets auch eine kommunale Baubewilligung, was eine inhaltliche und verfahrensmässige Koordination erfordert (vgl. dazu Art. 25a RPG; § 8 BVV).

III. Zonenkonforme Bauten und Anlagen ausserhalb der Bauzonen

A. Entwicklung

1. Ursprüngliche Konzeption

Nach der ursprünglichen Konzeption des RPG war die Landwirtschaftszone für die *bodenabhängige Produktion* bestimmt. Diese umfasste sowohl die landwirtschaftliche Bewirtschaftung als auch den produzierenden Gartenbau, d.h. das gewerbliche Säen oder Anpflanzen und Grossziehen von Pflanzen. Ein Betrieb gilt dann als bodenabhängig, «wenn er bei einer gesamthaften Betrachtung seines langfristigen Bewirtschaftungskonzepts und der zu dessen Realisierung eingesetzten Mittel als Freilandbetrieb bezeichnet werden kann» (BGE 120 Ib 266, E. 2a). Hierzu ist also eine einzelfallbezogene Gesamtwürdigung vorzunehmen (BGer, 1C_561/2012, 4.10.2013, E. 2.4.4 [ZBl 2015 218 ff.]). Betriebsbauten und Treibhäusern darf bei der unter natürlichen Bedingungen erfolgenden Kultivierung des Bodens nur eine Hilfsfunktion zukommen (BGE 120 Ib 266, E. 3b). Als bodenabhängig werden somit diejenigen Bewirtschaftungsformen bezeichnet, «die den Boden unmittelbar und im Wesentlichen unter natürlichen Bedingungen ausschöpfen, wie der Acker- und Gemüsebau oder die Milch- und Fleischproduktion. Die Tierhaltung erfolgt dann bodenabhängig, wenn die Tiere im Wesentlichen auf der Grundlage der auf dem Betrieb produzierten Futtermittel ernährt werden (...). Als bodenunabhängig gilt die Bewirtschaftung, wenn kein hinreichend enger Bezug zum natürlichen Boden besteht (vgl. Art. 37 Abs. 2 RPV betreffend den

Gemüse- und den produzierenden Gartenbau). Tierhaltung ist bodenunabhängig, wenn sie ohne hinreichende eigene Futterbasis erfolgt» (BGE 133 II 370, E. 4.2).

Dieses Konzept knüpfte also am Boden als *Produktionsfaktor* an; die bodenabhängige Produktionsweise stellte das Hauptcharakteristikum der landwirtschaftlichen Nutzung dar. Man bezeichnet es deshalb auch als «Produktionsmodell».

2. Gesetzesrevisionen

Mit der *RPG-Revision von 1998* (vgl. S. 7 f.) erfolgte eine Ausweitung der zonenkonformen Nutzweisen, und zwar in dreifacher Hinsicht:

- Neu wurden Bauten und Anlagen, die der *inneren Aufstockung* dienen, zonenkonform. Zuvor war für eine innere Aufstockung eine Ausnahmebewilligung gemäss Art. 24 RPG erforderlich.

  Eine «innere Aufstockung» liegt vor, wenn einem überwiegend bodenabhängig geführten Betrieb Bauten oder Anlagen für die bodenunabhängige Produktion, d.h. für die bodenunabhängige Tierhaltung oder den bodenunabhängigen Gemüse- oder Gartenbau (Hors-sol-Produktion), angefügt werden. Der Boden muss also nicht mehr Produktionsfaktor sein; er wird nur noch als Standfläche für die Anlagen verwendet. Es kommt nicht mehr auf die Produktionsmethode, sondern – innert bestimmter quantitativer Grenzen – auf das (landwirtschaftliche oder gartenbauliche) Produkt an, welches hergestellt wird. Mithin erfolgte ein Wechsel vom Produktions- zum «Produktemodell».

  Der VE-RPG 2 ersetzt den schwer verständlichen Begriff innere Aufstockung durch die Formulierung «untergeordnete Betriebsteile bodenunabhängiger landwirtschaftlicher oder gartenbaulicher Produktion» (Art. 23g Abs. 1 lit. b).

- Der *zulässige Umfang einer inneren Aufstockung* wurde – im Vergleich zur früheren Rechtsprechung des Bundesgerichts – durch die RPV von 2000 (also auf dem Verordnungsweg!) erheblich erweitert.

- Sodann schuf der Gesetzgeber neu die Möglichkeit, *Spezial-* bzw. *Intensivlandwirtschaftszonen* auszuscheiden, welche noch intensivere Nutzungen zulassen.

Mit der *Teilrevision von 2007* erfolgten weitere Lockerungen:

- Bauten und Anlagen zur *Gewinnung von Energie aus Biomasse* sind in der Landwirtschaftszone unter bestimmten Voraussetzungen neu zonenkonform (Art. 16a Abs. 1bis RPG; Art. 34a RPV; vgl. dazu BGer, 1C_437/2009, 16.6.2010).
- Die Voraussetzungen für die *innere Aufstockung* wurden abermals gelockert.

Mit einer weiteren, punktuellen Gesetzesrevision vom 22. März 2013 wurden auch Bauten und Anlagen für die *Haltung und Nutzung von Pferden* unter bestimmten Voraussetzungen als zonenkonform erklärt (Art. 16a^{bis} RPG). Für das zonenkonforme Bauen ausserhalb der Bauzonen sind heute Art. 16a und Art. 16a^{bis} RPG sowie Art. 34–38 RPV massgebend.

B. Landwirtschaftliche Nutzung im Allgemeinen

1. Bodenabhängige Bewirtschaftung und innere Aufstockung

In der Landwirtschaftszone sind Bauten und Anlagen heute zonenkonform, wenn sie entweder der bodenabhängigen Bewirtschaftung (landwirtschaftliche Bewirtschaftung oder produzierender Gartenbau) oder der inneren Aufstockung dienen (Art. 16a Abs. 1 und 2 RPG; Art. 34 Abs. 1 RPV). In der RPV wurde der zulässige Umfang einer landwirtschaftlichen inneren Aufstockung – die seit der RPG-Revision von 1998 als zonenkonform gilt – gegenüber der früheren bundesgerichtlichen Rechtsprechung stark ausgeweitet (vgl. dazu im Einzelnen Art. 36 und 37 RPV). Immerhin verlangte die RPV von 2000 noch, dass der Betrieb auf das Zusatzeinkommen angewiesen sein müsse, um längerfristig bestehen zu können. Mit der RPV-Revision von 2007 entfiel auch diese Voraussetzung.

2. Bauten für den Wohnbedarf

Nebst Betriebsgebäuden (sog. Ökonomiegebäuden) – die grundsätzlich für jeden Landwirtschaftsbetrieb erstellt werden können – sind bei landwirtschaftlichen Gewerben (vgl. dazu Art. 7 BGBB) auch Bauten für den Wohnbedarf zonenkonform, sofern dieser «für den Betrieb des entsprechenden landwirtschaftlichen Gewerbes unentbehrlich ist, einschliesslich des Wohnbedarfs der abtretenden Generation» (sog. «Stöckli»; Art. 34 Abs. 3 RPV). Die Schaffung von Wohnraum ausserhalb der Bauzonen ist mithin nur zulässig, wenn der Betrieb aus objektiven Gründen nicht von einer Bauzone aus bewirtschaftet werden kann. Nach der bundesgerichtlichen Rechtsprechung ist dies dann der Fall, wenn die *ständige Anwesenheit der bewirtschaftenden Personen aus betrieblichen Gründen erforderlich* ist. Dabei ist die Voraussetzung der Betriebsnotwendigkeit nach objektiven Kriterien zu beurteilen; auf die persönlichen Verhältnisse des jeweiligen Betriebsinhabers kommt es nicht an. Nach einem neueren Urteil des Bundesgerichts ist nicht entscheidend, ob sich die einzelnen Arbeiten auch von einer Wohnzone aus verrichten lassen. Massgebend sei vielmehr, «ob für die Führung des Betriebs insgesamt eine ständige Präsenz erforderlich ist». Hierfür seien nicht allein die technischen Möglichkeiten zur Automatisierung und Kontrolle der Arbeitsvorgänge von Bedeutung, sondern auch die Erfordernisse einer zweckmässigen und kostengünstigen Betriebsorganisation (BGer, 1C_647/2012, 3.9.2014, E. 6 [ZBl 2015 544 ff.]).

Soweit die ständige Anwesenheit des Personals betrieblich nicht nötig ist, gilt dessen Wohnraum nur dann als zonenkonform, wenn die *nächste Wohnzone weit entfernt und schwer erreichbar* ist. Dies ist noch nicht anzunehmen, wenn ein Fussmarsch von 20 bis 30 Minuten erforderlich ist, um an den Betriebsort zu gelangen (BGer, 1A.78/2006, 1.12.2006, E. 3.3 f., m.w.H.).

3. Weitere Bauten und Anlagen

Unter gewissen, einschränkenden Voraussetzungen sind in der Landwirtschaftszone ferner Bauten und Anlagen zonenkonform, die der *Aufbereitung*, der *Lagerung* oder dem *Verkauf* landwirtschaftlicher oder gartenbaulicher Produkte dienen (Art. 34 Abs. 2 RPV).

4. Generell: Bedürfnisnachweis, Interessenabwägung, längerfristiger Bestand

Gemäss Art. 34 Abs. 4 RPV setzt die Erteilung der Bewilligung für eine grundsätzlich zonenkonforme Baute oder Anlage generell voraus, dass «die Baute oder Anlage für die in Frage stehende Bewirtschaftung nötig ist» (lit. a; vgl. bereits Art. 16a Abs. 1 RPG), dass ihr «am vorgesehenen Standort keine überwiegenden Interessen entgegenstehen» (lit. b) und dass «der Betrieb voraussichtlich längerfristig bestehen kann» (lit. c). Dies gilt für *alle zonenkonformen Bauten und Anlagen in der Landwirtschaftszone*, unabhängig davon, ob sie der bodenabhängigen Bewirtschaftung oder der inneren Aufstockung dienen (BGE 133 II 370, E. 4.2). Im Gegensatz zu zonenkonformen Vorhaben innerhalb der Bauzonen sind bei – grundsätzlich zonenkonformen – Bauten und Anlagen in der Landwirtschafszone also ein Bedürfnisnachweis und eine Interessenabwägung erforderlich. Mithin ist eine *zweistufige Prüfung* vorzunehmen: Zunächst sind für das Vorhaben die spezifischen Bewilligungsvoraussetzungen zu prüfen; hernach müssen die Notwendigkeit (Bedürfnis), das überwiegende Interesse und der längerfristige Bestand geprüft werden.

Bedürfnisnachweis. Nach der Rechtsprechung des Bundesgerichts «beurteilt sich die Frage der Notwendigkeit der Erstellung oder der Veränderung einer Baute oder Anlage nach objektiven Kriterien. Sie hängt ab von der bestellten Oberfläche, von der Art des Anbaus und der Produktion sowie von der Struktur, Grösse und Erforderlichkeit der Bewirtschaftung (...). An der betrieblichen Notwendigkeit eines Neubaus fehlt es von vornherein, wenn die vorgesehene Nutzung (allenfalls nach Umbau) in einer bereits vorhandenen Baute möglich wäre (...). Ist eine Neubaute erforderlich, so muss diese den objektiven Bedürfnissen des Betriebs angepasst sein, namentlich mit Bezug auf ihre Grösse und ihren Standort (...). Sie darf insbesondere nicht überdimensioniert sein (...). Bei der Standortwahl ist der Bauherr nicht frei, sondern er muss nachweisen, dass die Baute oder Anlage am vorgesehenen Standort objektiv notwendig ist (...), d.h. ein schutzwürdiges Interesse daran besteht, die streitige Baute am gewählten Ort zu errichten und, nach Abwägung aller Interessen, kein anderer, besser geeigneter Standort in Betracht kommt» (BGer, 1C_565/2008, 19.6.2009, E. 2, m.w.H.).

Interessenabwägung: «Diese fällt – sofern mehrere Standorte zur Diskussion stehen – weitgehend mit der für die Standortwahl erforderlichen Interessenabwägung zusammen (...). Lenkender Massstab der Interessenabwägung bilden namentlich die Ziele und Grundsätze der Raumplanung, wobei die Anliegen des Landschaftsschutzes und der Erhaltung von genügend Flächen an geeignetem Kulturland von besonderer Bedeutung sind» (BGer, 1C_565/2008, 19.6.2009, E. 4.2.2, m.w.H.). Auch innerhalb der Landwirtschaftszone ist auf eine Konzentration der Bauten hinzuwirken (BGer, 1C_550/2009, 9.9.2010, E. 6.4.1).

Zur Voraussetzung, dass der Betrieb voraussichtlich *längerfristig bestehen* kann (Art. 34 Abs. 4 lit. c RPV), erwog das Bundesgericht Folgendes: «Raumplanungsrechtlich soll mit dieser Vorschrift sichergestellt werden, dass in der Landwirtschaftszone – die von Überbauungen weitestgehend freigehalten werden sollte (vgl. Art. 16 Abs. 1 RPG) – nicht unnötig neue Bauten und Anlagen bewilligt werden, die – infolge Betriebsaufgabe – schon nach kurzer Zeit wieder leer stehen» (BGE 133 II 370, E. 5).

5. Nicht: Bauten und Anlagen für die Freizeitlandwirtschaft

Nicht als zonenkonform gelten hingegen Bauten und Anlagen für die Freizeitlandwirtschaft (Art. 34 Abs. 5 RPV). Die *Abgrenzung* der (zonenwidrigen) Freizeitlandwirtschaft zur (zonenkonformen) landwirtschaftlichen Haupt- oder Nebenerwerbstätigkeit ist aufgrund der konkreten Umstände des Einzelfalls vorzunehmen. Eine landwirtschaftliche Bewirtschaftung liegt insbesondere dann vor, wenn der Betrieb längerfristig bestehen kann und ein dauernder, auf Wirtschaftlichkeit gerichteter und organisierter Einsatz von Kapital und Arbeit in einem wirtschaftlich bedeutsamen Umfang geleistet wird (BGer, 1C_8/2010, 29.9.2010, E. 2.2 und 2.3.3).

C. Spezial-/Intensivlandwirtschaftszonen

Bauten und Anlagen, die *über die Grenzen einer zulässigen inneren Aufstockung hinausgehen* – also überwiegend oder ausschliesslich der bodenunabhängigen Bewirtschaftung dienen –, können nur (aber immerhin) dann als zonenkonform bewilligt werden, wenn sie in einem Gebiet der Landwirtschaftszone erstellt werden sollen, das vom Kanton vorgängig in einem *Planungsverfahren* dafür freigegeben wurde (Art. 16a Abs. 3 RPG). Eine derartige Spezial- bzw. Intensivlandwirtschaftszone – der Begriff als solcher kommt im geltenden RPG nicht vor – muss eine Grundlage im Richtplan haben und durch einen Nutzungsplan (Rahmen- oder Sondernutzungsplan) ausgeschieden werden. Zu beachten sind dabei die Ziele und Grundsätze gemäss Art. 1 und 3 RPG (vgl. Art. 38 RPV).

Obwohl eine solche Zone gegebenenfalls dicht überbaut werden kann und mitunter das Erscheinungsbild einer Gewerbezone annimmt, handelt es sich immer noch um eine *bundesrechtliche Nichtbauzone.* Allerdings ist das für Bauzonen geltende Konzentrationsprinzip sinngemäss auch hier anzuwenden, um einen Wildwuchs und eine zufällige Verteilung von Bauten und Anlagen zu verhindern (BGE 141 II 50, E. 2.5). Die Umschreibung der Zonenkonformität richtet sich im Einzelnen nach dem kantonalen Recht; in Betracht kommen alle Bauten und Anlagen, die – unabhängig von der Produktionsmethode – der Herstellung eines Landwirtschaftsprodukts dienen (Treibhäuser, Masthallen usw.), einschliesslich der zugehörigen Verarbeitungs-, Lagerungs- und Verkaufsanlagen. Die Kantone können die zulässige Nutzweise auf bestimmte

Anlagetypen einschränken, aber nicht über die landwirtschaftliche Bewirtschaftung oder den produzierenden Gartenbau hinaus ausdehnen.

Art. 23g Abs. 3 VE-RPG 2 hält fest, dass Bauten und Anlagen für Landwirtschafts- oder Gartenbaubetriebe, *«bei denen insgesamt die bodenbewirtschaftende Tätigkeit nicht im Vordergrund steht»*, in einer normalen Landwirtschaftszone nicht zonenkonform sind und einer – nun ausdrücklich so bezeichneten – Speziallandwirtschaftszone bedürfen. Das geltende Recht sieht das Erfordernis einer Speziallandwirtschaftszone für Bauten und Anlagen vor, «die über eine innere Aufstockung hinausgehen» (Art. 16a Abs. 3 RPG). Die neue Formulierung soll dem Umstand Rechnung tragen, dass die Beurteilung, ob bei einem Betrieb die bodenbewirtschaftende Tätigkeit im Vordergrund steht, nicht nur durch bodenunabhängige, sondern auch durch weitere Betriebsteile beeinflusst wird. Deshalb soll jeweils eine Gesamtbetrachtung erfolgen, in die sämtliche Betriebsteile einbezogen werden.

In Art. 16a VE-RPG 2 sollen Speziallandwirtschaftszonen ausführlicher geregelt werden. Abs. 1 stellt – in Übereinstimmung mit dem soeben Ausgeführten – klar, dass Speziallandwirtschaftszonen den Bedürfnissen von Landwirtschafts- oder Gartenbaubetrieben dienen, «bei denen die bodenbewirtschaftende Tätigkeit nicht im Vordergrund steht».

D. Haltung und Nutzung von Pferden

Art. 16a^{bis} RPG – 2013 aufgrund einer parlamentarischen Initiative ins Gesetz eingefügt – erklärt Bauten und Anlagen für die Haltung und Nutzung von Pferden unter bestimmten Voraussetzungen als zonenkonform (vgl. auch Art. 34b RPV; BGer, 1C_144/2013, 29.9.2014 [ZBl 2015 210 ff.]).

E. Solaranlagen

Anlässlich einer Revision des Landwirtschaftsgesetzes von 2007 fügte der Gesetzgeber *en passant* – einer heute verbreiteten gesetzgeberischen Unsitte entsprechend – einen Art. 18a betreffend Solaranlagen (innerhalb und ausserhalb der Bauzonen) ins RPG ein. Anlässlich der RPG-Revision von 2012 änderte er die Bestimmung bereits wieder. Für «auf Dächern genügend angepasste Solaranlagen» (vgl. dazu Art. 32a Abs. 1 RPV) ersetzte er die Bewilligungspflicht durch eine blosse Meldepflicht (Art. 18a Abs. 1 RPG), wobei das kantonale Recht dies unter bestimmten Voraussetzungen ausdehnen bzw. einschränken kann (Abs. 2; vgl. dazu im Kanton Zürich § 2a BVV). «Solaranlagen auf Kultur- und Naturdenkmälern von kantonaler oder nationaler Bedeutung» sind stets bewilligungspflichtig (Abs. 3); allerdings präzisiert Art. 32b RPV lediglich, was Kultur-, nicht aber was Naturdenkmäler von kantonaler oder nationaler Bedeutung sind. Art. 18a Abs. 4 RPG enthält schliesslich eine eigentümliche, weitherum singuläre Regelung, wie die öffentlichen Interessen abstrakt zu gewichten sind: «Ansonsten gehen die Interessen an der Nutzung der Solarenergie auf bestehenden oder neuen Bauten den ästhetischen Anliegen grundsätzlich vor.»

Art. 18a RPG war gewiss gut gemeint, ist aber – auch in seiner zweiten Auflage – wenig durchdacht. Dass er sich offenkundig nicht auf die Grundsatzgesetzgebungskompetenz gemäss Art. 75 BV stützen kann (ebensowenig auf Art. 89 BV), sei hier nur am Rande angemerkt. Dies scheint den Gesetzgeber heute nicht mehr sonderlich zu interessieren.

IV. Zonenwidrige Bauten und Anlagen ausserhalb der Bauzonen

A. Erfordernis der Ausnahmebewilligung

Ausserhalb der Bauzonen befindet sich grundsätzlich *Nichtbaugebiet.* Die Erstellung von Bauten und Anlagen ist deshalb – abgesehen von den erwähnten Fällen zonenkonformen Bauens – unzulässig. Das Verbot steht unter einem Ausnahmevorbehalt; erforderlich ist dementsprechend nicht eine ordentliche Baubewilligung, sondern eine Ausnahmebewilligung.

Diese Aussage greift allerdings insofern zu kurz, als nicht jedes (Ausnahme-)Vorhaben ausserhalb der Bauzonen einer Ausnahmebewilligung zugänglich ist. Vielmehr bedarf ein Projekt unter Umständen einer planungsrechtlichen Grundlage. Umgekehrt dürfen die Voraussetzungen für eine Ausnahmebewilligung durch planerische Massnahmen – vor allem durch das Ausscheiden von Kleinstbauzonen ausserhalb des Siedlungsgebiets – aber auch nicht umgangen werden. Mit anderen Worten: Es stellt sich die Frage nach dem Verhältnis zwischen dem Institut der Ausnahmebewilligung einerseits und der Raumplanung anderseits.

B. Verhältnis Ausnahmebewilligung – Planung

1. Ausnahmebewilligung und Planungspflicht

Art. 2 Abs. 1 RPG lautet: «Bund, Kantone und Gemeinden erarbeiten die für ihre raumwirksamen Aufgaben nötigen Planungen (…)». Dies impliziert ganz generell eine *Planungspflicht* des Gemeinwesens. Das Bundesgericht erwog in grundsätzlicher Weise Folgendes: «Bau- und auch Ausnahmebewilligungen haben den planerischen Stufenbau zu beachten. Für Bauten und Anlagen, die ihrer Natur nach nur in einem Planungsverfahren angemessen erfasst werden können, dürfen keine Ausnahmebewilligungen erteilt werden. Zieht ein nicht zonenkonformes Vorhaben durch seine Ausmasse oder seine Natur bedeutende Auswirkungen auf die bestehende Nutzungsordnung nach sich, so darf es erst nach einer entsprechenden Änderung des Zonenplans bewilligt werden. Wann ein nicht zonenkonformes Vorhaben so gewichtig ist, dass es der Planungspflicht nach Art. 2 RPG untersteht, ergibt sich aus den Planungsgrundsätzen und -zielen (Art. 1 und 3 RPG), dem kantonalen Richtplan und der Bedeutung des Projekts im Lichte der im Raumplanungsgesetz und im kantonalen Recht festgelegten Verfahrensordnung (Art. 4 und 33 f. RPG; ...)» (BGE 124 II 252, E. 3; seither ständige Rechtsprechung).

Das Bundesgericht bejahte die Planungspflicht etwa für grössere Abbau- und Deponievorhaben. In der Regel sind Anlagen, für welche eine Umweltverträglichkeitsprüfung vorgeschrieben ist, nur auf dem Weg der Nutzungsplanung realisierbar. Allerdings ist die UVP-Pflicht des Vorhabens nicht das einzig massgebliche Kriterium. «Auch ein Vorhaben, welches nicht der Umweltverträglichkeitsprüfungspflicht untersteht und nur eine beschränkte Bodenfläche beansprucht, kann Auswirkungen haben, die weit über den eigentlichen Standort hinausreichen, sodass bei der Prüfung der Raum- und Umweltverträglichkeit Koordinationsprobleme entstehen können. In solchen Fällen ist der Erlass eines vorgängigen Sondernutzungsplans sachgerecht, da dieses Verfahren eine umfassende und gesamtheitliche Beurteilung der Wirkungen des Projekts ermöglicht» (BGer, 1C_7/2012, 11.6.2012, E. 2.4 [ZBl 2013 281 ff.]).

Beispiele:

- Das Zonenreglement einer Skisportzone – einer «weiteren Nutzungszone» im Sinn von Art. 18 Abs. 1 RPG, welche die Landwirtschaftszone überlagerte und als Nichtbauzone zu qualifizieren war – liess Beschneiungsanlagen grundsätzlich zu. Das Bundesgericht hielt indessen fest, die Schaffung einer Skisportzone in einem Rahmennutzungsplan genüge nicht, um solche Anlagen in Anwendung von Art. 24 RPG zu bewilligen, da sie bedeutende Auswirkungen auf Raum und Umwelt haben könnten. Deshalb gebiete die Planungspflicht gemäss Art. 2 RPG, dass die Interessenabwägung im Rahmen einer Sondernutzungsplanung vorgenommen wird, welche eine detaillierte Prüfung der Auswirkungen auf die Umwelt umfasst (BGer, 1A.185/2004, 25.7.2005; vgl. auch BGer, 1C_57/2011, 17.10.2011, E. 2.1).
- Anderseits liess das Bundesgericht eine Ausnahmebewilligung nach Art. 24 RPG für den Ersatz eines bestehenden Hafens durch

eine neue Anlage genügen und verneinte das Erfordernis einer projektbezogenen Nutzungsplanung. Es hielt fest, dass den kantonalen Behörden in Grenzfällen ein gewisser Ermessensspielraum zustehe, sich für das eine oder andere Verfahren zu entscheiden (BGer, 1A.73–77/2002, 6.10.2003 [ZBl 2005 369 ff.]).

2. Umgehung von Art. 24 RPG durch planerische Massnahmen

Eine Konstellation unter umgekehrten Vorzeichen liegt vor, wenn eine raumplanerische Massnahme getroffen wird, die auf eine Umgehung von Art. 24 RPG hinausläuft, insbesondere im Zusammenhang mit der Schaffung von *Kleinstbauzonen ausserhalb des richtplanerischen Siedlungsgebiets.* Anfänglich orientierte sich das Bundesgericht strikt an den Kriterien von Art. 24 RPG; in der Folge verfeinerte es seine Praxis wie folgt: «Nach der bundesgerichtlichen Rechtsprechung ist die Schaffung einer Bauzone für ein konkretes Projekt zulässig, wenn die Planungsmassnahme den Zielen und Grundsätzen der Nutzungsplanung gemäss RPG entspricht. Ist dies der Fall, so ist sie rechtmässig und stellt keine Umgehung von Art. 24 RPG dar, auch wenn eine Ausnahmebewilligung für das Bauvorhaben ausgeschlossen wäre. Eine Umgehung von Art. 24 RPG ist nur anzunehmen, wenn mit der fraglichen Planungsmassnahme eine unzulässige Kleinstbauzone geschaffen wird oder wenn sie sonst auf einer sachlich nicht vertretbaren Interessenabwägung beruht. Kleinbauzonen sind im Allgemeinen unzulässig, wenn sie gegen das raumplanerische Ziel verstossen, die Siedlungstätigkeit in Bauzonen zusammenzufassen und die Streubauweise für nicht freilandgebundene Bauten zu verhindern. Ermöglicht eine Kleinstbauzone jedoch keine zusätzliche Streubauweise, sondern einzig eine geringfügige Erweiterung bereits bebauten Gebiets oder die massvolle Erweiterung bestehender Bauten, ist sie zulässig, sofern sie auch sonst auf einer sachlich vertretbaren Interessenabwägung beruht» (BGer, 1A.271/2005, 26.4.2006, E. 3.1, m.w.H. [ZBl 2007 30 ff.]).

Beispiele:

- Zu beurteilen war die Festsetzung einer Erholungszone anstelle der Landwirtschaftszone, um die Erweiterung einer bestehenden Pferdesportanlage zu ermöglichen. Der in Frage stehende Betrieb befand sich indessen nicht am Rand des planerisch ausgeschiedenen Siedlungsgebiets, und es bestand auch sonst kein Siedlungszusammenhang. Gestützt auf seine vorstehend wiedergegebene Rechtsprechung kam das Bundesgericht zum Schluss, dass die Festsetzung der Erholungszone «krass gegen die öffentlichen Interessen an der Trennung des Bau- vom Nichtbaugebiet» verstosse. Die Schaffung der Erholungszone, mit der das richtplanerische Nichtsiedlungsgebiet durchstossen werde, stelle eine «krasse Verletzung der Ziele und Grundsätze im Sinne von Art. 1 und 3 RPG» dar (BGer, 1A.16/2006, 26.7.2006, E. 2.2.8 und 3.2).
- Eine unzulässige Kleinbauzone wurde ferner mit einem Gestaltungsplan geschaffen, der die Modernisierung und den Ausbau eines bestehenden Garagenbetriebs in der Landwirtschaftszone ermöglichen sollte. Die vom fraglichen Betrieb bisher beanspruchte Bodenfläche wäre mit dem Gestaltungsplan um 65 % vergrössert worden; ausserdem sollte der Garagenbetrieb durch Neubauten erheblich erweitert werden (BGer, 1C_118/2011, 15.9.2011, E. 4.5).

C. Ausnahmetatbestände

1. Grundtatbestand

a) Anwendungsbereich

Art. 24 RPG war ursprünglich der einzige Ausnahmetatbestand für Bauten und Anlagen ausserhalb der Bauzonen. Er bestand aus zwei Absätzen, deren zweiter die sog. Besitzstandsgarantie betraf und mit der RPG-Revision von 1998 aufgehoben wurde (vgl. nun Art. 24c RPG). In wohltuendem Gegensatz zu den 1998 eingefügten und später sukzessive erweiterten Spezialtatbeständen kann Art. 24 RPG sowohl in konzeptioneller als auch in rechtsetzungstechnischer Hinsicht als geglückt, ja geradezu mustergültig bezeichnet werden. Er lautet:

«Abweichend von Artikel 22 Absatz 2 Buchstabe a können Bewilligungen erteilt werden, Bauten und Anlagen zu errichten oder ihren Zweck zu ändern, wenn:

a. der Zweck der Bauten und Anlagen einen Standort ausserhalb der Bauzonen erfordert; und

b. keine überwiegenden Interessen entgegenstehen.»

Die Anwendung von Art. 24 RPG setzt das Vorliegen einer baubewilligungspflichtigen Baute oder Anlage gemäss Art. 22 Abs. 1 RPG voraus (BGE 139 II 134, E. 5.2). Aus der Sachüberschrift («Ausnahmen für Bauten und Anlagen ausserhalb der Bauzonen») sowie aus lit. a ergibt sich, dass die Regelung nur für Bauten und Anlagen ausserhalb der Bauzonen gilt. Die Einleitung («Abweichend von Artikel 22 Absatz 2 Buchstabe a») verdeutlicht, dass der Ausnahmetatbestand nicht auf sämtliche Regelverstösse anwendbar ist – also z.B. nicht auf eine Verletzung der kantonalen Grenzabstandsvorschriften –, sondern lediglich auf Abweichungen vom Erfordernis der *Zonenkonformität.* Er regelt somit, wann zonenwidrige Bauten und Anlagen ausserhalb der Bauzonen ausnahmsweise bewilligt werden können. Dies macht er – kumulativ – davon abhängig, dass das Vorhaben standortgebunden ist und dass ihm keine überwiegenden Interessen entgegenstehen, was eine umfassende Interessenabwägung erfordert.

b) Voraussetzungen

aa) Standortgebundenheit

«Die Standortgebundenheit im Sinne von Art. 24 lit. a RPG ist nach ständiger bundesgerichtlicher Praxis zu bejahen, wenn eine Anlage aus technischen oder betriebswirtschaftlichen Gründen oder wegen der Bodenbeschaffenheit auf einen Standort ausserhalb der Bauzone angewiesen ist oder wenn ein Werk aus bestimmten Gründen in einer Bauzone ausgeschlossen ist» (BGE 136 II 214, E. 2.1, m.w.H.). Die Standortgebundenheit ist mithin entweder eine positive oder eine negative:

- *Positive Standortgebundenheit:* Die Baute oder Anlage ist auf einen Standort ausserhalb der Bauzonen angewiesen. Typische Beispiele sind Bergstationen von Seilbahnen oder Bergrestaurants: «Bergrestaurants ausserhalb der Bauzonen werden nach der bundesgerichtlichen Rechtsprechung grundsätzlich als standortgebunden anerkannt, da sie aus betriebswirtschaftlichen Gründen auf den Standort ausserhalb der Bauzonen angewiesen sind (...). Dies bedeutet jedoch nicht, dass jeder Standort auf einem Berggipfel für ein Restaurant beansprucht werden darf. Eine Prüfung der Standortgebundenheit erscheint unvollständig, wenn dabei keine Auseinandersetzung mit möglichen Alternativstandorten oder -lösungen stattfindet» (BGE 136 II 214, E. 2.2).
- *Negative Standortgebundenheit:* Die Baute oder Anlage könnte auch innerhalb der Bauzonen erstellt werden, würde dort aber andere Nutzungen beeinträchtigen, insbesondere aufgrund der damit verbundenen Immissionen (Beispiele: Tierheim, Abfalldeponie).

Dabei genügt eine *relative Standortgebundenheit.* Es ist nicht – im Sinne einer absoluten Standortgebundenheit – erforderlich, dass überhaupt kein anderer Standort in Betracht fällt; «es müssen jedoch besonders wichtige und objektive Gründe vorliegen, die den vorgesehenen Standort gegenüber anderen Standorten innerhalb der Bauzone als viel vorteilhafter erscheinen lassen» (BGE 136 II 214, E. 2.1, m.w.H.). Generell ergibt sich aus dem Trennungsgrundsatz, dass an die Standortgebundenheit *hohe Anforderungen* zu stellen sind. Diese darf also nicht leichthin bejaht werden (BGer, 1C_328/2010, 7.3.2011, E. 3.2).

In Art. 39 RPV findet sich der etwas eigentümliche Versuch des Verordnungsgebers, das Kriterium der Standortgebundenheit für *Bauten in Streusiedlungsgebieten* sowie *landschaftsprägende Bauten* zu konkretisieren (vgl. dazu BGE 137 II 338). Die Gesetzeskonformität dieser Regelung, die sich trotz ihrer sachlichen Nähe zu Art. 24d

RPG als Ausführungsbestimmung zu Art. 24 lit. a RPG versteht, wird in der Literatur in Zweifel gezogen.

bb) Umfassende Interessenabwägung

Kumulativ zum Erfordernis der Standortgebundenheit ist gemäss Art. 24 lit. b RPG in jedem Fall eine umfassende Interessenabwägung vorzunehmen, in die sämtliche relevanten öffentlichen und privaten Interessen einzubeziehen sind (zur Methode der Interessenabwägung siehe S. 26 f.). Dabei ist die Interessenabwägung vorab auf die Planungsziele und -grundsätze gemäss Art. 1 und 3 RPG auszurichten. Soweit allerdings «das positive Verfassungs- und Gesetzesrecht einzelne Aspekte der Interessenabwägung konkret regelt, ist vorweg zu klären, ob das Vorhaben mit diesen Vorschriften zu vereinbaren ist. Erst wenn dies zutrifft, ist die Abwägung aller zu berücksichtigenden Interessen koordiniert durchzuführen» (BGE 134 II 97, E. 3.1). «Zu prüfen ist weiter, ob sich für das Bauvorhaben allenfalls besser geeignete Alternativstandorte anbieten (...). Dabei ist jenem Standort der Vorzug zu geben, der sich bei Abwägung aller räumlich wesentlichen Interessen als der geeignetste erweist» (BGer, 1A.122/2004, 30.5.2005, E. 3.1 [URP 2005 529 ff.]).

2. Spezialtatbestände

Die nachfolgend dargestellten Spezial-Ausnahmetatbestände wurden durch die RPG-Revision von 1998 eingefügt und durch die RPG-Revision von 2007 sowie nachfolgende, punktuelle Gesetzesrevisionen teilweise geändert oder erweitert (vgl. auch S. 7 ff.).

a) Zweckänderungen ohne bauliche Massnahmen

Gemäss Art. 24a RPG ist die Bewilligung für eine Zweckänderung ausserhalb der Bauzonen zu erteilen, wenn diese keine bewilligungspflichtige bauliche Massnahme im Sinn von Art. 22 Abs. 1 RPG erfordert, überdies «keine neuen Auswirkungen auf Raum,

Erschliessung und Umwelt entstehen» (lit. a) und «sie nach keinem anderen Bundeserlass unzulässig ist» (lit. b). Unter diesen drei Voraussetzungen ist eine Zweckänderung zu bewilligen, und zwar unabhängig vom Erfordernis der Standortgebundenheit.

Beispiele: Umnutzung ehemals landwirtschaftlich genutzter Wohnräume in Wohnräume für Feriengäste (ohne Aus- und Umbauten); Einlagerung von Booten in einer am See gelegenen Scheune.

Dieser Spezialtatbestand hat eine geringe praktische Bedeutung: Einerseits kommen die wenigsten Zweckänderungen gänzlich ohne bewilligungspflichtige bauliche Massnahmen aus. Anderseits «ist nicht massgebend, ob die neuen Auswirkungen erheblich oder bloss geringfügig sind; sobald die Zweckänderung mit einer Mehrbelastung der Erschliessung oder der Umwelt verbunden ist, fällt eine Bewilligung nach Art. 24a RPG ausser Betracht» (BGer, 1C_243/2008, 16.10.2008, E. 3.1).

b) Nichtlandwirtschaftliche Nebenbetriebe von landwirtschaftlichen Gewerben

Kam der Grundtatbestand von Art. 24 RPG noch mit einem Absatz und zwei Kriterien aus, besteht Art. 24b RPG betreffend nichtlandwirtschaftliche Nebenbetriebe in seiner heutigen Fassung aus acht Absätzen, ergänzt durch Art. 40 RPV, der etwa gleich lang ist.

Gemäss Art. 24b Abs. 1 RPG können bauliche Massnahmen zur Einrichtung eines *betriebsnahen nichtlandwirtschaftlichen Nebenbetriebs* in bestehenden Bauten und Anlagen bewilligt werden, wenn es sich um ein landwirtschaftliches Gewerbe im Sinne des BGBB handelt und dieses ohne ein *Zusatzeinkommen* nicht weiterbestehen kann. In Anlehnung an den Begriff der inneren Aufstockung bezeichnet man dies auch als «kleingewerbliche Aufstockung». Beispiele sind etwa die Einrichtung einer Schreinerei oder einer kleineren mechanischen Werkstatt. Die Absicht des Gesetzgebers bestand darin, mit der Möglichkeit solcher kleingewerblicher Aufstockungen denjenigen Bauernbetrieben zu helfen, welche als Folge des

Strukturwandels in der Landwirtschaft ohne Zusatzeinkommen existenziell gefährdet sind. Der Nebenbetrieb darf jedoch nur in bereits bestehenden Gebäuden errichtet werden; es sind weder Neubauten noch spätere Erweiterungen zulässig. Ferner dürfen keine ständigen Mitarbeiter beschäftigt werden (Abs. 2).

Der Betriebsinhaber muss mittels eines Betriebskonzepts (vgl. Art. 40 Abs. 2 RPV) nachweisen, dass die zusätzlichen Einnahmen aus dem nichtlandwirtschaftlichen Nebenbetrieb erforderlich sind, um den landwirtschaftlichen Betrieb *längerfristig,* d.h. während der nächsten 15 bis 25 Jahre, zu erhalten. «Im Unterschied zu den Ausnahmeregelungen in Art. 24a, 24c, 24d und 24b Abs. 1bis RPG kommt den nichtlandwirtschaftlichen Nebenbetrieben nach Art. 24b Abs. 1 RPG subsidiärer Charakter zu. Erst wenn sich ein landwirtschaftliches Gewerbe nicht mehr anders halten lässt, sollen derartige Nutzungen möglich sein» (BGer, 1C_376/2009, 30.7.2010, E. 3.6).

Mit der RPG-Revision von 2007 wurden auch *Nebenbetriebe mit einem engen sachlichen Bezug zum landwirtschaftlichen Gewerbe* zugelassen (Abs. 1bis). Dazu gehören nach Art. 40 Abs. 3 RPV insbesondere «Angebote des Agrotourismus wie Besenwirtschaften, Schlafen im Stroh, Gästezimmer auf dem Bauernhof, Heubäder» (lit. a); ferner «sozialtherapeutische und pädagogische Angebote, bei denen das Leben und soweit möglich die Arbeit auf dem Bauernhof einen wesentlichen Bestandteil der Betreuung ausmachen» (lit. b; hierzu VGer, VB.2011.00273, 18.8.2011, E. 4.3.2 [BEZ 2011 Nr. 50]). Diese Nebenbetriebe werden gegenüber Nebenbetrieben ohne derartigen engen Zusammenhang in dreifacher Hinsicht *privilegiert:* Erstens ist der Nebenbetrieb auch dann zulässig, wenn der Bewirtschafter nicht auf ein Zusatzeinkommen angewiesen ist. Zweitens sind für solche Nebenbetriebe auch massvolle Erweiterungen bis zu einer Fläche von 100 m^2 möglich, wenn in den bestehenden Bauten und Anlagen kein oder zu wenig Raum zur Verfügung steht (Art. 40 Abs. 4 RPV). Und drittens darf Personal angestellt werden, welches überwiegend oder ausschliesslich für den Nebenbetrieb tätig ist, wobei die in diesem Betriebsteil anfallende Arbeit zum überwiegenden Teil von der Bewirtschafterfamilie geleistet werden muss (Art. 24b Abs. 2 RPG).

Der VE-RPG 2 will Nebenbetriebe *ohne* engen sachlichen Bezug zum landwirtschaftlichen Gewerbe nicht mehr zulassen (vgl. Art. 23g Abs. 1 lit. e und 23i; Art. 24b soll aufgehoben werden).

c) *Besitzstandsgarantie*

aa) *Begriff und Anwendungsbereich*

Art. 24c Abs. 1 RPG formuliert für den Bereich ausserhalb der Bauzonen die sog. Besitzstandsgarantie: «Bestimmungsgemäss nutzbare Bauten und Anlagen ausserhalb der Bauzonen, die nicht mehr zonenkonform sind, werden in ihrem Bestand grundsätzlich geschützt.» Art. 41 RPV in seiner ursprünglichen Fassung präzisierte den Anwendungsbereich wie folgt: «Artikel 24c RPG ist anwendbar auf Bauten und Anlagen, die seinerzeit in Übereinstimmung mit dem materiellen Recht erstellt oder geändert wurden, durch die nachträgliche Änderung von Erlassen oder Plänen jedoch zonenwidrig geworden sind.» Art. 24c RPG betrifft bzw. betraf mithin Bauten und Anlagen ausserhalb der Bauzonen, die *ursprünglich rechtmässig erstellt* worden waren und *durch spätere Rechtsänderung zonenwidrig* wurden. Dies entspricht bzw. entsprach dem allgemein anerkannten Verständnis des Begriffs «Besitzstandsgarantie». Es handelt(e) sich also um einen intertemporalrechtlichen, durch eine Rechtsänderung verursachten Tatbestand. Massgebender *Stichtag* ist in der Regel der 1. Juli 1972 (BGE 129 II 396, E. 4.2.1); damals trat das GSchG von 1971 in Kraft, welches das Bauen ausserhalb der Bauzonen erstmals einer einschränkenden bundesrechtlichen Regelung unterwarf (vgl. S. 6). Auf einen späteren Zeitpunkt ist abzustellen, wenn ein Grundstück nach diesem Datum dem Nichtbaugebiet zugewiesen wurde.

Dieses Verständnis von Art. 24c wurde durch die 2011 erfolgte Änderung der Bestimmung – mit der eine erhebliche Erweiterung ihres Anwendungsbereichs einherging (siehe nachstehend cc) – stark verunklärt. Nichts geändert hat sich in Bezug auf die Voraussetzung, dass die Baute bzw. Anlage ursprünglich rechtmässig erstellt worden sein und am massgebenden Stichtag bereits bestanden haben muss (trifft Letzteres nicht zu, so gelangt Art. 24d Abs. 1 RPG zur Anwendung). Art. 41 Abs. 1 RPV bezeichnet dies nun als *altrechtliche* Bauten und Anlagen. Bei landwirtschaftlichen Wohnbauten und angebauten Ökonomiebauten bedarf es indessen nicht mehr einer späteren Rechtsänderung, um in den Anwendungsbereich von Art. 24c zu fallen; neu ist dies auch bei einer *Nutzungsänderung* (Aufgabe der landwirtschaftlichen Nutzung) der Fall, also bei einer eigenmächtigen tatsächlichen Handlung. Damit hat der Gesetzgeber das bisherige Begriffsverständnis von «Besitzstandsgarantie» gesprengt und einen Paradigmenwechsel vollzogen: Geschützt wird nicht der bisherige Besitzstand, d.h. die bisherige, inzwischen rechtswidrig gewordene Nutzung; vielmehr wird eine neue Nutzung (nichtlandwirtschaftliches Wohnen) erlaubt, die nach früherem Recht einmal zulässig gewesen wäre.

Innerhalb der Bauzonen kommt die Besitzstandsgarantie nach Massgabe des kantonalen Rechts zum Tragen; im Kanton Zürich ist insbesondere § 357 PBG einschlägig (siehe S. 234 ff.).

Die *dogmatische Herleitung* der Besitzstandsgarantie ist nicht gefestigt. Lehre und Rechtsprechung führen sie in der Regel auf die Eigentumsgarantie (Art. 26 Abs. 1 BV) und den Vertrauensschutz (Art. 5 Abs. 3 und Art. 9 BV) zurück. Oftmals wird die Besitzstandsgarantie zusätzlich aus dem Rückwirkungsverbot abgeleitet. Vereinzelt erfolgt die Herleitung ausschliesslich aus dem Vertrauensgrundsatz.

In der Praxis wird die Besitzstandsgarantie häufig als *«Bestandesgarantie»* bezeichnet; dieser Begriff sollte im vorliegenden Zusammenhang jedoch vermieden werden, weil er sich für die Hauptbedeutung der Eigentumsgarantie eingebürgert hat, nämlich den Schutz der konkreten Vermögensrechte des Einzelnen.

bb) Erweiterte Besitzstandsgarantie

Art. 24c Abs. 2 RPG normiert eine erweiterte, d.h. über den reinen Bestandesschutz gemäss Abs. 1 hinausgehende Besitzstandsgarantie. (Beachte: Seit der RPG-Revision von 2007 können die Kantone einschränkende Bestimmungen erlassen [Art. 27a RPG].) Art. 24 Abs. 2 RPG nennt vier Tatbestände:

- *Erneuerung* (Renovation): Mit dieser in erster Linie auf Werterhaltung ausgerichteten Massnahme wird die Besitzstandsgarantie noch nicht oder jedenfalls nur unwesentlich erweitert.
- *Teilweise Änderung:* Unter diesen Tatbestand fallen nebst inneren Umbauten und äusseren Erweiterungen auch Zweckänderungen, allerdings nur partielle, d.h. keine vollständigen. Wichtigster Anwendungsfall der teilweisen Änderung ist die (vom Gesetzgeber separat erwähnte) massvolle Erweiterung.
- *Massvolle Erweiterung:* Für diesen praktisch bedeutendsten Tatbestand formuliert Art. 42 Abs. 3 RPV quantitative Obergrenzen, die mit der RPV-Revision von 2007 erheblich gelockert wurden: Innerhalb des bestehenden Gebäudevolumens darf die anrechenbare Bruttogeschossfläche bis 60% erweitert werden (lit. a). Ist eine Erweiterung ausserhalb des bestehenden Gebäudevolumens zulässig – was unter den Voraussetzungen von Art. 24c Abs. 4 RPG der Fall ist –, so darf die Gesamtfläche bis 30%, maximal aber um 100 m^2, erweitert werden (lit. b).
- *Wiederaufbau:* Die Zulässigkeit eines Wiederaufbaus setzt voraus, dass die Baute oder Anlage im Zeitpunkt der Zerstörung oder des Abbruchs noch bestimmungsgemäss nutzbar war (Art. 42 Abs. 4 RPV). Sie darf sich also nicht bereits in einem baufälligen Zustand befunden haben; denn mit dem Ablauf der Lebensdauer einer Baute oder Anlage erlischt auch der Bestandesschutz.

Eine teilweise Änderung und eine massvolle Erweiterung setzen weiter – bzw. in erster Linie – voraus, dass die *Identität der Baute bzw. Anlage* «in den wesentlichen Zügen» gewahrt bleibt (Art. 42 Abs. 1 RPV), was unter Würdigung der gesamten Umstände zu beurteilen ist (Abs. 3 Ingress). Massgebend sind der Umfang, die äussere Erscheinung und die Zweckbestimmung der Baute; ferner darf die Änderung keine wesentlichen neuen Auswirkungen auf die Nutzungsordnung, die Erschliessung und die Umwelt zur Folge haben (BGE 127 II 215, E. 3a). Damit die Identität der Baute oder Anlage nicht schleichend verändert werden kann – durch mehrere zeitlich gestaffelte Änderungen –, muss ein massgeblicher Vergleichszustand definiert werden. Dies ist der Zustand, in dem sich die Baute oder Anlage im Zeitpunkt der Zuweisung zum Nichtbaugebiet befand (Abs. 2).

Zu beachten ist, dass das *Wiederaufbaurecht* die Besitzstandsgarantie besonders weit ausdehnt, weil es nicht auf Bauten beschränkt ist, welche unfreiwillig zerstört wurden, sondern auch für Bauten gilt, die freiwillig abgebrochen und durch neue ersetzt werden (vgl. Art. 42 Abs. 4 Satz 1 RPV: «im Zeitpunkt der Zerstörung oder des Abbruchs»). Ja es gilt sogar für jeden Erwerber einer altrechtlichen Baute: Dieser darf das bestandesgeschützte Gebäude abbrechen und ein neues erstellen – und das unter dem Titel Besitzstandsgarantie! Mit den Zielen von Art. 75 Abs. 1 BV dürfte dies kaum noch zu vereinbaren sein.

Schliesslich behält Art. 24c Abs. 5 RPG die «Vereinbarkeit mit den wichtigen Anliegen der Raumplanung» vor. Dies erfordert in jedem Einzelfall eine *umfassende Interessenabwägung,* welche derjenigen gemäss Art. 24 lit. b RPG entspricht. Somit unterscheiden sich die Tatbestände der erweiterten Besitzstandsgarantie vom Grundtatbestand (Art. 24 RPG) durch das Fehlen des Erfordernisses der Standortgebundenheit.

cc) *Revision von 2011*

Nichtlandwirtschaftliche Wohnbauten ausserhalb der Bauzonen, die rechtmässig vor dem 1. Juli 1972 bzw. einer allfälligen späteren Zuweisung zum Nichtbaugebiet erstellt worden sind, kamen schon bisher in den Genuss der erweiterten Besitzstandsgarantie gemäss Art. 24c Abs. 2 RPG; dies unabhängig davon, ob sie von Anfang an als nichtlandwirtschaftliche Wohnbaute erstellt oder vor dem Stichtag in nichtlandwirtschaftliches Wohnen umgenutzt worden waren. Für Wohnbauten ausserhalb der Bauzonen, die am massgebenden Stichtag noch zu Landwirtschaftszwecken genutzt und *erst später in eine nichtlandwirtschaftliche Wohnnutzung überführt* wurden – insbesondere zufolge Betriebsaufgabe –, galt diese Privilegierung bisher nicht; auf solche Bauten war jedoch Art. 24d Abs. 1 RPG anwendbar (Grundsatz «Wohnen bleibt Wohnen»; vgl. S. 150 f.).

Aufgrund einer Standesinitiative des Kantons St. Gallen ergänzte das Parlament Art. 24c RPG am 23. Dezember 2011 durch drei neue Absätze (vgl. S. 9) und dehnte die entsprechenden baulichen und nutzungsmässigen Möglichkeiten generell auf *«landwirtschaftliche Wohnbauten sowie angebaute Ökonomiebauten»* aus, «die rechtmässig erstellt oder geändert worden sind, bevor das betreffende Grundstück Bestandteil des Nichtbaugebietes im Sinne des Bundesrechts wurde» (Abs. 3), die also *am massgebenden Stichtag bereits existierten.* Zum besseren Verständnis wäre zu ergänzen: «... und deren landwirtschaftliche Nutzung später aufgegeben wurde». Denn ohne eine spätere Nutzungsänderung würde es sich ja immer noch um eine zonenkonforme landwirtschaftliche Nutzung handeln. (Besonders verwirrend und gänzlich überflüssig ist der Zusatz «oder geändert» in Abs. 3. Er bezieht sich nicht auf die spätere Nutzungsänderung, sondern auf eine allfällige zonenkonforme bauliche oder sonstige Änderung vor dem massgebenden Stichtag.)

Veränderungen am äusseren Erscheinungsbild – z.B. im Rahmen eines Wiederaufbaus – sind zulässig, müssen gemäss Abs. 4 aber strengen Anforderungen genügen. So müssen sie «für eine zeitgemässe

Wohnnutzung oder eine energetische Sanierung nötig oder darauf ausgerichtet sein, die Einpassung in die Landschaft zu verbessern».

Die neue Regelung ruft in mehrfacher Hinsicht der *Kritik:* Erstens ist sie nicht verständlich. Man muss wissen, was der Gesetzgeber meinte, und dies in den Gesetzestext hineininterpretieren. Zweitens (und vor allem) ist sie völlig überschiessend. Sie wollte zwar das Stichtags-Problem lösen – d.h. die zunehmenden Schwierigkeiten, festzustellen, wie eine bestimmte Baute im Jahr 1972 genutzt wurde –, schafft jedoch darüber hinausgehend, jedenfalls an attraktiven Lagen, einen Anreiz, die landwirtschaftliche Nutzung *heute* aufzugeben und das Wohngebäude zum Preis für exklusives Bauland zu verkaufen; dies deshalb, weil der Erwerber das alte Gebäude nun abbrechen und ein neues erstellen darf. Drittens liegt, jedenfalls nach ursprünglichem Verständnis, gar kein Besitzstands-Tatbestand vor, da die betreffenden Bauten bis zu ihrer Umnutzung bzw. bis zu ihrem Ersatz zonenkonform waren. Es handelt sich vielmehr um ein vom Gesetzgeber eingeräumtes Privileg, eine bislang rechtskonforme Nutzung in eine rechtswidrige zu überführen und diese durch einen Ersatzbau sogar zu perpetuieren (vgl. MUGGLI, in: Praxiskommentar RPG II, Art. 24c N. 18). Viertens war der gleiche Tatbestand bereits 1998 geregelt und 2007 revidiert worden, nämlich in Art. 24d Abs. 1 RPG; es bestand also nicht etwa eine Regelungslücke, sondern einfach ein plötzliches, anderes Regelungsbedürfnis des Gesetzgebers.

Die Konsequenzen dieser Gesetzesänderung für das *Landschaftsbild* werden mittelfristig erheblich sein: Wo zuvor regionaltypische Bauernhäuser standen, entstehen neu – an zum Teil exponierten Lagen fernab des Siedlungsgebiets – gesichtslose Einfamilienhäuser und Villen. Willkommene neue Steuerzahler haben gewiss eine eigene Vorstellung davon, wie weit «Veränderungen am äusseren Erscheinungsbild» möglich sein sollen.

dd) Besondere Konstellationen

Für Bauten und Anlagen ausserhalb der Bauzonen, die bereits *materiell rechtswidrig erstellt* worden waren, von den Behörden in der Folge jedoch geduldet wurden und deshalb aus Gründen des Vertrauensschutzes fortbestehen dürfen (vgl. S. 239 f.), gilt lediglich (aber immerhin) eine eingeschränkte Besitzstandsgarantie: Sie dürfen mittels Vorkehrungen, für welche keine Baubewilligung erforderlich ist, bis zum Ablauf ihrer Lebensdauer instandgehalten werden (sog. «kleiner Unterhalt»); hingegen hat der Eigentümer keinen Anspruch darauf, die Baute oder Anlage mit bewilligungspflichtigen Massnahmen zu erneuern, teilweise zu ändern, zu erweitern oder wiederaufzubauen (BGer, 1A.17/2004, 19.5.2004, E. 2.2.6 f. [ZBl 2005 384 ff.]).

Gemäss Art. 37a RPG regelt der Bundesrat – so geschehen in Art. 43 RPV –, unter welchen Voraussetzungen *Zweckänderungen zonenwidrig gewordener gewerblicher Bauten und Anlagen* ausserhalb der Bauzonen zulässig sind (wobei Art. 43 RPV insoweit gesetzwidrig ist, als er nicht nur Zweckänderungen, sondern auch Erweiterungen zulässt; vgl. die Hinweise in BGer, 1C_382/2016, 6.4.2017, E. 2.2). Art. 37a RPG bezweckt die Erhaltung von Gewerbebetrieben ausserhalb der Bauzonen und stellt im Verhältnis zu Art. 24c RPG eine Spezialregelung dar; Wiederaufbauten werden von ihm allerdings nicht erfasst und richten sich deshalb nach Art. 24c (BGer, 1C_382/2016, 6.4.2017, E. 2.2). Gleich wie Art. 24c ist Art. 37a nur auf solche Bauten und Anlagen anwendbar, die seinerzeit in Übereinstimmung mit dem materiellen Recht erstellt wurden. Art. 37a privilegiert gewerblich genutzte Bauten gegenüber anderen altrechtlichen Bauten ausserhalb der Bauzonen aber insofern, als er – im Gegensatz zu Art. 24c Abs. 2 – nicht nur eine teilweise, sondern auch eine vollständige Zweckänderung zulässt (BGer, 1A.186/2004, 12.5.2005). Ausgeschlossen ist jedoch eine vollständige Umwandlung von Gewerbe- in Wohnraum; eine Wohnnutzung ist nur statthaft, wenn die neue betriebliche Ausrichtung eine solche erfordert und wenn sie im Verhältnis zur gewerblichen Nutzung nicht im

Vordergrund steht (BGE 140 II 509, E. 2.7). Im Weiteren hat der Gesetzgeber den massgebenden Stichtag hier ausdrücklich – aber wenig kohärent – auf den 1. Januar 1980 (Inkrafttreten des RPG) verschoben, um altrechtliche Gewerbebauten zusätzlich zu privilegieren. Folge davon ist, dass auch Gewerbebauten ausserhalb der Bauzonen, die zwischen dem 1. Juli 1972 und dem 31. Dezember 1979 rechtmässig erstellt worden sind, in den Anwendungsbereich von Art. 37a fallen.

d) Landwirtschaftsfremde Wohnnutzung; schützenswerte Bauten und Anlagen

Art. 24d RPG, eingefügt 1998 und seither bereits zweimal revidiert, enthält zwei weitere Ausnahmetatbestände, die eine Nutzung bestehender, für die Landwirtschaft nicht mehr benötigter Gebäude ermöglichen sollen. Für beide Tatbestände gelten eigene Bewilligungsvoraussetzungen; daneben formuliert Abs. 3 einen Katalog gemeinsamer Voraussetzungen, die zusätzlich und kumulativ erfüllt sein müssen.

aa) Landwirtschaftsfremde Wohnnutzung

Art. 24d Abs. 1 RPG gestattet die *Umnutzung landwirtschaftlicher Wohnbauten zu landwirtschaftsfremden Wohnzwecken:* «In landwirtschaftlichen Wohnbauten, die in ihrer Substanz erhalten sind, können landwirtschaftsfremde Wohnnutzungen zugelassen werden.» Damit wollte der Gesetzgeber sicherstellen, dass bestehender landwirtschaftlicher Wohnraum auch nach dem Wegfall der landwirtschaftlichen Verwendung sinnvoll weitergenutzt werden kann («Wohnen bleibt Wohnen»); dies im bisherigen Umfang und innerhalb der bestehenden Bausubstanz. Eine Nutzungsintensivierung – insbesondere bei ursprünglich bloss temporär bewohnten landwirtschaftlichen Gebäuden wie z.B. Wohngebäuden in Maiensässen – sollte dadurch aber nicht ermöglicht werden (BGer, 1C_391/2010, 19.1.2011, E. 4.3.1 und 4.3.3).

Seit der Gesetzesrevision vom 23. Dezember 2011 (Ausdehnung der Besitzstandsgarantie gemäss Art. 24c RPG; vgl. S. 147 f.) fallen nur noch landwirtschaftliche Wohnbauten in den Anwendungsbereich von Art. 24d Abs. 1 RPG, die *nach dem 1. Juli 1972* (bzw. einer allfälligen späteren Zuweisung zum Nichtbaugebiet) *erstellt* worden sind.

bb) Schützenswerte Bauten und Anlagen

Art. 24d Abs. 2 RPG erlaubt die *vollständige Zweckänderung* von Bauten und Anlagen, die als schützenswert anerkannt sind, wenn sie von der zuständigen Behörde unter Schutz gestellt wurden (lit. a) und ihre dauernde Erhaltung nicht anders sichergestellt werden kann (lit. b). «Diese in erster Linie auf die Tessiner ‹Rustici› zugeschnittene Bestimmung will verhindern, dass Bauten, die entscheidend zur Prägung der Landschaft beitragen oder aus denkmalpflegerischer oder kulturhistorischer Sicht besonders wertvoll sind, zerfallen oder abgebrochen werden» (BGer, 1C_397/2011, 9.1.2014, E. 3.2).

e) Hobbymässige Tierhaltung

Im Rahmen der RPG-Revision von 2007 fügte der Gesetzgeber mit Art. 24d Abs. 1bis RPG eine Regelung betreffend bauliche Massnahmen und neue Aussenanlagen für die hobbymässige Tierhaltung ein. 2013 wurde dieser Absatz bereits wieder gestrichen und durch einen neuen Art. 24e RPG ersetzt, der stolze sechs Absätze umfasst (ergänzt durch Art. 42b RPV). Der legislatorische Knüller ist Abs. 6: «Der Bundesrat (…) legt namentlich fest, in welchem Verhältnis die Änderungsmöglichkeiten nach diesem Artikel zu denjenigen nach Artikel 24c und nach Artikel 24d Absatz 1 stehen.» Damit brachte der Gesetzgeber in entlarvender Weise zum Ausdruck, dass er «sich nicht mehr in der Lage [sieht], die Folgen seines Tuns zu überblicken» (Alain Griffel, Qualität der Gesetzgebung im Sinkflug, NZZ 8.2.2013, S. 15).

3. Einschränkende kantonale Regelungen

Im Sinne eines Korrektivs zu den immer weiter ausufernden Bau- und Nutzungsmöglichkeiten ausserhalb der Bauzonen wurden die Kantone mit der RPG-Revision von 2007 ermächtigt, zu gewissen Regelungen (Art. 16a Abs. 2, 24b, 24c und 24d RPG) einschränkende Bestimmungen zu erlassen (Art. 27a RPG). Diese teilweise «Rekantonalisierung» des Bauens ausserhalb der Bauzonen stellt einen fragwürdigen Systemwechsel dar; denn zum bundesrechtlichen Regelungswirrwarr auf Gesetzes- und Verordnungsstufe treten nun allfällige kantonalrechtliche Einschränkungen hinzu, was die Rechtslage noch unübersichtlicher macht.

Die Bestimmungen über das Bauen ausserhalb der Bauzonen sollen nach dem VE-RPG 2 in einem eigenen Kapitel zusammengefasst und in drei Abschnitten systematisch besser gegliedert werden:

- 1. Abschnitt: Allgemeine Bestimmungen (Art. 23a–23e);
- 2. Abschnitt: Bewilligungen für zonenkonforme Bauten und Anlagen in der Landwirtschaftszone (Art. 23f–23j)
- 3. Abschnitt: Ausnahmebewilligungen ausserhalb der Bauzonen (Art. 24–24f).

Im Wesentlichen wird die bisherige Rechtslage übernommen und neu strukturiert. Darüber hinaus enthält der VE-RPG 2 jedoch zwei substanzielle Neuerungen:

- Von Gesetzes wegen soll neu – mit bestimmten, auf Verordnungsstufe noch zu präzisierenden Ausnahmen – eine *Beseitigungsauflage* gelten (Art. 23b): «Für neue Bauten, Gebäudeteile oder Anlagen, die ausserhalb der Bauzonen bewilligt werden, gilt die Auflage, dass sie zu entfernen sind und der ursprüngliche Zustand wiederherzustellen ist, wenn: *a.* die ursprüngliche Zweckbestimmung wegfällt; und *b.* keine neue zonenkonforme und standortgebundene Nutzung bewilligt werden kann» (Abs. 1). Im Gegenzug sollen die Anforderungen an den Nachweis der längerfristigen Existenzfähigkeit gelockert werden.

- Im Sinne eines Paradigmenwechsels soll sodann ein *Planungs- und Kompensationsansatz* eingeführt werden, der es den Kantonen gestattet, sogar noch über die bundesrechtlich geregelten Tatbestände hinauszugehen (Art. 23d): «Kantone, die aufgrund räumlich relevanter Gegebenheiten für spezifische Bedürfnisse eigenständige, von den Bestimmungen des 2. und 3. Abschnitts dieses Kapitels abweichende Regelungen treffen wollen, können im kantonalen Richtplan Inhalt und Art dieser Regelung festlegen» (Abs. 1). «Solche Regelungen dürfen im Gebiet ausserhalb der Bauzonen insgesamt nicht zu grösseren, intensiveren oder störenderen Nutzungen führen» (Abs. 2). «Baubewilligungen, die gestützt auf solche Regelungen erteilt werden, setzen den Nachweis voraus, dass eine Kompensation sichergestellt ist, welche die Anforderungen von Absatz 2 erfüllt» (Abs. 3). Dieser Mechanismus dürfte sich zur pièce de résistance der Vorlage entwickeln.

Neu sieht Art. 24g VE-RPG 2 im Zusammenhang mit dem Bauen ausserhalb der Bauzonen *Strafbestimmungen* vor.

§ 10 Bau- und Nutzungsvorschriften

I. Allgemeines

A. Regelungsgegenstand

Das Bauen *innerhalb der Bauzonen* stellt den vom Verfassungsgeber gewollten Normalfall dar. Die – überwiegend kantonalen und kommunalen – Bau- und Nutzungsvorschriften sind denn auch typischerweise auf Bauten und Anlagen innerhalb der Bauzonen zugeschnitten. Das heisst aber nicht, dass sie auf Bauvorhaben ausserhalb der Bauzonen keinerlei Anwendung finden. So haben beispielsweise auch Wohnbauten ausserhalb der Bauzonen den Mindestanforderungen an Wohnräume oder den feuerpolizeilichen Vorschriften zu genügen.

Die kantonalen Baugesetze orientieren sich typischerweise am Modell des Neubaus. Eine grosse, wenn nicht gar die überwiegende Zahl der Baugesuche betrifft jedoch nicht Neubauvorhaben, sondern *Änderungen bestehender Bauten,* d.h. Renovationen, Umbauten, bauliche Erweiterungen oder Änderungen der Nutzweise. Regelungen, welche solche Tatbestände explizit erfassen, finden sich in den einschlägigen Erlassen indes nur punktuell und unsystematisch (vgl. z.B. im zürcherischen Recht die §§ 101, 243 und 249 PBG).

Sodann orientieren sich die Baugesetze in der Regel am Modell des *Neubaus «auf der grünen Wiese».* Dies mag in ländlichen Regionen immer noch dem Regelfall entsprechen. Städtischen Verhältnissen wie auch den Gegebenheiten in dicht besiedelten Agglomerationen wird dies jedoch nur teilweise gerecht.

Schliesslich übersteigt die Lebensdauer eines Gebäudes die Geltungsdauer der darauf anwendbaren Vorschriften nicht selten um ein Mehrfaches. Änderungen von Nutzungsplänen sowie von generell-abstrakten Normen haben zur Folge, dass es immer mehr Gebäude gibt, welche in der einen oder andern Hinsicht dem geltenden Recht widersprechen, also *baurechtswidrig* geworden sind. Wie mit diesem – sehr verbreiteten – Phänomen rechtlich umzugehen ist, wird in den einschlägigen Baugesetzen meist nur rudimentär geregelt (vgl. dazu § 13).

B. Verhältnis kantonales/kommunales Recht

Im Kanton Zürich statuiert § 250 Abs. 2 PBG in Bezug auf die bauliche Grundstücksnutzung (Ausnützung, Bauweise, Nutzweise) einen *Vorrang des kommunalen Rechts* – d.h. der Bau- und Zonenordnung – vor den Bauvorschriften des kantonalen Rechts, soweit sich die BZO «innerhalb der Rechtsetzungsbefugnis der Gemeinde hält». Die Rechtsetzungsbefugnisse der Gemeinden ergeben sich insbesondere, wenn auch nicht abschliessend, aus den §§ 49 und 49a PBG.

C. Interkantonale Vereinbarung über die Harmonisierung der Baubegriffe (IVHB)

Am 22. September 2005 verabschiedete die Bau-, Planungs- und Umweltdirektoren-Konferenz (BPUK) die Interkantonale Vereinbarung über die Harmonisierung der Baubegriffe (IVHB), welche am 26. November 2010 in Kraft trat (Fundstelle: www.bpuk.ch > Konkordate > IVHB; ausführlich dazu Stalder/Tschirky, in: FHB Öffentliches Baurecht, N. 3.348 ff.). Bisher sind sechzehn Kantone dem Konkordat beigetreten (Aargau, Appenzell Innerrhoden, Basel-Landschaft, Bern, Freiburg, Graubünden, Luzern, Neuenburg, Nidwalden, Obwalden, Schaffhausen, Schwyz, Solothurn, Thurgau, Uri und Zug [Stand 1. Januar 2016]). Der Zürcher Kantonsrat lehnte einen Beitritt indessen ab, passte das PBG aber gleichwohl der IVHB an (vgl. S. 14).

Gegenstand der IVHB ist die Vereinheitlichung der Baubegriffe und Messweisen im Planungs- und Baurecht (Art. 1 Abs. 1 IVHB), nicht aber der Masse. Das Konkordat strebt also nicht eine materielle, sondern eine *formale Baurechtsharmonisierung* an. Die beigetretenen Kantone sind verpflichtet, die vereinheitlichten Baubegriffe und Messweisen zu übernehmen und keine ergänzenden Baubegriffe und Messweisen vorzusehen, die den vereinheitlichten Regelungsgegenständen widersprechen. Zulässig ist allerdings der Vorbehalt, anstelle der Geschossflächenziffer weiterhin die Ausnützungsziffer zu verwenden, wovon einige Kantone Gebrauch gemacht haben. Im Weiteren sieht das Konkordat ein Interkantonales Organ vor, dem unter anderem Koordinationsaufgaben obliegen.

D. Grenzen staatlicher Regulierung

Im Kanton Zürich verweist § 239 Abs. 1 Satz 1 PBG ausdrücklich auf die *Regeln der Baukunde,* ohne diese jedoch selbst zu normieren: «Bauten und Anlagen müssen nach Fundation, Konstruktion und Material den anerkannten Regeln der Baukunde entsprechen.» Welches im Einzelnen die «anerkannten Regeln der Baukunde» sind, wird somit den Fachleuten überlassen (vgl. auch die Umschreibung dessen, was als «fachgerecht» gilt, in § 2 BBV I).

Eine grosse Bedeutung haben technische Regelwerke *privater Organisationen,* insbesondere

- die Normen des Schweizerischen Ingenieur- und Architektenvereins (SIA-Normen);
- die Normen des Schweizerischen Verbandes der Strassen- und Verkehrsfachleute (VSS-Normen).

Solchen privaten Normen kommt überwiegend die Bedeutung von «Regeln der Baukunde» zu. Zum Teil sind sie aufgrund einer expliziten Verweisung sogar wie Rechtsnormen anwendbar (vgl. z.B. Art. 32 Abs. 1 LSV; Anhang 2 Ziff. 512 LRV). Der Vorteil privater Normenwerke liegt darin, dass sie von Fachleuten für Fachleute erarbeitet werden und flexibler revidiert werden können. Eine gewisse Problematik privater Normen besteht jedoch insofern, als sie dem demokratischen Partizipationsprozess weitgehend entzogen sind.

Daneben gibt es auch zahlreiche *Richtlinien, Empfehlungen und Vollzugshilfen* von Fachbehörden der Verwaltung: «Obwohl Richtlinien keine Gesetzeskraft zukommt, sind sie nach konstanter Rechtsprechung des Bundesgerichts in der Regel Ausdruck des Wissens und der Erfahrung bewährter Fachstellen und in diesem Sinn beachtlich» (BGer, 1C_267/2007, 1C_269/2007, 28.2.2008, E. 6.3).

II. Bauvorschriften

Im Folgenden werden überblicksartig die Bauvorschriften im Kanton Zürich dargestellt, ohne Einbezug der kommunalen Ebene; ferner gewisse bundesrechtliche Regelungen (Gewässerraum, Waldabstand, behindertengerechtes Bauen).

A. Baubeschränkungsnormen

1. Funktion

Zur Begrenzung der zulässigen Ausnützung sieht § 251 PBG zwei unterschiedliche und sich ergänzende Instrumente vor: zum einen Nutzungsziffern (lit. a; vgl. dazu nachfolgend B.), zum andern Baubeschränkungsnormen, bisweilen auch als primäre Bauvorschriften bezeichnet. Gemeint sind mit Letzteren «die Bestimmungen über die Abstände, über die Geschosszahl sowie über den Grenzbau, das Zusammenbauen, die Gebäudelänge und die Gebäudebreite» (lit. b). Nebst ihrer ausnützungsbegrenzenden Funktion dienen die Baubeschränkungsnormen indirekt auch dazu, das Mass an Lichtentzug und Schattenwurf zu bestimmen, welches sich die Nachbarschaft gefallen lassen muss (VGer, VB 90/0089, 11.7.1990 [RB 1990 Nr. 75; BEZ 1990 Nr. 28]).

2. Abstände

a) Grenzabstand

Der Grenzabstand ist die Entfernung zwischen der projizierten Fassadenlinie eines Gebäudes und der Grundstücksgrenze (§ 260 Abs. 1 PBG, übereinstimmend mit Ziff. 7.1 Anhang 1 IVHB). Er muss an jedem Punkt der projizierten Fassadenlinie eingehalten sein.

Die *Fassadenlinie* ist die Schnittlinie von Fassadenflucht und massgebendem Terrain (§ 6a ABV, übereinstimmend mit Ziff. 3.2 Anhang 1 IVHB). Bei der *projizierten Fassadenlinie* handelt es sich um die Projektion der Fassadenlinie auf die Ebene der amtlichen Vermessung (§ 6b ABV, übereinstimmend mit

Ziff. 3.3 Anhang 1 IVHB). Mit der *Ebene der amtlichen Vermessung* ist Folgendes gemeint: Der dreidimensionale Raum wird auf eine Kugel projiziert; diese wird sodann auf einen Zylinder projiziert und – wie bei der Darstellung der Erdkugeloberfläche auf einem zweidimensionalen Plan – zu einer Fläche ausgerollt (IOHB, Erläuterungen IVHB, Ziff. 3.3 [2]).

Was das *Abstandsmass* (in Metern) betrifft, so ist primär die kommunale BZO massgebend (vgl. § 49 Abs. 2 lit. b PBG); subsidiär gilt ein kantonaler Mindestgrenzabstand von 3,5 m (§ 270 Abs. 1 PBG). Häufig findet sich im kommunalen Recht die Unterscheidung zwischen einem kleinen und einem grossen Grund- oder Grenzabstand (vgl. dazu VGer, VB.2005.00043, 6.4.2005 [RB 2005 Nr. 76; BEZ 2005 Nr. 21]). Der Zweck des grossen Grenzabstands liegt darin, auf derjenigen Seite des Gebäudes, zu welcher sich die Wohnungen hauptsächlich orientieren – in der Regel im Sektor Südost bis Südwest –, mehr Aussenraum zu schaffen, um so für eine optimale Belichtung und Besonnung zu sorgen (BRG III, 0056/2012, 2.5.2012, E. 4.2 [BEZ 2013 Nr. 41]).

Abstandspflichtig sind lediglich *Gebäude,* nicht jedoch andere Bauten und Anlagen (vgl. § 1 ABV), Ausstattungen (vgl. § 3 ABV und Figur 1.1 im Anhang) sowie Ausrüstungen (vgl. § 4 ABV und Figur 1.2 im Anhang). Den Gebäudebegriff definiert § 2 ABV neu (in Übereinstimmung mit Ziff. 2.1 Anhang 1 IVHB) wie folgt: «Gebäude sind ortsfeste Bauten, die zum Schutz von Menschen, Tieren oder Sachen eine feste Überdachung und in der Regel weitere Abschlüsse aufweisen.» Ein umfassender Witterungsschutz ist mithin nicht erforderlich; als Gebäude gelten beispielsweise auch freistehende, seitlich offene Autounterstände (sog. Carports). Die Beschränkung der Abstandspflicht auf Gebäude hat zur Folge, dass der Gebäudebegriff zuweilen extensiv ausgelegt wird, um eine Baute oder Anlage (z.B. eine gedeckte Holzbeige) als abstandspflichtig erklären zu können.

Nicht abstandspflichtig sind gemäss § 260 Abs. 4 PBG *Kleinstgebäude,* deren Gesamthöhe nicht mehr als 1,5 m beträgt und die eine Bodenfläche von höchstens 2 m^2 überlagern (solche Bauten waren nach alt § 2 Abs. 2 ABV vom Gebäudebegriff ausgenommen). Kleingebäude, die grössere Dimensionen aufweisen, sind zwar abstandspflichtig, seit einer Teilrevision der BVV von 2015 bis zu einer Gesamthöhe von 2,5 m und einer Bodenfläche von 6 m^2 jedoch nicht mehr baubewilligungspflichtig (§ 1 lit. a BVV mit bestimmten Ausnahmen).

Vorspringende Gebäudeteile im Sinn von § 6c Abs. 1 ABV dürfen höchstens 2 m über die Fassadenflucht gemäss § 6 ABV hinaus- und damit in den Abstandsbereich hineinragen; dies auf einer Breite von maximal der Hälfte des zugehörigen Fassadenabschnitts (gemäss alt § 360 Abs. 3 PBG: maximal ein Drittel der betreffenden Fassadenlänge). Dachvorsprünge sind nur in der Tiefe, nicht aber in der Breite beschränkt. Anders als alt § 360 Abs. 3 PBG ermöglicht die neue Regelung auch eigentliche Fassadenausbuchtungen im Abstandsbereich (z.B. Treppenhäuser oder Wintergärten), soweit diese die zulässigen Masse einhalten (Weisung RR, ABl 27. Mai 2016 [154971], zu § 6c). Mehrere vorspringende Gebäudeteile auf unterschiedlichen Stockwerken werden für die Bestimmung des zulässigen Anteils des betreffenden Fassadenabschnitts zusammengezählt (§ 6c Abs. 2 ABV). Gemeint ist: Sie werden auch dann zusammengezählt, wenn sie sich auf unterschiedlichen Stockwerken befinden (BD, Leitfaden, S. 17; IOHB, Erläuterungen IVHB, Ziff. 3.4 [5a]).

Unterirdische Bauten im Sinn von § 2b ABV sowie *Unterniveaubauten* im Sinn von § 2c ABV, die keine Öffnungen gegen Nachbargrundstücke aufweisen, unterliegen keinen Abstandsvorschriften (vgl. Figur 2.4/2.5 im Anhang ABV). Die BZO kann eine abweichende Regelung treffen.

Zur *Messweise* (§ 260 Abs. 3 PBG): Bei seitlich gegliederten Gebäuden sind die Grenzabstände für jeden Teil getrennt zu messen. Für Gebäudeteile, welche die für die Regelüberbauung zulässige Fassadenhöhe überschreiten, sind sie um das Mass der Mehrhöhe zu vergrössern (sog. Mehrhöhenzuschlag). Die BZO kann bei Überschreitung einer bestimmten Gebäudelänge auch einen Mehrlängenzuschlag vorsehen. Im Einzelnen ergibt sich die komplexe Messweise aus den §§ 21–26 ABV (vgl. die Figuren 7.2–7.11 im Anhang ABV).

Gemäss alt § 260 Abs. 1 PBG ist der Grenzabstand der Abstand zwischen Fassade und massgebender Grenzlinie (zum Begriff der Fassade vgl. BRG IV, 0106/2013, 4.7.2013 [BEZ 2013 Nr. 42]).

(Abstandspflichtige) *Gebäude* sind gemäss alt § 2 Abs. 1 ABV «Bauten und Anlagen, die einen Raum zum Schutz von Menschen oder Sachen gegen äussere, namentlich atmosphärische Einflüsse mehr oder weniger vollständig abschliessen». Davon ausgenommen sind «Bauten und Anlagen, deren grösste Höhe nicht mehr als 1,5 m beträgt und die eine Bodenfläche von höchstens 2 m^2 überlagern» (alt § 2 Abs. 2 ABV). Die 2015 eingeführte Befreiung von Kleingebäuden gemäss § 1 lit. a BVV von der Bewilligungspflicht gilt bereits vor der Umsetzung der PBG-Revision «Harmonisierung der Baubegriffe».

Einzelne Gebäudevorsprünge wie Erker, Balkone und dergleichen sind gemäss alt § 260 Abs. 3 PBG *abstandsprivilegiert.* Sie dürfen bis 2 m in den Abstandsbereich hineinragen, jedoch höchstens auf einem Drittel der betreffenden Fassadenlänge (vgl. dazu BGer, 1P.588/2006, 6.3.2007 [ZBl 2008 205 ff.]; BRK II, 0053/2009, 10.3.2009 [BEZ 2009 Nr. 37]). Diese Regelung ist nicht nur auf den Grenzabstand, sondern auch auf den Strassen- und Wegabstand gemäss § 265 PBG anwendbar (VGer, VB.2012.00018, 11.7.2012, E. 3.1 [BEZ 2012 Nr. 54]).

Nicht abstandspflichtig – unter Vorbehalt abweichender Regelungen in der BZO – sind gemäss alt § 269 PBG unterirdische Gebäude und Gebäudeteile sowie oberirdische Gebäude und Gebäudeteile, die den gewachsenen Boden (vgl. die Definition in alt § 5 ABV) um nicht mehr als 0,5 m überragen und keine Öffnungen gegen Nachbargrundstücke aufweisen.

b) *Institut des Näherbaurechts*

Mit der PBG-Revision von 1991 wurde auf kantonaler Ebene das Institut des Näherbaurechts eingeführt, dem eine sehr grosse praktische Bedeutung zukommt. § 270 Abs. 3 PBG lautet wie folgt: «Durch nachbarliche Vereinbarung kann unter Vorbehalt einwandfreier wohnhygienischer und feuerpolizeilicher Verhältnisse ein Näherbaurecht begründet werden.» Beim Näherbaurecht handelt es sich um eine – grundsätzlich formfreie – *privatrechtliche Vereinbarung,* welcher aufgrund von § 270 Abs. 3 PBG auch eine *öffentlichrechtliche Wirkung* zukommt. Materielle Voraussetzung, damit diese öffentlichrechtliche Wirkung entsteht, ist einzig das Vorliegen «einwandfreier wohnhygienischer und feuerpolizeilicher Verhältnisse»; mit Ersterem ist insbesondere eine hinreichende Belichtung, Belüftung und Besonnung gemeint. Die nachbarliche Zustimmungserklärung ist grundsätzlich mit dem Baugesuch einzureichen (§ 5 lit. l BVV).

Das Institut des Näherbaurechts wurde systematisch unter dem Titel *«Grenzabstand»* eingeordnet, geht aber auch der Regelung des *Gebäudeabstands* (§§ 271–274 PBG) vor. Vom Nachbarn, der mit einem Näherbaurecht belastet ist, darf deshalb nicht mehr verlangt werden, eine sog. Abrückungserklärung im Sinn von § 274 Abs. 2 PBG abzugeben (wie dies frühere kommunale Näherbaurechtsregelungen vorsahen) und sich damit zu verpflichten, bei der Realisierung eines späteren Bauvorhabens einen grösseren als den gesetzlichen Grenzabstand einzuhalten (VGer, VB.2009.00342, VB.2009.00343, 24.3.2010, E. 2.6 [BEZ 2010 Nr. 14]).

Zu unterscheiden ist zwischen einem projektbezogenen und einem generellen Näherbaurecht: Beim *projektbezogenen* Näherbaurecht, welches häufig durch Mitunterzeichnung der Baueingabepläne eingeräumt wird, bezieht sich die Zustimmung lediglich auf ein konkretes Bauvorhaben. Beim *generellen* Näherbaurecht verpflichtet sich der Nachbar dagegen im Voraus, Gebäude oder Gebäudeteile im Abstandsbereich im vereinbarten Umfang zu dulden (BRK II, 0239/2009, 20.10.2009, E. 5.4 [BEZ 2010 Nr. 9]). Bei einem generellen Näherbaurecht kann es sich empfehlen, dieses nicht nur vertraglich zu vereinbaren, sondern eine Dienstbarkeit zu errichten, um auch die künftigen Grundeigentümer zu binden.

c) Gebäudeabstand

Der Gebäudeabstand ist die Entfernung zwischen den projizierten Fassadenlinien zweier Gebäude (§ 260 Abs. 2 PBG, übereinstimmend mit Ziff. 7.2 Anhang 1 IVHB).

Gemäss alt § 260 Abs. 1 PBG ist der Gebäudeabstand der Abstand zwischen zwei Gebäuden.

Die praktische Bedeutung des Gebäudeabstands ist heute im Kanton Zürich sehr gering, insbesondere seit der Einführung des Instituts des Näherbaurechts (§ 270 Abs. 3 PBG):

- Bei Gebäuden auf benachbarten Grundstücken entspricht der Gebäudeabstand der Summe der beidseits nötigen Grenzabstände (§ 271 PBG), so dass ihm keine selbständige Bedeutung zukommt.
- Nach der Einräumung eines Näherbaurechts besteht keine Verpflichtung des Belasteten mehr, bei der Realisierung eines späteren Bauvorhabens weiter von der Grenze abzurücken, um den Gebäudeabstand einzuhalten (vgl. immerhin § 274 Abs. 1 PBG, der zum Tragen kommt, wenn nicht ein gegenseitiges Näherbaurecht vereinbart wurde).
- Grundstücksintern sind (entgegen § 271 PBG) keine Gebäudeabstände mehr einzuhalten, weil davon ausgegangen wird, dass sich der Eigentümer selber stillschweigend ein Näherbaurecht eingeräumt hat.

d) Abstandsprivilegierung für Kleinbauten und Anbauten (bisher: «Besondere Gebäude»)

«Wo die Bau- und Zonenordnung nichts anderes bestimmt, dürfen Kleinbauten und Anbauten in einem Abstand von 3,5 m von andern Gebäuden errichtet werden» (§ 273 PBG; vgl. auch § 49 Abs. 3 PBG). Obwohl systematisch beim Gebäudeabstand eingeordnet, bezieht sich diese Regelung auch auf den Grenzabstand (vgl. BRK II, 0038/2010, 2.3.2010, E. 6.4.3 [BEZ 2010 Nr. 47]).

Kleinbauten – beispielsweise Garagen oder Gartenhäuschen – sind «freistehende bzw. mit einem anderen Gebäude zusammengebaute Gebäude mit einer Grundfläche von höchstens 50 m^2, deren Gesamthöhe 4,0 m, bei Schrägdächern 5,0 m, nicht überschreitet und die nur Nebennutzflächen enthalten» (§ 2a Abs. 1 ABV; vgl. auch Ziff. 2.2 Anhang 1 IVHB).

Anbauten sind mit einem anderen Gebäude zusammengebaute Gebäude. Um als «Anbaute» zu gelten, müssen sie die Dimensionen einer Kleinbaute einhalten; ebenso dürfen sie nur Nebennutzflächen aufweisen (§ 2a Abs. 2 ABV; vgl. auch Ziff. 2.3 Anhang 1 IVHB). Die Beschränkung der Dimensionierung wurde hier also – wie beim Begriff «vorspringende Gebäudeteile» (§ 6c Abs. 1 ABV) – in die Legaldefinition integriert, was verwirrlich ist und deshalb vermieden werden sollte.

Nebennutzflächen werden in der SIA-Norm 416, «Flächen und Volumen von Gebäuden», Ausgabe 2003, definiert. Es handelt sich um Fahrzeugeinstellräume, Abstellräume, Waschküchen, Schutzräume und dergleichen. Keine Nebennutzflächen sind etwa Hobbyräume oder Treppenhäuser und Korridore, welche Hauptnutzflächen erschliessen.

Gemäss alt § 273 PBG müssen «Gebäude, die nicht für den dauernden Aufenthalt von Menschen bestimmt sind und deren grösste Höhe 4 m, bei Schrägdächern 5 m, nicht übersteigt» – sog. *Besondere Gebäude* –, lediglich einen Grenz- und Gebäudeabstand von 3,5 m einhalten (vgl. auch alt § 49 Abs. 3 PBG). Abweichende Festlegungen in der BZO gehen allerdings vor.

Ausschlaggebend für die Qualifikation einer Baute als Besonderes Gebäude ist deren fehlende *objektive Eignung* zum dauernden Aufenthalt von Personen (VGer, VB.2000.00304, 7.12.2000 [RB 2000 Nr. 100; BEZ 2001 Nr. 4]). Unter dieser Voraussetzung darf ein Besonderes Gebäude auch an ein Hauptgebäude angebaut werden, wenn es (zusätzlich) eine gewisse konstruktive und architektonische Selbständigkeit aufweist, so dass es in seiner äusseren Erscheinung und in seinem räumlichen Verhältnis vom Hauptgebäude abgegrenzt werden kann (VGer, VB.2011.00648, VB.2011.00681, 13.6.2012, E. 4.3).

e) Strassen- und Wegabstand

§ 265 PBG schreibt für oberirdische Gebäude einen Abstand von 6 m gegenüber öffentlichen und privaten Strassen und Plätzen und von 3,5 m gegenüber öffentlichen Wegen vor; dies allerdings unter dem doppelten Vorbehalt, dass keine Baulinien vorhanden sind (und eine Festsetzung auch nicht nötig erscheint) und dass die BZO keine abweichenden Abstände festgelegt hat. Für die Qualifikation eines Wegs als «öffentlich» kommt es nicht auf die Eigentumsverhältnisse an der Wegparzelle, sondern auf deren Erschliessungsfunktion an (Benutzung durch einen unbestimmten Personenkreis; vgl. VGer, VB.2011.00687, 4.5.2012, E. 3.2 [BEZ 2012 Nr. 34]).

f) Gewässerabstand

Gemäss § 21 Abs. 1 des Wasserwirtschaftsgesetzes (WWG) haben ober- und unterirdische Bauten und Anlagen gegenüber offenen und eingedolten Gewässern einen Abstand von 5 m einzuhalten. Es liegt im Kompetenzbereich der Gemeinden, bei den im Zonenplan eingetragenen Gewässern Linien festzusetzen, welche diesen *kantonalrechtlichen Mindestabstand* erhöhen (nicht aber unterschreiten) und vom Grenzabstand gegenüber Nachbargrundstücken abweichen (§ 67 PBG). Während dem kantonalen Mindestgewässerabstand vorab eine gewässerpolizeiliche Funktion zukommt, können die erweiterten *kommunalen Gewässerabstandslinien* auch aus Gründen der Raumplanung bzw. des Natur- und Landschaftsschutzes festgelegt werden (vgl. VGer, VB.98.00334, 24.3.1999 [RB 1999 Nr. 111]).

Kommunale Gewässerabstandslinien gemäss § 67 PBG sind von *Gewässerbaulinien* im Sinne von § 96 Abs. 2 lit. b PBG zu unterscheiden. Diese dienen ausschliesslich der Sicherung von Fluss- und Bachkorrektionen; für Korrekturen im Gewässerverlauf soll der notwendige Raum freigehalten werden. Massgebende öffentliche Interessen für die Festsetzung von Gewässerbaulinien sind insbesondere der Hochwasserschutz (Vergrösserung der Wasserabflussmenge) und die Revitalisierung von Gewässern (Wiederherstellung eines natürlichen Bach- oder Flussbetts).

Zur Ausführung und Umsetzung einer Teilrevision des Gewässerschutzgesetzes (GSchG) vom 11. Dezember 2009 (AS 2010 4285), welche einen indirekten Gegenvorschlag zu einer in der Folge zurückgezogenen Volksinitiative («Renaturierungs-Initiative») darstellte, nahm der Bundesrat am 4. Mai 2011 eine umfangreiche Revision der *Gewässerschutzverordnung* (GSchV) vor (AS 2011 1955). Art. 36a GSchG verpflichtet die Kantone, einen *Gewässerraum* festzulegen, d.h. den Raumbedarf der oberirdischen Gewässer zu bestimmen, der für die Gewährleistung der natürlichen Gewässerfunktionen, des Schutzes vor Hochwasser und der Gewässernutzung erforderlich ist (Abs. 1; betreffend eingedolte Gewässer vgl. VGer, AN.2012.00001, 26.6.2012, E. 4.1 [BEZ 2012 Nr. 35]). Der Gewässerraum ist bei der Richt- und Nutzungsplanung zu berücksichtigen und soll extensiv gestaltet und bewirtschaftet werden; er gilt nicht als Fruchtfolgefläche (Abs. 3).

Der Bundesrat regelte in Art. 41a und 41b GSchV ausführlich, wie die *Breite des Gewässerraums* festzulegen ist. Weiter regelte er, unter welchen Voraussetzungen auf eine Festlegung des Gewässerraums ausnahmsweise verzichtet werden kann (Art. 41a Abs. 5 und Art. 41b Abs. 4 GSchV). Die Kantone haben bis Ende 2018

Zeit, um den Gewässerraum festzulegen (Übergangsbestimmung, Abs. 1). Bis dahin gilt eine vorläufige bundesrechtliche Regelung (Übergangsbestimmung, Abs. 2; zu deren sofortiger Anwendung im Rechtsmittelverfahren vgl. BGE 139 II 470, E. 4.2).

Art. 41c GSchV (in der inzwischen bereits mehrfach revidierten Fassung) regelt die *Rechtswirkungen* des Gewässerraums. So dürfen darin gemäss Abs. 1 «nur standortgebundene, im öffentlichen Interesse liegende Anlagen wie Fuss- und Wanderwege, Flusskraftwerke oder Brücken erstellt werden». Sofern keine überwiegenden Interessen entgegenstehen, kann die Behörde auch andere Anlagen bewilligen, namentlich «zonenkonforme Anlagen in dicht überbauten Gebieten» (lit. a; vgl. dazu BGE 143 II 77, E. 2.7 f.; 140 II 428; 140 II 437). Abs. 2 gewährt Anlagen und bestimmten Dauerkulturen wie Reben oder Obstanlagen Bestandesschutz, «sofern sie rechtmässig erstellt wurden und bestimmungsgemäss nutzbar sind» (zur Tragweite der Besitzstandsgarantie vgl. BGer, 1C_345/2014, 17.6.2015, E. 4.1.1–4.1.3 [URP 2015 706 ff.]).

g) Waldabstand

Gemäss Art. 17 des Bundesgesetzes über den Wald (WaG) sind Bauten und Anlagen in Waldesnähe nur zulässig, wenn sie die Erhaltung, Pflege und Nutzung des Waldes nicht beeinträchtigen (Abs. 1). Die *Kantone* haben einen angemessenen *Mindestabstand* der Bauten und Anlagen vom Waldrand vorzuschreiben; dabei sind die Lage und die zu erwartende Höhe des Bestandes zu berücksichtigen (Abs. 2). Diese Bestimmung «soll sicherstellen, dass die Erhaltung, Pflege und Nutzung des Waldes durch Bauten und Anlagen in Waldesnähe (...) nicht beeinträchtigt werden. Die Zielsetzung liegt darin, den Wald vor natürlicher oder menschlicher Zerstörung zu bewahren. Zudem soll der Waldabstand eine zweckmässige Bewirtschaftung und Erschliessung des Waldes ermöglichen, den Wald vor Feuer schützen sowie dem hohen ökologischen Wert des Waldrands Rechnung tragen» (BGE 135 II 30, nicht publizierte E. 2.4).

Beim Erlass und bei der Revision von Nutzungsplänen ist in jenem Bereich, wo *Bauzonen* an den Wald grenzen oder in Zukunft grenzen sollen, eine *Waldfeststellung* anzuordnen (Art. 10 Abs. 2 lit. a WaG). Allfällige neue Bestockungen ausserhalb dieser Waldgrenzen gelten auch dann, wenn sie die qualitativen Waldmerkmale aufweisen, nicht als Wald (statischer Waldbegriff; Art. 13 Abs. 2 WaG).

§ 66 PBG schreibt vor, dass der Zonenplan *im Bauzonengebiet Waldabstandslinien* festlegt (Abs. 1). Die Linien sind in einem Abstand von 30 m von der Waldgrenze festzusetzen; bei kleinen Waldparzellen oder bei besonderen örtlichen Verhältnissen können sie aber auch näher an der Waldgrenze oder weiter davon entfernt gezogen werden (Abs. 2). Gebäude dürfen die im Zonenplan festgelegten Waldabstandslinien nicht überschreiten (§ 262 Abs. 1 PBG); ausgenommen sind unterirdische Bauten und Gebäudeteile sowie Anlagen (§ 262 Abs. 2 PBG).

Ausserhalb der Bauzonen beträgt der Abstand von der Waldgrenze im Kanton Zürich 30 m (§ 262 Abs. 1 PBG). Für die Bestimmung der Waldgrenze als solcher ist der dynamische Waldbegriff gemäss Art. 2 WaG und § 2 des kantonalen Waldgesetzes massgebend, soweit ihn die Kantone nicht – mittels Festlegung einer Waldgrenze – durch den statischen Waldbegriff ersetzt haben, um eine Zunahme des Waldes zu verhindern (vgl. Art. 10 Abs. 2 lit. b WaG). Der neue Zürcher Richtplan von 2014 sieht vor, den dynamischen Waldbegriff im ganzen Kantonsgebiet flächendeckend durch den statischen zu ersetzen (Ziff. 3.3.3).

3. Fassadenhöhe und Gesamthöhe

Die Höhenentwicklung eines Gebäudes wird neu durch die Begriffe Fassadenhöhe und Gesamthöhe definiert, welche die Begriffe Gebäudehöhe und Firsthöhe abgelöst haben.

a) *Fassadenhöhe*

Als Fassadenhöhe – die etwa der bisherigen Gebäudehöhe entspricht – gilt der grösste Höhenunterschied zwischen der Schnittlinie der Fassadenflucht mit der Oberkante der Dachkonstruktion einerseits und der senkrecht darunter liegenden Fassadenlinie anderseits (§ 278 Abs. 1 PBG, übereinstimmend mit Ziff. 5.2 Anhang 1 IVHB; vgl. Figur 5.2 im Anhang ABV). Im Einzelnen:

- Der *untere Referenzpunkt* bezieht sich auf das massgebende Terrain; denn die Fassadenlinie ist die Schnittlinie von Fassadenflucht und massgebendem Terrain (§ 6a ABV; vgl. Figur 3.1/3.2 im Anhang ABV). «Die Fassadenflucht ist die Mantelfläche, gebildet aus den lotrechten Geraden durch die äussersten Punkte des Baukörpers über dem massgebenden Terrain» (§ 6 Abs. 1 ABV, übereinstimmend mit Ziff. 3.1 Anhang 1 IVHB). Vorspringende Gebäudeteile im Sinn von § 6c ABV und unbedeutend rückspringende Gebäudeteile im Sinn von § 6d Abs. 2 ABV werden nicht berücksichtigt (§ 6 Abs. 2 ABV).

  Als *massgebendes Terrain* gilt gemäss § 5 Abs. 1 Satz 1 ABV – übereinstimmend mit Ziff. 1.1 Anhang 1 IVHB – «der natürlich gewachsene Geländeverlauf». Anders als bisher (alt § 5 Abs. 1 ABV) ist also nicht mehr auf den Terrainverlauf im Zeitpunkt der Baueingabe abzustellen (widersprüchlich ist allerdings, dass die Materialien dennoch auf den natürlich gewachsenen Geländeverlauf «im Moment der Baugesuchseinreichung» hinweisen: IOHB, Erläuterungen IVHB, Ziff. 1.1 [2]; Weisung RR, ABl 27. Mai 2016 [154971], zu § 5; BD, Leitfaden, S. 5). Massgebend ist der seit langem bestehende, weitgehend durch natürliche Prozesse entstandene Geländeverlauf und nicht ein Geländeverlauf, «der auf menschliche Eingriffe wie frühere Abgrabungen und Aufschüttungen zurückgeht» (a.a.O.). Aufschüttungen oder Abgrabungen sind deshalb unbeachtlich, und zwar ohne zeitliche Begrenzung, also auch wenn sie mehr als zehn Jahre zurückliegen. Kann indes der natürlich gewachsene Geländeverlauf «infolge früherer Abgrabungen und Aufschüttungen nicht mehr festgestellt werden, ist vom natürlichen Geländeverlauf der Umgebung auszugehen» (§ 5 Abs. 1 Satz 2 ABV). Dieser wiederum lässt sich jedoch oftmals nicht leicht bestimmen, insbesondere in dicht überbauten Gebieten – abgesehen vom grundsätzlicheren Problem, dass der Terrainverlauf schon seit Jahrtausenden vom Menschen mitgeformt wurde.

Die Regelung erscheint somit wenig praktikabel, was umso stärker ins Gewicht fällt, als das «massgebende Terrain» eine Referenzgrösse für die Bestimmung mehrerer wichtiger Gebäudeparameter ist. Schon fast etwas hilflos wirkt deshalb der Appell in den IVHB-Erläuterungen, Ziff. 1.1 (4): «Bauwilligen sollte von den Kantonen ein Verfahren zur Verfügung gestellt werden, mit dem sie vor der Ausarbeitung eines konkreten Bauprojekts den Verlauf des massgeblichen Terrains rechtsverbindlich klären können.»

- Der *obere Referenzpunkt* liegt auf der Schnittlinie zwischen der Fassadenflucht und der Oberkante der Dachkonstruktion. Mit der Dachkonstruktion ist das Traggerüst gemeint; die darüber liegende Isolation und die Dachhaut werden nicht mitgemessen (Weisung RR, ABl 7. Februar 2014 [60631], zu § 278 Abs. 1).
- Massgebend sind die beiden senkrecht übereinander liegenden Referenzpunkte, die am weitesten voneinander entfernt sind, so dass sie den *grössten Höhenunterschied* bestimmen.

Bei Gebäuden mit *Giebeldächern* bezieht sich die vorstehende Definition auf die Traufseite. Im Gegensatz zur bisherigen Gebäudehöhe wird die Fassadenhöhe auch giebelseitig gemessen; § 280 Abs. 1 PBG definiert deshalb – mit der sachwidrigen Marginalie «Abweichungen» – auch eine giebelseitige Fassadenhöhe: «Giebelseitig erhöht sich das zulässige Mass um die sich aus der Dachneigung von 45° ergebende Höhe, höchstens aber um 7 m, sofern die Bau- und Zonenordnung nichts anderes bestimmt.» Dies entspricht im Wesentlichen der Firsthöhe nach bisherigem Recht.

Bei *Flachdachbauten* wird die Fassadenhöhe – anders als bisher die Gebäudehöhe – bis zur Oberkante der Brüstung bzw. des Geländers gemessen; ist diese(s) gegenüber der Fassadenflucht um mindestens 1 m zurückversetzt, wird sie bzw. es nicht mitgemessen

(§ 278 Abs. 2 PBG). Bei *Attikageschossen* erhöht sich die Fassadenhöhe auf den fassadenbündigen Seiten um 3,3 m, sofern die BZO nichts anderes vorsieht (§ 280 Abs. 2 PBG).

Das *Mass* der zulässigen Fassadenhöhe ist neu zwingend in der BZO festzulegen (§ 279 Abs. 2 Satz 1 PBG). Das kantonale Recht begrenzt es – unter Vorbehalt der Bestimmungen über Hochhäuser – auf maximal 25 m (§ 279 Abs. 1 PBG). Die Berechnung der Höhe aufgrund der erlaubten Vollgeschosszahl (alt §§ 278 Abs. 1 und 279 Abs. 1 PBG) ist nicht mehr möglich.

Die Gemeinden können vorsehen, dass die zulässige Fassadenhöhe auch durch *Verkehrsbaulinien* bestimmt wird; entscheidend ist das geringere Mass (§ 279 Abs. 2 Sätze 2 und 3 PBG; nach bisherigem Recht konnten bzw. mussten die Gemeinden dies ausschliessen [alt § 278 Abs. 1 PBG]). «Die Fassadenhöhe aufgrund der Verkehrsbaulinien ergibt sich aus deren um einen Neuntel vergrösserten Abstand und kann um das Mass einer allfälligen Gebäuderückversetzung erhöht werden. Sie gilt bis auf eine Tiefe von 15 m» (§ 280 Abs. 3 PBG). Beträgt der Abstand zweier paralleler Baulinien beidseits einer Strasse beispielsweise 9 m, so darf die Gebäudehöhe eines an der Baulinie stehenden Gebäudes 10 m betragen. Im rückwärtigen Bereich steigt sie unter einem 45°-Winkel an; dies bis zu einer Tiefe von 15 m hinter der Baulinie (vgl. Figur 7.13 im Anhang ABV).

Für Hochhäuser – d.h. Gebäude mit einer Fassadenhöhe von mehr als 25 m – gelten besondere Regeln (§§ 282–284 PBG; § 30 ABV).

Als *Gebäudehöhe* bezeichnet alt § 280 Abs. 1 PBG – entgegen dem allgemeinen Sprachgebrauch – nicht die Gesamthöhe eines Gebäudes, sondern lediglich die Höhe der Schnittlinie zwischen Fassade und Dachfläche über dem gewachsenen Boden. Massgebend ist die traufseitige Fassade; giebelseitig wird die Gebäudehöhe nur bei den Gebäudeecken gemessen. Die Gesamthöhe eines Gebäudes setzt sich aus der Gebäude- und der Firsthöhe zusammen. Als *Firsthöhe* gilt die Höhe des Dachfirsts über der

Schnittlinie zwischen Fassade und Dachfläche (vgl. alt § 281 PBG sowie die Skizzen in alt Anhang ABV, S. 22 f.). «Die in [alt] § 280 PBG definierte Messweise der Gebäudehöhe ist auf Gebäude mit klassischen Schrägdächern zugeschnitten. Bei anderen Dachformen muss jeweils im Einzelfall eine dem Sinn und Zweck der Bestimmung über die Gebäudehöhe gerecht werdende Messweise ermittelt werden» (VGer, VB.2009.00171, 5.8.2009, E. 4.1 [BEZ 2009 Nr. 41]).

Der Begriff des *gewachsenen Bodens* – also des unteren Referenzpunkts für die Bestimmung der Gebäudehöhe – wird in alt § 5 ABV definiert, allerdings in nicht leicht verständlicher Weise und auch nicht vollständig. Grundsätzlich ist der Verlauf des Terrains im Zeitpunkt der Baueingabe massgebend (alt § 5 Abs. 1 ABV). Dies gilt vorab bei Neubauvorhaben; bei Um- und Erweiterungsbauten ist hingegen auf die Terrainverhältnisse bei Einreichung des ursprünglichen Baugesuchs für das umzubauende Gebäude abzustellen (VGer, VB.2005.00295, 28.9.2005 [BEZ 2006 Nr. 9]).

Gemäss alt § 278 Abs. 1 PBG wird die zulässige Gebäudehöhe entweder durch die erlaubte *Vollgeschosszahl* (zur Geschosshöhe vgl. alt § 279 Abs. 1 PBG) oder durch die *Verkehrsbaulinien* bestimmt, sofern die BZO Letzteres nicht ausschliesst; entscheidend ist das geringere Mass. Die Berechnung der Gebäudehöhe aufgrund der Verkehrsbaulinien ist in alt § 279 Abs. 2 PBG geregelt.

Zu den *Funktionen* der Gebäudehöhenregelung vgl. VGer, VB.2009.00171, 5.8.2009, E. 4.2 [BEZ 2009 Nr. 41]. Zur Messweise der Gebäudehöhe in *besonderen Fällen* (Attikageschosse, Gebäude im «Chaletstil», Gebäude mit Pultdächern usw.) vgl. VGer, VB.2009.00171, 5.8.2009 (BEZ 2009 Nr. 41).

b) Gesamthöhe

Als zweiten Parameter, der die Höhe eines Gebäudes begrenzt, definiert § 281 PBG neu die Gesamthöhe (übereinstimmend mit Ziff. 5.1 Anhang 1 IVHB): Diese ist «der grösste Höhenunterschied zwischen dem höchsten Punkt der Dachkonstruktion und den lotrecht darunter liegenden Punkten auf dem massgebenden Terrain» (zum Begriff Dachkonstruktion vgl. S. 169, zum Begriff massgebendes Terrain vgl. S. 168 f.). Gibt es keinen eindeutigen höchsten Punkt der Dachkonstruktion – z.B. bei einem Dachfirst oder einem Flachdach –, so ist an jenem Punkt zu messen, der über dem tiefsten Punkt des massgebenden Terrains liegt (vgl. Figur 5.1 im Anhang ABV).

Die Gemeinden sind nicht verpflichtet, nebst der Fassadenhöhe auch eine Gesamthöhe festzulegen (vgl. § 49 Abs. 2 lit. b PBG).

4. Gebäudelänge und -breite

Als *Gebäudelänge* gilt – entgegen dem allgemeinen Sprachgebrauch – die längere Seite des flächenkleinsten Rechtecks, welches die projizierte Fassadenlinie im Sinn von § 6b ABV umfasst (§ 28 Abs. 1 ABV, übereinstimmend mit Ziff. 4.1 Anhang 1 IVHB; vgl. Figur 4.1/4.2 im Anhang ABV). Die *Gebäudebreite* ist die kürzere Seite dieses Rechtecks (§ 28 Abs. 2 ABV, übereinstimmend mit Ziff. 4.2 Anhang 1 IVHB). Anbauten im Sinn von § 2a Abs. 2 ABV fallen ausser Ansatz, sofern die BZO nicht etwas anderes bestimmt (§ 28 Abs. 3 ABV).

Gemäss alt § 28 Abs. 1 ABV ist die Gebäudelänge «die längere Seite des flächenkleinsten Rechtecks, welches die senkrecht auf den Erdboden projizierte grösste, durch die massgebliche Fassadenlänge gebildete Gebäudeumfassung umschreibt. Als Gebäudebreite gilt die kürzere Seite dieses Rechtecks».

5. Geschosse

a) Arten von Geschossen

Das PBG unterschied bisher zwischen Voll-, Dach- und Untergeschossen. In der revidierten Fassung verwendet es diese Begriffe weiterhin, definiert sie aber anders. Neu kommen Attikageschosse hinzu, die bislang nur durch die Praxis «geregelt» wurden. Der Begriff Geschoss selbst wird nicht mehr definiert; im Sinne der bisherigen Terminologie handelt es sich weiterhin um einen horizontalen Gebäudeabschnitt.

Vollgeschosse werden in § 275 Abs. 1 Satz 1 PBG lediglich negativ umschrieben, nämlich als «alle Geschosse von Gebäuden ausser Unter-, Dach- und Attikageschosse» (übereinstimmend mit Ziff. 6.1 Abs. 1 Anhang 1 IVHB).

Gemäss alt § 275 Abs. 1 PBG sind Vollgeschosse «horizontale Gebäudeabschnitte, die über dem gewachsenen Boden und unter der Schnittlinie zwischen Fassade und Dachfläche liegen».

Dachgeschosse sind «Geschosse mit einer Kniestockhöhe bis 1,5 m» (§ 275 Abs. 2 PBG, in Konkretisierung von Ziff. 6.3 Anhang 1 IVHB, der das Mass der Kniestockhöhe nicht festlegt; vgl. Figur 6.3 im Anhang ABV). Zur Abgrenzung zwischen Voll- und Dachgeschossen kommt es also auf die sog. *Kniestockhöhe* auf der Traufseite des Gebäudes an. Diese wird neu – abweichend von der bisherigen Umschreibung – wie folgt definiert: als «Höhenunterschied zwischen der Oberkante des Dachgeschossbodens im Rohbau und der Schnittlinie der Fassadenflucht mit der Oberkante der Dachkonstruktion» (§ 275 Abs. 5 PBG, übereinstimmend mit Ziff. 5.3 Anhang 1 IVHB; vgl. Figur 5.3 im Anhang ABV; zum Begriff Dachkonstruktion siehe S. 169). Je grösser die Kniestockhöhe, desto stärker nähert sich ein Dachgeschoss in seiner Erscheinung einem Vollgeschoss an. Der Regierungsrat hatte eine Kniestockhöhe von höchstens 1,1 m beantragt, für vor dem 1. Juli 1978 (Inkrafttreten des PBG) bewilligte Gebäude eine solche von höchstens 1,5 m.

Gemäss alt § 275 Abs. 2 PBG sind Dachgeschosse «horizontale Gebäudeabschnitte, die über der Schnittlinie zwischen Fassade und Dachfläche liegen» (Satz 1). «Gebäudeabschnitte mit einer Kniestockhöhe von höchstens 0,9 m, gemessen 0,4 m hinter der Fassade, gelten als Dachgeschosse» (Satz 2). Für die Bestimmung der Kniestockhöhe ist der Abstand zwischen dem fertigen Dachgeschossboden und der Unterseite der fertigen Dachverkleidung massgebend (vgl. die Skizze in alt Anhang ABV, S. 22). Ältere Gebäude sind privilegiert: «Bei vor dem 1. Juli 1978 bewilligten Gebäuden darf die bestehende Kniestockhöhe bis 1,3 m betragen» (Satz 3). Zu den Auswirkungen einer nachträglich angebrachten Aussenisolation auf die Kniestockhöhe vgl. BRK IV, 0204/2009, 17.12.2009 (BEZ 2010 Nr. 10).

Untergeschosse sind «Geschosse, bei denen die Oberkante des fertigen Bodens des darüber liegenden Geschosses, gemessen in der Fassadenflucht, im Mittel höchstens um 2,5 m über die Fassadenlinie hinausragt, an keiner Stelle aber mehr als 3 m» (§ 275 Abs. 3 PBG, in Konkretisierung von Ziff. 6.2 Anhang 1 IVHB, der das zulässige Mass nicht festlegt; vgl. Figur 6.2 im Anhang ABV). Einzuhalten sind also sowohl ein relatives Durchschnittsmass von maximal 2,5 m (gemäss dem Antrag des Regierungsrates: 1,5 m) wie auch ein absolutes Mass von 3 m. Wird zumindest eines davon überschritten, liegt ein Vollgeschoss vor, was insbesondere dann von Bedeutung ist, wenn die zulässige Anzahl Vollgeschosse bereits ausgeschöpft wurde. Für die Bestimmung des relativen Durchschnittsmasses sind alle Gebäudefassaden miteinzubeziehen: Es berechnet sich «aus der Summe der Fassadenflächen über der Fassadenlinie, geteilt durch die Länge der projizierten Fassadenlinie» (§ 29 ABV).

Wesentlich einfacher, wenn auch weniger sachgerecht, ist die Untergeschossdefinition gemäss alt § 275 Abs. 3 PBG: Danach sind Untergeschosse «horizontale Gebäudeabschnitte, die ganz oder teilweise» – und sei es auch nur geringfügig – «in den gewachsenen Boden hineinragen».

Attikageschosse sind «auf Flachdächern aufgesetzte, zusätzliche Geschosse. Das Attikageschoss muss bei den fiktiven Traufseiten gegenüber dem darunter liegenden Geschoss um das halbe Mass seiner Höhe zurückversetzt sein» (§ 275 Abs. 4 PBG; der Regierungsrat hatte die Rückversetzung des Attikageschosses um das ganze Mass seiner Höhe beantragt). Die Definition weicht von Ziff. 6.4 Anhang 1 IVHB ab, wonach das Attikageschoss «bei mindestens einer ganzen Fassade» gegenüber dem darunter liegenden Geschoss um ein bestimmtes Mass zurückversetzt sein muss (unzutreffend deshalb die darauf abgestimmte Figur 6.4 im Anhang ABV).

Zur bisherigen Praxis betreffend Attikageschosse vgl. VGer, VB.2011.00668, 22.2.2012, E. 3 (BEZ 2012 Nr. 4); VB.2011.00400, 25.1.2012, E. 3 (BEZ 2012 Nr. 5); VB.2011.00539, VB.2011.00540, 21.3.2012 (BEZ 2012 Nr. 19); VB.2013.00219, 4.10.2013, E. 3 (BEZ 2014 Nr. 4).

b) Anrechenbarkeit und weitere Regelungen

In den Bau- und Zonenordnungen finden sich meist Regelungen über die zulässige *Anzahl* der Geschosse (vgl. auch § 49a Abs. 2 PBG). Nicht jedes Geschoss ist jedoch automatisch als solches – d.h. an die zulässige Geschosszahl – *anrechenbar:* Als Geschosse zählen nur «Voll-, Dach-, Attika- und Untergeschosse mit Wohn-, Schlaf- oder Arbeitsräumen» (§ 276 Abs. 1 PBG). Massgebend ist, ob ein Gebäudeteil aufgrund seines Ausbaus – also nach objektiven Kriterien – bewohnt werden bzw. als Arbeitsraum dienen kann oder nicht (VGer, VB.2011.00389, 23.11.2011, E. 4.2.1).

Gemäss alt § 276 Abs. 1 PBG zählen als Geschosse «Vollgeschosse, Dach- und Untergeschosse mit Wohn-, Schlaf- oder Arbeitsräumen sowie andere Untergeschosse, die mehrheitlich über dem gewachsenen Boden liegen».

In sämtlichen Bauzonen können *Vollgeschosse* durch Dach-, Attika- oder Untergeschosse *ersetzt* werden, nicht aber umgekehrt; «zusammengerechnet dürfen sie jedoch die erlaubte Zahl der Vollgeschosse nicht überschreiten» (§ 276 Abs. 2 PBG).

«Bei zusammengebauten Gebäuden und bei Gebäuden, die in der Höhe oder in der Situation gestaffelt sind» – wie z.B. Terrassenhäuser – «wird die Vollgeschosszahl für jeden Gebäudeteil bzw. für jedes Gebäude separat ermittelt» (§ 275 Abs. 1 Satz 2 PBG, übereinstimmend mit Ziff. 6.1 Abs. 2 Anhang 1 IVHB; vgl. Figur 6.1 im Anhang ABV).

Figur zur bisherigen Regelung:

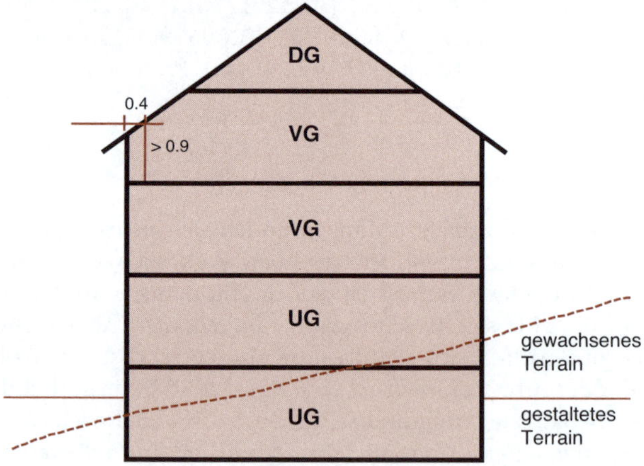

6. Offene bzw. geschlossene Bauweise

Die §§ 286–291 PBG regeln die Voraussetzungen und die Modalitäten der offenen und der geschlossenen Bauweise. Als offen gilt nach § 31 ABV eine Überbauung, «deren Gebäude nach allen Seiten frei stehen» (Abs. 1); geschlossen ist eine Überbauung, «bei der Gebäude einseitig oder mehrseitig zusammengebaut oder auf eine Grenze gestellt sind oder gestellt werden dürfen bzw. müssen» (Abs. 2). Damit von zusammengebauten Gebäuden gesprochen werden kann, müssen diese *funktional eigenständig* sein. Dies erfordert eine deutliche vertikale Trennung und eine genügende innere Erschliessung der einzelnen Baukörper (VGer, VB.2004.00028, 21.4.2004, E. 2.2 [RB 2004 Nr. 69]). Andernfalls handelt es sich um ein einziges Gebäude.

B. Nutzungsziffern

1. Allgemeines

a) Begriff und Funktion

Nutzungsziffern – das PBG kennt die Ausnützungs-, die Überbauungs-, die Grünflächen- (bisher: Freiflächen-) und die Baumassenziffer (§ 251 lit. a PBG) – haben eine *ausnützungsbegrenzende Funktion.* Sie ergänzen dabei die Baubeschränkungsnormen: Bei grossen Grundstücken haben Abstandsvorschriften keine oder nur eine geringe ausnützungsbegrenzende Wirkung, so dass die Begrenzungsfunktion von den Nutzungsziffern übernommen wird. Bei kleinen Grundstücken liegen die Verhältnisse umgekehrt; hier wirken sich in erster Linie die Abstandsvorschriften ausnützungsbegrenzend aus.

Nutzungsziffern geben eine Relation an, nämlich diejenige zwischen der jeweils *anrechenbaren Fläche* (Ausnützungs-, Überbauungs- und Grünflächenziffer) bzw. dem *anrechenbaren Raum* (Baumassenziffer) einerseits und der *anrechenbaren Grundstücksfläche* anderseits. Die anrechenbare Grundstücksfläche (bisher: «massgebliche Grundfläche») wird in § 259 PBG – in Übereinstimmung mit Ziff. 8.1 Anhang 1 IVHB – wie folgt definiert: als die in der entsprechenden Bauzone liegende Grundstücksflächen bzw. -teile minus die Flächen der Grund-, Grob- und Feinerschliessung, aber einschliesslich der Flächen der Hauszufahrten (vgl. Figur 8.1 im Anhang ABV).

Als «massgebliche Grundfläche» gilt gemäss alt § 259 PBG «die von der Baueingabe erfasste Fläche der baulich noch nicht ausgenützten Grundstücke oder Grundstückteile der Bauzone» abzüglich Waldabstandsflächen, Wald und offene Gewässer (vgl. dazu die Skizze in alt Anhang ABV, S. 10; VGer, VB.2006.00215, 6.12.2006 [RB 2006 Nr. 68; BEZ 2007 Nr. 2]).

Die Gemeinden verfügen über einen grossen Spielraum, ob und welche der zur Verfügung stehenden Nutzungsziffern sie in welchen Zonen zur Anwendung bringen wollen (vgl. § 49 Abs. 1 und 2 sowie § 49a Abs. 1 PBG).

b) Ausnützungsübertragung

Von besonderem Interesse ist die – gesetzlich nicht geregelte – Frage, ob und wie weit eine sog. Ausnützungsübertragung zulässig ist, also die Übertragung von Ausnützungsreserven (Geschossfläche bzw. Baumasse) von einem Grundstück auf ein anderes. Lehre und Praxis anerkennen, dass Ausnützungsübertragungen zwischen verschiedenen Parzellen, die der *gleichen Bauzone* angehören, grundsätzlich zulässig sind (dagegen sind Ausnützungsübertragungen über eine Zonengrenze hinweg nur im Rahmen von Arealüberbauungen möglich; vgl. § 72 Abs. 3 PBG).

Dabei wird nicht vorausgesetzt, dass die beiden Grundstücke aneinander grenzen; Ausnützungsübertragungen dürfen jedoch nur innerhalb des *gleichen Zonenabschnitts* bzw. einer zusammenhängenden Fläche der entsprechenden Zone vorgenommen werden. Andernfalls kann es zu einer unerwünschten Beeinträchtigung der von der Gemeinde im Rahmen der BZO festgelegten Bebauungsstruktur kommen. So fehlt es am erforderlichen gebiets- und infrastrukturplanerischen Zusammenhang, wenn Ausnützung zwischen zwei Grundstücken übertragen werden soll, für die zwar der gleiche Bauzonentyp gilt, die aber rund 900 m auseinander liegen und durch andere Zonen getrennt werden (VGer, VB.2006.00322, 14.3.2007 [RB 2007 Nr. 67; BEZ 2007 Nr. 20]; zur Zulässigkeit einer [restriktiveren] kommunalrechtlichen Regelung betreffend innerzonale Ausnützungsübertragungen vgl. VGer, VB.2010.00574, 12.1.2011 [BEZ 2011 Nr. 7]).

Eine *quantitative Begrenzung* für Ausnützungsübertragungen innerhalb der gleichen Bauzone ist nicht vorgesehen. «Eine Einschränkung kann sich dagegen insofern ergeben, als die Ausnützungsübertragung nicht zu einer § 238 Abs. 1 PBG verletzenden Konzentration der Bausubstanz führen darf.» Deshalb «ist im Einzelfall zu prüfen, ob die Ausnützungsübertragung zu Baukörpern führt, welche den Rahmen der zonengemässen, durch Bauvorschriften und Parzellenanordnung geprägten Überbauungsstruktur sprengen und sich deshalb nicht mehr befriedigend in die bauliche Umgebung einordnen» (VGer, VB.2016.00676, 11.4.2017, E. 4.3 [BEZ 2017 Nr. 12]).

Um sicherzustellen, dass die übertragene Ausnützung auf dem «Spendergrundstück» später nicht konsumiert wird, erfolgt eine Anmerkung einer öffentlichrechtlichen Eigentumsbeschränkung im Grundbuch (sog. *Ausnützungsrevers;* vgl. VGer, VB.2010.00141, 11.8.2010), weil die entsprechende Fläche bei einer späteren Überbauung des Grundstücks nicht mehr zur Verfügung steht.

2. Ausnützungsziffer

Die Ausnützungsziffer ist das Verhältnis der *anrechenbaren Geschossfläche* zur anrechenbaren Grundstücksfläche (§ 255 Abs. 1 PBG). Als Geschossflächen anrechenbar sind «alle dem Wohnen, Arbeiten oder sonst dem dauernden Aufenthalt dienenden oder hiefür verwendbaren Räume in Vollgeschossen unter Einschluss der dazugehörigen Erschliessungsflächen und Sanitärräume samt inneren Trennwänden» (§ 255 Abs. 2 [alt Abs. 1] PBG). Ob ein Raum solchen Zwecken dient oder dafür verwendbar ist, beurteilt sich im Einzelfall nach der objektiven Eignung des Raums und nicht nach der vom Bauherrn beabsichtigte Nutzung oder der Bezeichnung in den Baueingabeplänen (VGer, VB.2005.00208, 22.7.2005, E. 2.2 [BEZ 2005 Nr. 37]).

§ 49a Abs. 1 PBG nennt *Mindest-Ausnützungsziffern,* welche die Gemeinden «in der Regel» vorzusehen haben: bei eingeschossigen Zonen 20 %, bei zweigeschossigen Zonen 30 %, bei dreigeschossigen Zonen 50 %, bei viergeschossigen Zonen 65 % und bei mehr als viergeschossigen Zonen 90 %.

Dach- und Untergeschosse wurden mit der PBG-Revision von 1991 stark privilegiert: Bei gleichmässiger Aufteilung der gesamten zulässigen Ausnützung auf die zulässige Anzahl Vollgeschosse sind die daraus resultierenden Flächen in Dach-, Attika- und Untergeschossen nicht anrechenbar, d.h. sie können zusätzlich ausgenützt werden. Soweit Dach-, Attika- und Untergeschosse – bei einer Reduktion der zulässigen Vollgeschosszahl und einer entsprechenden Vergrösserung des Gebäudegrundrisses – jene Fläche überschreiten, werden sie indessen anrechenbar (§ 255 Abs. 3 [alt Abs. 2] PBG; vgl. das Beispiel in Figur 8.2 Anhang ABV [entsprechend alt Anhang ABV, S. 11]). Diese Änderung der Berechnungsweise ermöglichte sprunghaft ganz erhebliche Mehrausnützungen, was zahlreichen Gemeinden nicht genehm war. Viele wechselten deshalb zur Baumassenziffer, um keine – politisch heikle – nominale Herabsetzung der Ausnützungsziffer vornehmen zu müssen.

§ 10 ABV erklärt – gestützt auf § 255 Abs. 4 [alt Abs. 3] PBG – verschiedene der Wohnlichkeit oder der Arbeitsplatzgestaltung dienende *Nebenräume* als nicht anrechenbar. Umgekehrt sind Dach- und Untergeschosse, die ein *Vollgeschoss ersetzen,* gemäss § 9 ABV von der Privilegierung ausgenommen.

Dasselbe sieht alt § 9 ABV auch für Untergeschosse vor, die mehrheitlich über dem gewachsenen Boden liegen, doch ist die Verordnungsbestimmung insoweit gesetzwidrig und nicht anwendbar (VGer, VB.2010.00577, 9.3.2011 [BEZ 2011 Nr. 23]).

Die IVHB hat die Ausnützungsziffer durch eine *Geschossflächenziffer* ersetzt. Dabei handelt es sich um das Verhältnis der Summe aller Geschossflächen – bestehend aus Hauptnutzflächen, Nebennutzflächen, Verkehrsflächen, Konstruktionsflächen und Funktionsflächen – zur anrechenbaren Grundstücksfläche (Ziff. 8.2 Anhang 1 IVHB). Mehrere Konkordatskantone haben allerdings die (unterschiedlich definierte) Ausnützungsziffer beibehalten, was vom IOHB akzeptiert wird, den Vereinheitlichungsbemühungen jedoch zuwiderläuft.

3. Baumassenziffer

Die Baumassenziffer ist das Verhältnis des *Bauvolumens über dem massgebenden Terrain* (in m^3) zur anrechenbaren Grundstücksfläche (§ 258 Abs. 1 PBG, übereinstimmend mit Ziff. 8.3 Anhang 1 IVHB). Anders als die Ausnützungsziffer kennt die Baumassenziffer keine Binnendifferenzierung, was die Nutzungen innerhalb des Gebäudes anbelangt (vgl. immerhin § 13 ABV; hierzu VGer, VB.2005.00518, 25.1.2006 [RB 2006 Nr. 67; BEZ 2006 Nr. 31]). Sie wurde in erster Linie für Gewerbe- und Industriebauten geschaffen, ist heute aber in vielen Zürcher Gemeinden auch für Wohnbauten massgebend.

Als *Bauvolumen* gilt das Volumen des Baukörpers in seinen Aussenmassen (§ 258 Abs. 2 PBG). Angerechnet werden alle geschlossenen Gebäudeteile, also auch Dachaufbauten. Kleine, zur üblichen Gebäudegestaltung gehörende Vor- und Rücksprünge wie normale Vordächer, Kamine oder Brüstungen sind aus Praktikabilitätsgründen jedoch zu vernachlässigen (Weisung RR, ABl 7. Februar 2014 [60631], zu § 258; vgl. Figur 8.3 Anhang ABV).

Anrechenbar ist nur das Bauvolumen oberhalb des massgebenden Terrainverlaufs. Die Bestimmung des *massgebenden Terrains* richtet sich nach § 5 ABV (vgl. S. 168 f.).

Für *teilweise offene Gebäudeteile,* die weniger als zur Hälfte durch Abschlüsse umgrenzt werden – etwa Volumen unter auskragenden Gebäudeteilen –, haben die IVHB-Kantone festzulegen, zu welchem Anteil diese an das Bauvolumen anrechenbar sind. Der Regierungsrat beantragte die Anrechnung zu einem Drittel; der Kantonsrat nahm solche Gebäudeteile jedoch gänzlich von der Anrechnung aus (§ 258 Abs. 3 PBG; vgl. Figur 8.3 Anhang ABV und demgegenüber Figur 8.3 Anhang 2 IVHB). Hingegen sind teilweise offene Gebäudeteile wie z.B. überdeckte oder eingezogene Balkone, die mindestens zur Hälfte durch Abschlüsse umgrenzt werden, voll anrechenbar.

Räume, die als *öffentliche Verkehrsfläche* benützt werden – also gebäudeinterne Strassen, Rad- und Fusswege im Gemeingebrauch –, fielen gemäss alt § 258 Abs. 2 PBG bei der Berechnung der Baumassenziffer ausser Ansatz. Neu sind solche Flächen anrechenbar bzw. nach Massgabe der Regelung für teilweise offene Gebäudeteile zu behandeln.

Gemäss alt § 258 Abs. 1 PBG ist die Baumassenziffer das Verhältnis zwischen dem *oberirdisch umbauten Raum* (in m^3) und der massgeblichen Grundfläche im Sinn von alt § 259 PBG. Als «oberirdisch» gelten alle über dem gewachsenen Boden liegenden Gebäudeteile (alt § 12 Abs. 1 ABV; zum Begriff des gewachsenen Bodens vgl. alt § 5 ABV und S. 171). Dabei ist der Verlauf des gewachsenen Bodens innerhalb des Grundrisses eines abzubrechenden Gebäudes durch Interpolation festzulegen (VGer, VB.2010.00704, VB.2010.00709, 6.4.2011 [BEZ 2011 Nr. 36]). Hinsichtlich des Begriffs «umbauter Raum» knüpft alt § 258 PBG am Gebäudebegriff gemäss alt § 2 Abs. 1 ABV an, wonach es genügt, dass ein Raum zum Schutz von Menschen oder Sachen gegen äussere, namentlich atmosphärische Einflüsse «mehr oder weniger vollständig» abgeschlossen wird. Ein vollständiger Abschluss – also auch ein seitlicher – wird damit nicht verlangt (BRG II, 0124/2013, 20.8.2013, E. 7.2.2 [BEZ 2013 Nr. 40]). Im Weiteren sind kleinere Vor- und Rücksprünge wie z.B. Fensternischen oder Dachflächenfenster bei der Feststellung der Baumasse zu vernachlässigen.

Bei der Berechnung der Baumassenziffer fallen Räume ausser Ansatz, die als *öffentliche Verkehrsflächen* benutzt werden oder sich unter vorspringenden, freitragenden Bauteilen innerhalb des sog. Witterungsbereichs befinden (alt § 258 Abs. 2 PBG). Als *Witterungsbereich* – d.h. als Bereich, in den die Witterung hineinwirkt – «gilt der äussere Teil des offenen Raumes bis zu einer Tiefe, die der halben Raumhöhe entspricht» (alt § 12 Abs. 2 ABV; vgl. auch die Skizzen in alt Anhang ABV, S. 13). Privilegiert ist nach dem Gesetzeswortlaut jedoch nur der Witterungsbereich unter einem vorspringenden «freitragenden» Bauteil; ist dieser abgestützt – mit einer Wand oder auch nur mit einem Pfosten –, so entfällt der Abzug (BRG II, 0124/2013, 20.8.2013, E. 7.2.3 [BEZ 2013 Nr. 40]).

4. Überbauungsziffer

Die Überbauungsziffer ist das Verhältnis der *anrechenbaren Gebäudefläche* zur anrechenbaren Grundstücksfläche (§ 256 Abs. 1 Satz 1 PBG, übereinstimmend mit Ziff. 8.4 Anhang 1 IVHB). Sie bestimmt zweidimensional den Anteil des Grundstücks, der durch Gebäude beansprucht werden darf. Die Überbauungsziffer sagt demnach nichts über die Dimensionen des Baukörpers und dessen Erscheinungsbild aus. Zur Regelung der baulichen Dichte muss sie deshalb mit geeigneten Höhenmassen kombiniert werden.

Als anrechenbare Gebäudefläche gilt die Fläche innerhalb der *projizierten Fassadenlinie* (§ 256 Abs. 1 Satz 2 PBG; zur projizierten Fassadenlinie vgl. § 6b ABV sowie S. 157 f.). Vorspringende Gebäudeteile im Sinn von § 6c ABV und unbedeutende rückspringende Gebäudeteile im Sinn von § 6d Abs. 2 ABV werden dabei nicht berücksichtigt (vgl. Figuren 3.3 und 8.4 Anhang ABV).

Gemäss alt § 256 Abs. 1 PBG gibt die Überbauungsziffer das Verhältnis zwischen der senkrechten Projektion der grössten oberirdischen Gebäudeumfassung und der massgeblichen Grundfläche im Sinn von alt § 259 PBG an (vgl. die Skizze in alt Anhang ABV, S. 12).

5. Grünflächenziffer (bisher: Freiflächenziffer)

Mit der PBG-Revision von 2015 wechselte der Gesetzgeber von der Freiflächen- zur Grünflächenziffer. Letztere definiert – ergänzend zur Regelung des zulässigen Baukörpers – die von einer Überbauung freizuhaltende Grundstücksfläche und ist das Verhältnis der *anrechenbaren Grünfläche* zur anrechenbaren Grundstücksfläche. Als anrechenbare Grünfläche gelten natürliche und bepflanzte Bodenflächen eines Grundstücks, die nicht versiegelt sind und die nicht als Abstellflächen dienen (§ 257 Abs. 1 und 2 PBG, übereinstimmend mit Ziff. 8.5 Anhang 1 IVHB). Im Gegensatz zur Freiflächenziffer werden unbebaute versiegelte Flächen also nicht angerechnet.

Gemäss alt § 257 Abs. 1 PBG ist die *Freiflächenziffer* das Verhältnis zwischen den offenen Flächen für dauernde Spiel- und Ruheplätze sowie Gärten einerseits und der massgeblichen Grundfläche im Sinn von alt § 259 PBG anderseits (vgl. auch alt § 11 ABV sowie die Skizze in alt Anhang ABV, S. 12).

C. Vorschriften über die Einordnung und Gestaltung

(Ausführlicher Rey, in: FHB Öffentliches Baurecht, N. 3.439 ff.)

1. Bedeutung

Die kantonalen Baugesetze enthalten regelmässig Vorschriften über die Einordnung und Gestaltung von Bauvorhaben. Bereits das RPG verlangt, dass «Siedlungen, Bauten und Anlagen sich in die Landschaft einordnen» (Art. 3 Abs. 2 lit. b). Einordnungs- und Gestaltungsvorschriften kommt in der Praxis eine sehr grosse Bedeutung zu; dies nicht zuletzt deshalb, weil sie von Nachbarn in Rechtsmittelverfahren häufig angerufen werden.

Die Baubewilligung gilt als typische, wenn auch nicht (mehr) reine Polizeibewilligung. Es besteht ein Rechtsanspruch auf Bewilligungserteilung, sofern die gesetzlichen – vorab polizeilich motivierten – Bewilligungsvoraussetzungen erfüllt sind (vgl. § 320 PBG). Auch Vorschriften über die Einordnung und Gestaltung stellen indes Bauvorschriften dar; dabei eröffnet der unbestimmte Rechtsbegriff «befriedigende Gesamtwirkung» gemäss § 238 Abs. 1 PBG den Behörden einen sehr grossen *Beurteilungsspielraum,* was den Anspruch auf Bewilligungserteilung zwar nicht in Frage stellt, aber relativiert.

2. Allgemeine Ästhetikvorschrift

a) Materieller Gehalt

Gemäss § 238 Abs. 1 PBG sind «Bauten, Anlagen und Umschwung (...) für sich und in ihrem Zusammenhang mit der baulichen und landschaftlichen Umgebung im ganzen und in ihren einzelnen Teilen so zu gestalten, dass eine befriedigende Gesamtwirkung erreicht wird». Die Bestimmung bezieht sich sowohl auf die *Gestaltung des Bauvorhabens an sich* wie auch auf dessen *Einordnung in die Umgebung.* Es handelt sich «um eine positive ästhetische Generalklausel, welche sich nicht darauf beschränkt, eine Verunstaltung des Stadt- oder Quartierbilds zu verbieten, sondern positiv eine Gestaltung verlangt, welche sicherstellt, dass sowohl für die Baute selbst als auch für die bauliche und landschaftliche Umgebung eine befriedigende Gesamtwirkung erreicht wird (...). Die Beurteilung, ob mit einem Bauvorhaben eine befriedigende Gesamtwirkung erreicht wird, hat nicht nach subjektivem Empfinden, sondern nach objektiven Massstäben und mit nachvollziehbarer Begründung zu erfolgen (...). Dabei ist eine umfassende Würdigung aller massgebenden Gesichtspunkte vorzunehmen» (VGer, VB.2010.00470, 26.1.2011, E. 3.1, m.w.H. [BEZ 2011 Nr. 2]).

Die Rechtsprechung hat im Zusammenhang mit der Anwendung von § 238 PBG *allgemeine Grundsätze* entwickelt. So kann die Gemeinde gestützt auf die Einordnungsbestimmung in der Regel nicht verlangen, dass Bauformen übernommen werden, die in der Umgebung bereits vorhanden sind. Des Weiteren bietet § 238 PBG grundsätzlich keine Handhabe, um aus gestalterischen Gründen die Ausschöpfung der gemäss BZO zulässigen Baumöglichkeiten zu untersagen. Hierfür sind besonders triftige Gründe erforderlich, wie z.B. eine besondere Qualität der bestehenden Überbauung, die Rücksichtnahme auf ein Schutzobjekt oder eine qualifizierte landschaftliche Empfindlichkeit (VGer, VB.2013.00589, 23.1.2014, E. 5.2 und 5.5.1).

b) Prozessuale Handhabung

Den Gemeinden steht bei der Anwendung des unbestimmten Rechtsbegriffs der «befriedigenden Gesamtwirkung» aufgrund ihrer Autonomie ein *qualifizierter Beurteilungsspielraum* zu. Allerdings ging die Rechtsprechung seit einem Entscheid des Bundesgerichts von 2005 (1P.678/2004, 21.6.2005 [ZBl 2006 430 ff.]) zu weit, indem sie dem Baurekursgericht – trotz seiner umfassenden Prüfungsbefugnis gemäss § 20 Abs. 1 VRG – nur noch dann einzuschreiten gestattete, wenn die Würdigung durch die kommunale Behörde sachlich nicht mehr vertretbar war. Im Ergebnis kam dies einer Kognitionsbeschränkung auf Willkür gleich. 2013 nahm das Verwaltungsgericht die in der Literatur geäusserte Kritik zum Anlass, seine Rechtsprechung zu korrigieren: Der Umstand, dass die Gemeinden bei der Anwendung offen formulierter kantonaler Bestimmungen über einen Spielraum verfügen, bedeute nicht, «dass das Baurekursgericht erst dann eingreifen darf, wenn sich der Einordnungsentscheid geradezu als ‹sachlich nicht mehr vertretbar› bzw. als ‹offensichtlich unvertretbar› erweist (...). Zwischen der Gemeindeautonomie und dem verfassungsmässigen Anspruch auf Ausschöpfung der Überprüfungsbefugnis ist im Sinn eines möglichst schonenden Ausgleichs der verschiedenen Verfassungs- und Grundrechtsinteressen praktische Konkordanz herzustellen (...). Dabei ist auch dem Interesse an einem effektiven Rechtsschutz Beachtung zu schenken (Art. 77 Abs. 1 KV). Demnach muss eine wirksame Überprüfung des Einordnungsentscheids durch das Baurekursgericht rechtlich wie faktisch möglich sein» (VGer, VB.2013.00468, 17.12.2013, E. 4.2.3 f. [BEZ 2014 Nr. 3; ZBl 2014 448 ff.]). Allerdings: «Aufgrund des Zusammenspiels der hier relevanten Verfassungsnormen ist das Baurekursgericht trotz voller gesetzlicher Kognition gemäss § 20 Abs. 1 VRG in seiner Angemessenheitskontrolle insofern beschränkt, als es die Einordnung des Bauvorhabens nicht völlig frei und unbesehen des angefochtenen Bauentscheids würdigen darf. Vielmehr muss die Überprüfung unter gebührender Berücksichtigung der Entscheidgründe erfolgen» (VGer, a.a.O., E. 4.2.4).

Das Bundesgericht scheint sich dieser Sichtweise nach anfänglichem Zögern inzwischen angeschlossen zu haben: «Den Gemeinden wird namentlich bei der Auslegung kommunaler oder kantonaler unbestimmter Rechtsbegriffe – wie zum Beispiel Ästhetikvorschriften – ein von der Gemeindeautonomie geschützter Ermessensspielraum zuerkannt (...). Zur Wahrung dieses Spielraums der Gemeinden ist eine richterliche Zurückhaltung bei der Überprüfung unbestimmter Rechtsbegriffe zulässig; dagegen ist die Beschränkung der Kognition des kantonalen Gerichts auf eine Willkürprüfung mit der Rechtsweggarantie (Art. 29a BV) nicht vereinbar» (BGer, 1C_319/2016, 1.2.2017, E. 4.2).

Hinsichtlich der *Begründungspflicht* der Baubehörde im Falle einer positiven Beurteilung gilt Folgendes: «Es wäre ein bürokratischer Leerlauf, wenn die Baubehörde immer auch dort, wo sie die Einordnung eines Bauvorhabens für unproblematisch hält, diese Auffassung bereits in der Baubewilligung eingehend begründen müsste. Ein anfechtungsberechtigter Nachbar kann seine gegenteilige Auffassung anhand der Baueingabepläne und aufgrund der bekannten baulichen Umgebung auch ohne eine solche behördliche Begründung geltend machen. Es genügt deshalb, wenn die Baubehörde erst in der Rekursantwort ihre Gründe für die positive Beurteilung der Einordnungsfrage näher erläutert. Aus Gründen des rechtlichen Gehörs ist aber dem Rekurrenten Gelegenheit zu geben, im Rahmen eines zweiten Schriftenwechsels oder (...) anlässlich eines Augenscheins zur nachgebrachten Begründung Stellung zu nehmen» (VGer, VB.2006.00532, 14.3.2007, E. 2.2 [RB 2007 Nr. 12; BEZ 2007 Nr. 21]).

3. Verschärfte Anforderungen im Zusammenhang mit Schutzobjekten

a) Allgemein

Gemäss § 238 Abs. 2 PBG ist auf Objekte des Natur- und Heimatschutzes «*besondere Rücksicht*» zu nehmen. Hinsichtlich der Einordnung einer Baute bestehen somit höhere Anforderungen, wenn sich ein Objekt des Natur- und Heimatschutzes (z.B. ein unter Denkmalschutz gestelltes oder in ein Inventar aufgenommenes Gebäude) in ihrer Nähe befindet. In diesem Fall darf die Wahrnehmung des Schutzobjekts von Drittstandorten aus durch die neue bzw. geänderte Baute nicht beeinträchtigt werden. Massgebend ist wie bei § 238 Abs. 1 PBG die Gesamtwirkung (VGer, VB.2010.00431, VB.2010.00457, 1.12.2010, E. 5.2 [BEZ 2011 Nr. 4]).

b) In Kernzonen

Kernzonen umfassen schutzwürdige Ortsbilder, die in ihrer Eigenart erhalten oder erweitert werden sollen (§ 50 Abs. 1 PBG). Zu diesem Zweck können die Gemeinden in der BZO (unter anderem) *besondere Vorschriften über die Erscheinung* der Bauten erlassen

(§ 50 Abs. 3 PBG); diese gehen der allgemeinen Einordnungs- und Gestaltungsvorschrift von § 238 PBG vor, soweit sie strengere Anforderungen enthalten. Zu denken ist etwa an Vorschriften über die Materialwahl, die sich auf das äussere Erscheinungsbild der Gebäude beziehen. Hingegen vermögen kommunale Gestaltungsvorschriften die Erhaltung der bestehenden Bausubstanz nicht zu gewährleisten. Die Gemeinden dürfen mit solchen Vorschriften also keinen Substanzschutz anstreben; hierfür sind besondere Schutzmassnahmen gemäss den §§ 203 ff. PBG erforderlich (VGer, VB.2010.00628, 12.1.2011, E. 4.1 f. [BEZ 2011 Nr. 3]).

4. Weitere Vorschriften über die Erscheinung von Gebäuden

a) Dachaufbauten

Gemäss § 292 PBG dürfen Dachaufbauten – mit bestimmten Ausnahmen und unter Vorbehalt abweichender kommunaler Regelungen – insgesamt nicht breiter sein als die *Hälfte der betreffenden Fassadenlänge,* sofern sie bei Schrägdächern über die tatsächliche Dachebene hinausragen bzw. bei Flachdächern das vorgeschriebene Mass der Rückversetzungen (vgl. § 275 Abs. 4 PBG) unterschreiten (vgl. Figur 9.1 im Anhang ABV; zur Fassadenlänge vgl. § 27 ABV).

Die Ausdehnung auf die Hälfte der Fassadenlänge erfolgte mit der Gesetzesrevision von 2015 («Harmonisierung der Baubegriffe»). Gemäss alt § 292 PBG dürfen entsprechende Dachaufbauten nicht breiter als *ein Drittel* der betreffenden Fassadenlänge sein (vgl. die Skizzen in alt Anhang ABV, S. 24). Der Regierungsrat hatte die Beibehaltung des Drittelsmasses beantragt.

«Bei dieser Bestimmung [gemeint ist die bisherige Fassung] handelt es sich um eine (spezielle) Ästhetiknorm, welche bezweckt, dass Dach und Dachaufbauten in einem abgerundeten harmonischen Bild als ein aufeinander abgestimmtes Ganzes erscheinen;

insbesondere sollen überdimensionierte, dem Dachbereich ein Übergewicht verleihende Aufbauten verhindert werden (...). Das Verwaltungsgericht hat sich bei der Auslegung von § 292 PBG stets vom Sinn und Zweck dieser gesetzlichen Vorschrift leiten lassen, dass Dachgeschosse noch als solche erkennbar sein und nicht den Eindruck eines Vollgeschosses vermitteln sollen» (VGer, VB.2006.00150, 12.7.2006, E. 3.2 [BEZ 2006 Nr. 43; Leitsatz in RB 2006 Nr. 69]). Wieweit die Neuregelung – in Verbindung mit der Reduktion der Rückversetzung von Attikageschossen auf die Hälfte ihrer Höhe – diesem Anliegen noch gerecht wird, ist fraglich.

Kreuzfirste unterliegen der Drittelsbeschränkung bzw. neu der Beschränkung auf die Hälfte indessen nicht, weil sie nicht als Dachaufbauten, sondern als eigene Dachform gelten (vgl. dazu BRG IV, 0179/2013, 5.12.2013 [BEZ 2014 Nr. 9]).

b) Untergeschosse

§ 293 PBG enthält eine gestalterisch motivierte Regelung betreffend Untergeschosse: Nicht anrechenbare Untergeschosse dürfen höchstens 1,5 m über dem gestalteten Boden in Erscheinung treten (Abs. 1). Davon ausgenommen sind «Haus- und Kellerzugänge, Gartenausgänge sowie Ein- und Ausfahrten zu Einzel-, Doppel- oder Sammelgaragen» (Abs. 2).

c) Solaranlagen

Gemäss § 238 Abs. 4 PBG – eingefügt mit der Teilrevision vom 26. März 2012 (vgl. S. 15) – sind sorgfältig in Dach- und Fassadenfläche integrierte Solaranlagen zu bewilligen, «sofern nicht überwiegende öffentliche Interessen entgegenstehen». Diese Bestimmung stellt im Verhältnis zu § 238 Abs. 1 PBG eine lex specialis dar (VGer, VB.2014.00035, 8.5.2014, E. 5.4 [BEZ 2014 Nr. 27]). Aufgrund der bundesrechtlichen (wenn auch kompetenzwidrigen) Regelung in Art. 18a RPG (vgl. S. 133) kommt sie jedoch nur zum Tragen, wenn eine Solaranlage nicht in den Anwendungsbereich der bundesrechtlichen Bestimmungen fällt, namentlich weil es sich nicht um eine auf einem Dach «genügend angepasste» Solaranlage im Sinn von Art. 18a Abs. 1 RPG i.V.m. Art. 32a Abs. 1 RPV handelt.

D. Vorschriften über die Wohn- und Arbeitshygiene

(Ausführlicher ROTHWEILER/CONRAD, in: FHB Öffentliches Baurecht, N. 3.682 ff.)

Vorbemerkung: Für Arbeitsräume in Betrieben, die dem Arbeitsgesetz unterstehen (vgl. dazu Art. 1–4 ArG), sind die bundesrechtlichen Arbeitnehmerschutzbestimmungen in Art. 11–22 der Verordnung 3 zum Arbeitsgesetz (ArGV 3) massgebend. Im Übrigen gelangt kantonales Recht zur Anwendung.

1. Mindestfläche und -höhe von Räumen

§ 303 und § 304 PBG statuieren Mindestanforderungen an die Fläche und Höhe von Räumen, die für den Aufenthalt von Menschen bestimmt sind (vgl. § 299 PBG). § 304 Abs. 1 PBG definiert dazu neu – in Übereinstimmung mit Ziff. 5.4 Anhang 1 IVHB – den Begriff der lichten Höhe (vgl. auch Figur 5.4 im Anhang ABV).

2. Belichtung, Belüftung und Besonnung

Die Anforderungen an die Belichtung, Belüftung und Besonnung solcher Räume ergeben sich aus § 301 und § 302 PBG (vgl. auch § 8 BBV I). Für Betriebe, die dem ArG unterstehen, gilt Art. 15 Abs. 3 ArGV 3 (vgl. dazu BRK I, 0067/2008, 4.4.2008 [BEZ 2008 Nr. 27]).

3. Schallschutz

Massgebend sind Art. 32–35 der Lärmschutz-Verordnung des Bundes (LSV).

4. Weitere Vorschriften

Zu beachten sind ferner Vorschriften betreffend

- Nebenräume (§ 297 PBG; § 39 BBV I);
- Feuchtigkeit, Temperatureinflüsse und sanitäre Einrichtungen (§ 300 PBG; § 9 BBV I);
- die innere Erschliessung (§ 305 PBG);
- Küchen (§ 306 PBG; § 36 BBV I);
- Arbeitsräume (§ 11 BBV I);
- die Wärmedämmung (§ 253a PBG; §§ 15–18 BBV I).

E. Sicherheitspolizeiliche Vorschriften

(Ausführlicher Trajkova, in: FHB Öffentliches Baurecht, N. 3.668 ff., 3.678 ff.)

1. Brandschutz

Massgebend sind folgende Erlasse:

- das Gesetz über die Feuerpolizei und das Feuerwehrwesen (FFG) vom 24. September 1978 (LS 861.1);
- die Verordnung über den vorbeugenden Brandschutz (VVB) vom 8. Dezember 2004 (LS 861.12).

Kraft Verweisung in § 1 VVB gelten überdies die Brandschutznorm und die Brandschutzrichtlinien, die das «Interkantonale Organ Technische Handelshemmnisse» gestützt auf die Interkantonale Vereinbarung zum Abbau technischer Handelshemmnisse von 1998 für verbindlich erklärt hat. Die *Brandschutznorm* bestimmt den geltenden Sicherheitsstandard und setzt den Rahmen für den allgemeinen, den baulichen, den technischen, den betrieblichen und den damit verbundenen abwehrenden Brandschutz. Die *Brandschutzrichtlinien* enthalten ergänzende Anforderungen und Massnahmen. Brandschutznorm, Brandschutzrichtlinien sowie die Prüfbestimmungen, welche Verfahren und Voraussetzungen für die

Prüfung von Brandschutzprodukten regeln, bilden zusammen die Brandschutzvorschriften (Art. 4 Abs. 1 Brandschutznorm). Für den Vollzug der Brandschutzvorschriften gibt die Vereinigung Kantonaler Feuerversicherungen (VKF) Brandschutzerläuterungen sowie nutzungs- und themenbezogene Arbeitshilfen heraus.

2. Absturzsicherheit

§ 20 BBV I lautet: «Zugängliche überhöhte Stellen, wie Terrassen, Balkone, Laubengänge, brüstungslose Fenster, Treppen, Stützmauern, Schächte und Zugänge oder Zufahrten zu Hofunterkellerungen, sind so zu sichern, dass keine Absturzgefahr, insbesondere für Kinder, besteht.» Im Einzelnen gelten – als anerkannte Regeln der Baukunde – die Anforderungen der SIA-Norm 358, «Geländer und Brüstungen», 2010.

F. Vorschriften über behindertengerechtes Bauen

(Ausführlicher Schefer/Hess-Klein, in: FHB Öffentliches Baurecht, N. 3.526 ff.)

1. Bundesrecht

Art. 8 Abs. 4 BV verpflichtet den Bundesgesetzgeber, «Massnahmen zur Beseitigung von Benachteiligungen der Behinderten» vorzusehen. Gestützt darauf erliess die Bundesversammlung 2002 das *Behindertengleichstellungsgesetz* (BehiG). Dieses enthält in Bezug auf den Zugang zu Bauten, Anlagen und Wohnungen verschiedene Regelungen (vgl. Art. 2 Abs. 3, Art. 3 lit. a, c und d sowie Art. 7 Abs. 1 BehiG); dabei steht das BehiG «weitergehenden Bestimmungen der Kantone zu Gunsten der Menschen mit Behinderungen nicht entgegen» (Art. 4 BehiG).

Allerdings verleiht Art. 8 Abs. 4 BV dem Bund keine zusätzliche Rechtsetzungskompetenz. Die Bestimmungen des BehiG im Zusammenhang mit der Beseitigung architektonischer Hindernisse bei Bauten und Anlagen sind deshalb – mit Rücksicht auf die Kompetenzverteilung zwischen Bund und Kantonen – nicht als unmittelbar anwendbare Regeln des materiellen Baurechts, sondern lediglich als *Grundsatz- und Rahmenbestimmungen* zu verstehen, die durch detaillierte Normen des kantonalen Rechts konkretisiert und umgesetzt werden müssen (BGE 132 I 82, E. 2.3 [Pra 2006 Nr. 127]). Umgekehrt hat sich die Auslegung des kantonalen Rechts an den Grundsätzen des BehiG zu orientieren (BGer, 1C_394/2010, 1C_404/2010, 10.6.2011, E. 5.2.2).

Zur Frage, inwieweit im Rahmen eines Umbaus auch behindertengerechte Verbesserungen verlangt werden können, die nicht direkt mit dem Umbauprojekt zusammenhängen, aber in einem funktionalen Zusammenhang dazu stehen, vgl. BGE 134 II 249.

2. Kantonales Recht

Art. 11 Abs. 4 der Zürcher *Kantonsverfassung* von 2005, in Kraft seit 1. Januar 2006, lautet: «Menschen mit Behinderungen haben Anspruch auf Zugang zu öffentlichen Bauten, Anlagen, Einrichtungen und Leistungen. Entsprechende Massnahmen müssen wirtschaftlich zumutbar sein.» Gemäss der Übergangsregelung in Art. 138 KV mussten die Behörden innert fünf Jahren nach Inkrafttreten der Kantonsverfassung – d.h. bis Ende 2010 – Vorkehrungen treffen, um (unter anderem) das Grundrecht gemäss Art. 11 Abs. 4 KV zu gewährleisten (Abs. 1 lit. a); seit Ablauf jener Frist kann dieses «unmittelbar geltend gemacht werden» (Abs. 2).

Am 22. Oktober 2012 verabschiedete der Kantonsrat eine Teilrevision des PBG (vgl. S. 13). § 239 Abs. 4 PBG, die bisherige gesetzliche Grundlage für behindertengerechtes Bauen, wurde aufgehoben. Im *Geltungsbereich des BehiG* – öffentlich zugängliche Bauten und Anlagen, Wohngebäude mit mehr als acht Wohneinheiten sowie Gebäude mit mehr als 50 Arbeitsplätzen (Art. 3 lit. a, c und d BehiG) – erfolgte für Neu- und Umbauten eine Angleichung des kantonalen Rechts an das Bundesrecht: Die Gebäude bzw. die einzelnen Wohneinheiten müssen für Menschen mit Behinderungen zugänglich und benützbar sowie im Innern bei Bedarf hindernisfrei anpassbar sein (§§ 239a und 239c PBG). Gebäuden mit mehr als 50 Arbeitsplätzen wurden solche mit mehr als 1'000 m^2 Geschossfläche gleichgestellt, wenn sie einer arbeitsplatzintensiven Nutzung dienen.

Darüber hinausgehend enthält § 239b PBG eine Regelung für *Wohngebäude mit fünf bis acht Wohneinheiten*, die allerdings – entgegen dem regierungsrätlichen Entwurf – nur für Neubauten gilt, nicht auch für Umbauten: In zumindest einem Geschoss müssen die Einheiten für Behinderte zugänglich sein. Der Zugang zu den übrigen Wohneinheiten sowie das Innere der einzelnen Wohnungen müssen anpassbar sein.

Schliesslich konkretisiert § 239d PBG den grundrechtlichen Anspruch auf *Zugang zu öffentlichen Bauten und Anlagen* gemäss Art. 11 Abs. 4 KV, d.h. zu Bauten und Anlagen, deren Träger öffentliche Aufgaben erfüllen: Diese müssen unabhängig von Umbau- oder Sanierungsmassnahmen so angepasst werden, dass sie für Menschen mit Behinderungen zugänglich und benützbar sind (Abs. 1). Auf bauliche Massnahmen kann indes verzichtet werden, wenn deren Kosten 5 % des Gebäudeversicherungswerts übersteigen (Abs. 3).

Für die konkreten baulichen Anforderungen sind – als anerkannte Regeln der Baukunde – massgebend (§ 34 Abs. 2 BBV I):

- die Norm SIA 500, «Hindernisfreie Bauten», 2009 (ersetzte die Norm SN 521 500, Behindertengerechtes Bauen, Ausgabe 1988);
- die Empfehlung «Wohnungsbau hindernisfrei – anpassbar» der Schweizerischen Fachstelle für behindertengerechtes Bauen, 3. Aufl. 2009.

G. Vorschriften über Fahrzeugabstellplätze

(Ausführlicher Kapp, in: FHB Öffentliches Baurecht, N. 3.620 ff.)

1. Funktionen

Die Funktionen der Vorschriften über Fahrzeugabstellplätze haben sich im Lauf der Zeit gewandelt: Ursprünglich dienten sie einzig der *Entlastung des öffentlichen Strassenraums* vom ruhenden Verkehr (vgl. § 242 Abs. 2 Satz 1 PBG). Dies führte zu einer *Parkplatzerstellungspflicht:* Die Gemeinden haben in ihren Bau- und Zonenordnungen – nach Massgabe der Kriterien gemäss § 242 Abs. 1 PBG – Mindestzahlen von Parkplätzen festzulegen, die bei einem Neubau, einem wesentlichen Umbau oder einer wesentlichen Nutzungsänderung (vgl. § 243 Abs. 1 PBG) zu erstellen sind. Über diese sog. Pflichtparkplätze hinaus dürfen weitere («freiwillige») Parkplätze erstellt werden.

Später wurde die Anzahl der – vorab freiwillig erstellbaren – Parkplätze *aus Gründen des Umweltschutzes beschränkt:* «Besteht ein überwiegendes öffentliches Interesse, insbesondere des Verkehrs oder des Schutzes von Wohngebieten, Natur- und Heimatschutzobjekten, Luft und Gewässern, kann die Zahl der erforderlichen Plätze tiefer angesetzt und die Gesamtzahl begrenzt werden» (§ 242 Abs. 2 Satz 2 PBG). Insbesondere bei publikums- bzw. verkehrsintensiven Anlagen – wie Einkaufszentren, Fachmärkte oder Freizeitparks – stellt die Parkplatzbegrenzung (nebst der Parkplatzbewirtschaftung) eine Massnahme zur Emissionsbegrenzung im Sinn von Art. 11 und 12 USG dar.

2. Erfüllung der Erstellungspflicht

Das PBG sieht in den §§ 244–246 eine Kaskadenordnung vor: In erster Linie ist die Erstellungspflicht *real* zu erfüllen. Ist Realerfüllung nicht möglich oder zumutbar, kann die Schaffung oder die Beteiligung an einer *Gemeinschaftsanlage* angeordnet werden. Fällt auch dies ausser Betracht, ist eine *Ersatzabgabe* zu leisten. Realerfüllung kann auch durch langfristiges Mieten von Parkplätzen auf Drittgrundstücken in nützlicher Entfernung erfolgen (zur grundbuchlichen Sicherung solcher Parkplätze vgl. BRK I, 0049/2008, 29.2.2008 [BEZ 2008 Nr. 43]).

3. Anforderungen an Abstellplätze

Abstellplätze müssen verkehrssicher angelegt werden (§ 244 Abs. 2 PBG). Im Übrigen sind die Anforderungen an Parkplätze jedoch weder auf Gesetzes- noch auf Verordnungsstufe geregelt. Es existieren indes verschiedene VSS-Normen betreffend Parkierungsanlagen.

III. Nutzungsvorschriften

A. Nutzungsvorschriften für die einzelnen Zonen

Die zulässige Art der Nutzung eines Grundstücks (Nutzweise) ergibt sich in erster Linie aus den für die jeweilige Zone geltenden Nutzungsvorschriften. Die in der Landwirtschaftszone zonenkonformen Nutzweisen sind – unter Vorbehalt von Art. 27a RPG – abschliessend im Bundesrecht geregelt. Für die übrigen Zonen ist kantonales und kommunales Recht massgebend. Im Einzelnen wurde dies bereits dargestellt:

- zur Landwirtschaftszone vgl. S. 127 ff.;
- zu den Zonen gemäss kantonalem Recht vgl. S. 59 ff.

B. Funktionale Zonenverträglichkeit

1. Im Allgemeinen

Das kantonale bzw. kommunale Recht lässt in der Regel – je nach Zone – stark störende, mässig störende oder nur nicht störende Betriebe zu. Früher spielte diese Typisierung von Betrieben bei der Beurteilung der Zonenkonformität eine grosse Rolle. Mit dem Inkrafttreten der Umweltschutzgesetzgebung haben diese Begriffe ihre immissionsrechtliche Bedeutung indes verloren; sie dienen heute vorab dazu, für die einzelnen Nutzungszonen die Lärmempfindlichkeitsstufen gemäss Art. 43 LSV zu bestimmen (vgl. S. 62).

Allerdings kann den Begriffen «nicht störend», «mässig störend» und «stark störend» immer noch ein raumplanerischer Gehalt zukommen, der im Rahmen einer *funktionalen Betrachtungsweise* der Zonenverträglichkeit zu berücksichtigen ist. Eine Baute oder Anlage muss also nicht nur hinsichtlich der von ihr ausgehenden Lärmemissionen, sondern auch mit Blick auf ihre raumplanerische Zweckbestimmung in eine bestimmte Zone passen. Die erwähnten Typisierungen beinhalten somit qualitative Abstufungen, mit denen Aspekte berücksichtigt werden, die umweltrechtlich zwar nicht relevant sind, aber wegen ihrer speziellen Charakteristik oder Erscheinungsform als mehr oder weniger störend bzw. unangenehm empfunden werden (vgl. BGer, 1C_453/2007, 10.3.2008, E. 7).

Beispiele:

- Das Bundesgericht schützte die Auffassung der Zürcher Gerichte, welche einen Auto-Occasionshandel in einer Wohnzone als funktional zonenwidrig qualifiziert hatten (BGE 117 Ib 147).
- Nach einer in den 1990er-Jahren in der Stadt Zürich etablierten Praxis galten sexgewerbliche Betriebe in Zonen, in denen ein Mindestwohnanteil von mehr als 50 % vorgeschrieben war, gestützt auf eine funktionale Betrachtungsweise als nicht zonenkonform (VGer, VB.96.00078, VB.96.00079, 24.1.1997, E. 4 [BEZ 1997 Nr. 1]; inzwischen besteht eine entsprechende Regelung in der BZO).
- Bei einem 7,38 m hohen, blau-weiss gestrichenen und nachts beleuchteten Aluminiumkreuz (sog. Dozulé-Kreuz) handelt es sich um eine dominant in Erscheinung tretende, mit dem Wohnen in keinem funktionalen Zusammenhang stehende Baute zur Verkündung einer religiösen Botschaft. Sie stellt im Ortsbild einen Fremdkörper dar und ist in einer Wohnzone nicht zonenkonform (BGer, 1P.149/2004, 21.6.2004 [ZBl 2005 549 ff.]).

- Das Zürcher Verwaltungsgericht verneinte die Zulässigkeit einer gut 25 m hohen, ungewöhnlich grossen Mobilfunk-Antennenanlage in einer Wohnzone (VGer, VB.2008.00442, 27.3.2009 [BEZ 2009 Nr. 29]).

2. Ideelle Immissionen im Besonderen

Eng mit der funktionalen Zonenverträglichkeit ist die Frage verbunden, welche Bedeutung im öffentlichen Baurecht sog. «ideelle Immissionen» haben. Im Gegensatz zu materiellen Immissionen wie Luftverunreinigungen, Lärm, Erschütterungen oder Strahlen (vgl. Art. 11 Abs. 1 USG), welche gesundheitsschädigend oder zumindest lästig sind, versteht man unter immateriellen oder ideellen Immissionen Einwirkungen, die das *seelische Empfinden* beeinträchtigen oder unangenehme *psychische Eindrücke* hervorrufen (BGE 136 I 395, E. 4.3.2). In Fällen, in denen die funktionale Zonenverträglichkeit verneint wird, geschieht dies häufig, wenn auch nicht immer aufgrund von ideellen Immissionen.

Ideelle Immissionen spielen vor allem im Zusammenhang mit *Wohnnutzungen* eine Rolle, weil diese als besonders empfindlich gelten. Die Qualifikation ideeller Immissionen als stark störend setzt ein «erhebliches Konfliktpotenzial zwischen den sich entgegenstehenden Nutzungen, insbesondere zu Wohnnutzungen», voraus. Erforderlich ist eine «Gesamtschau unter Einbezug des geplanten Vorhabens und der bestehenden Umgebung» (BGE, a.a.O., E. 4.3.3). Bejaht wurden übermässige ideelle Immissionen bisher vor allem im Zusammenhang mit sexgewerblichen Nutzungen in Wohngebieten, in jüngerer Zeit auch mit Freitodbegleitungen in Zonen, die in erster Linie für die Wohnnutzung bestimmt sind (vgl. die Übersicht bei Griffel/Rausch, Kommentar zum Umweltschutzgesetz, Ergänzungsband zur 2. Auflage, Schulthess 2011, Art. 7 N. 9).

IV. Abweichungen von Bau- und Nutzungsvorschriften

A. Verfassungsrechtliche Einordnung

Das Bauen ist – insbesondere aus polizeilichen Gründen – in ein enges Normenkorsett eingebunden. Bau- und Nutzungsvorschriften enthalten typischerweise keine offenen, generalklauselartigen Tatbestände, sondern weisen zumeist eine hohe Dichte und einen hohen Bestimmtheitsgrad auf. Aus diesem Grund kann im Einzelfall das Bedürfnis nach einer Normkorrektur entstehen, weil die Anwendung einer Bau- oder Nutzungsvorschrift den besonderen Verhältnissen des konkreten Falles nicht gerecht würde und deshalb unverhältnismässig wäre. Je engmaschiger und detaillierter die Vorschriften sind, desto grösser wird das Bedürfnis nach einer Abweichung im Einzelfall.

Dogmatischer Ausgangs- und Angelpunkt für die Beantwortung der Frage, unter welchen Voraussetzungen und inwieweit von Bau- und Nutzungsvorschriften abgewichen werden darf, ist somit das *Verhältnismässigkeitsprinzip* (Art. 5 Abs. 2 und Art. 36 Abs. 3 BV). Wo die Anwendung einer Norm zu unverhältnismässigen Ergebnissen führen würde, gebietet dieses eine Abweichung im Einzelfall. In erster Linie ist der Gesetzgeber aufgerufen, diesem Bedürfnis nach Normkorrektur bzw. -flexibilisierung mit entsprechenden Ausnahmetatbeständen Rechnung zu tragen.

B. Institut der Ausnahmebewilligung (Dispens)

1. Abgrenzung zur raumplanungsrechtlichen Ausnahmebewilligung

Die Art. 24–24e RPG erlauben unter bestimmten Voraussetzungen die Missachtung der fehlenden Zonenkonformität einer Baute oder Anlage ausserhalb der Bauzonen. Im vorliegenden Zusammenhang interessieren Abweichungen von Bau- und Nutzungsvorschriften, vorab innerhalb der Bauzonen. Diese richten sich nach kantonalem Recht (Art. 23 RPG).

2. Ausnahmebewilligung gemäss PBG

a) Generalermächtigung

§ 220 Abs. 1 PBG enthält eine Generalermächtigung, um im Einzelfall von den jeweils anwendbaren Bau- und Nutzungsvorschriften abzuweichen: «Von Bauvorschriften ist im Einzelfall zu befreien, wenn besondere Verhältnisse vorliegen, bei denen die Durchsetzung der Vorschriften unverhältnismässig erscheint.»

Voraussetzung einer Ausnahmebewilligung ist zunächst das Vorliegen *«besonderer Verhältnisse»*. Solche können sich aus der speziellen Lage oder Form eines Grundstücks, aus der Topografie oder aus anderen objektiven Umständen ergeben. Mit diesem unbestimmten Rechtsbegriff soll sichergestellt werden, dass nicht aus Gründen, wie sie bei vielen Grundstücken vorliegen, eine Ausnahmebewilligung erteilt wird (sog. «Regel-Ausnahme»). Drängt sich eine Abweichung von den Bauvorschriften in einer Vielzahl von Fällen auf, so gebietet das Legalitätsprinzip, nicht einzelfallweise Ausnahmebewilligungen zu erteilen, sondern die Vorschriften entsprechend anzupassen.

Weiter (und kumulativ) muss die Durchsetzung der in Frage stehenden Bau- bzw. Nutzungsvorschrift *unverhältnismässig* sein, was eine Interessenabwägung erfordert. Hier wird der verfassungsrechtliche Kern des Instituts der Ausnahmebewilligung unmittelbar sichtbar.

Schliesslich enthalten § 220 Abs. 2 und 3 PBG zusätzliche Voraussetzungen, denen allerdings im Vergleich zu den beiden erwähnten Kriterien nur eine untergeordnete Tragweite zukommt (vgl. etwa BGer, 1C_207/2012, 15.3.2013, E. 2.1.2 f. [ZBl 2014 331 ff.]). Die Ausnahmebewilligung gemäss § 220 PBG ist in der Praxis von sehr grosser Bedeutung. Sie wird normalerweise – als Dispens von einer bestimmten Bauvorschrift – ins Dispositiv der Baubewilligung integriert.

b) Spezialermächtigungen

Von vergleichsweise geringer Bedeutung sind demgegenüber *punktuelle Dispensnormen,* die in bestimmt umschriebenen Bereichen Ausnahmen zulassen. Beispiele sind etwa § 100 Abs. 4 (alt Abs. 3) PBG betreffend die Beanspruchung des Baulinienbereichs (wobei der Dispenscharakter dieser Bestimmung in jüngerer Zeit verneint wird; vgl. S. 79 f.) oder § 301 Abs. 2 und § 302 Abs. 3 PBG betreffend die Besonnung, Belichtung und Belüftung.

§ 11 Baubewilligung

I. Funktion und Rechtsnatur der Baubewilligung

Die baurechtliche Bewilligungspflicht soll es den zuständigen Behörden ermöglichen, ein Bauvorhaben vor seiner Ausführung – also präventiv – auf seine Übereinstimmung mit dem geltenden Recht zu überprüfen. Die Bewilligungspflicht besteht vorab, wenn auch nicht mehr ausschliesslich, aus polizeilichen Gründen (Schutz der Polizeigüter). Polizeilich motiviert sind etwa Vorschriften betreffend den Brandschutz, den Schallschutz oder wohnhygienische Anforderungen an Räume. Teils polizeilich, teils raumplanerisch motiviert sind Vorschriften über den Grenzabstand, die Gebäudehöhe und die offene oder geschlossene Bauweise. Jedenfalls nicht rein polizeilicher Natur sind Vorschriften über die Einordnung und Gestaltung. In erster Linie raumplanerisch motiviert sind Vorschriften über die Nutzweise. Umwelt- bzw. energiepolitisch motiviert sind Wärmedämmvorschriften oder Begrenzungen der Anzahl Parkplätze. Sozialpolitisch motiviert sind Vorschriften über behindertengerechtes Bauen oder über einen Mindestanteil an preisgünstigem Wohnraum. Die Baubewilligung charakterisiert sich heute somit als *gemischte Bewilligung,* überwiegend aber immer noch als Polizeibewilligung.

Ungeachtet der gemischten Natur der Baubewilligung besteht ein *Rechtsanspruch auf Bewilligungserteilung,* wenn alle einschlägigen Vorschriften des öffentlichen Rechts eingehalten sind (etwas zu eng formuliert: § 320 PBG). Die Entscheidung darüber liegt also nicht im Ermessen der Bewilligungsbehörde. Allerdings muss diese Aussage insoweit relativiert werden, als Einordnungs- und Gestaltungsvorschriften den Behörden grosse Beurteilungsspielräume eröffnen (vgl. S. 185).

Zur Abgrenzung: Kein Anspruch auf Erteilung bzw. Verlängerung besteht typischerweise bei der *Konzession* (Monopol- oder Sondernutzungskonzession). Hier muss das Gemeinwesen im Rahmen des pflichtgemässen Ermessens lediglich – aber immerhin – die Grundrechte wahren (vor allem das Rechtsgleichheitsgebot, das Diskriminierungsverbot, das Willkürverbot und den Grundsatz von Treu und Glauben).

II. Bewilligungspflicht

A. Bundesrechtliche Mindestanforderungen

Art. 22 RPG statuiert Mindestanforderungen in Bezug auf die bewilligungspflichtigen Objekte, die bewilligungspflichtigen Vorgänge und die Bewilligungsvoraussetzungen.

1. Bewilligungspflichtige Objekte

Art. 22 Abs. 1 RPG erklärt «*Bauten und Anlagen*» als bewilligungspflichtig. Damit wird ein bundesrechtliches Minimum festgelegt, was den Kreis der bewilligungspflichtigen Objekte anbelangt: «Bauten und Anlagen im Sinne von Art. 22 Abs. 1 RPG sind jene künstlich geschaffenen und auf Dauer angelegten Einrichtungen, die in fester Beziehung zum Erdboden stehen und geeignet sind, die Vorstellung über die Nutzungsordnung zu beeinflussen, sei es, dass sie den Raum äusserlich erheblich verändern, die Erschliessung belasten oder die Umwelt beeinträchtigen» (BGE 123 II 256, E. 3; ständige Rechtsprechung). Auch Fahrnisbauten unterstehen der Bewilligungspflicht, wenn sie über nicht unerhebliche Zeiträume ortsfest verwendet werden (BGE 139 II 134, E. 5.2).

Die vorstehend wiedergegebene Formel des Bundesgerichts macht indes zu wenig deutlich, dass es – im Sinne einer *wirkungsorientierten Betrachtungsweise* – primär, wenn nicht gar ausschliesslich auf die raum- bzw. umweltrelevanten Auswirkungen eines Vorhabens und nicht auf dessen bauliche Substanz ankommt. Insofern erübrigt es sich auch, «Bauten» und «Anlagen» begrifflich klar voneinander abzugrenzen.

2. Bewilligungspflichtige Vorgänge

Art. 22 Abs. 1 RPG erklärt zwei Vorgänge als bewilligungspflichtig: die *Errichtung* einer Baute oder Anlage einerseits und deren *Änderung* anderseits. Letzteres kann auch eine blosse *Nutzungsänderung* sein, wenn sie raumrelevante Folgen, insbesondere erhebliche Auswirkungen auf die Umwelt oder die Erschliessung, hat (z.B. eine stärkere Verkehrsbelastung oder eine anderweitige Zunahme der Immissionen). Eine Nutzungsänderung, die keine baulichen Massnahmen erfordert, ist von der bundesrechtlichen Bewilligungspflicht nur dann ausgenommen, wenn zwei Voraussetzungen erfüllt sind: Erstens muss auch der neue Verwendungszweck zonenkonform sein, und zweitens müssen die Auswirkungen der Zweckänderung auf Umwelt und Planung «ausgesprochen geringfügig» sein (BGer, 1C_395/2015, 7.12.2015, E. 3.1.1).

Allerdings ist die Bewilligungspflicht nicht in allen Fällen eindeutig: «Ob bauliche Massnahmen oder Nutzungsänderungen bewilligungspflichtig sind, ist im baurechtlichen Verfahren zu klären. Bei der Frage, ob ein solches Verfahren überhaupt einzuleiten ist, steht der Baubehörde ein erheblicher Ermessensspielraum zu. Bestehen

Anhaltspunkte, dass ein bewilligungspflichtiger Sachverhalt vorliegen könnte, wird sie im Zweifelsfall ein Bewilligungsverfahren einzuleiten haben; vor allem bei Nutzungsänderungen bestehender Bauten oder Anlagen ergibt oft erst eine genauere Untersuchung, ob die Zweckänderung der baurechtlichen Bewilligungspflicht untersteht (…). Massstab dafür, ob eine bauliche Massnahme erheblich genug ist, um sie dem Baubewilligungsverfahren zu unterwerfen, ist daher, ob damit im Allgemeinen, nach dem gewöhnlichen Lauf der Dinge, so wichtige räumliche Folgen verbunden sind, dass ein Interesse der Öffentlichkeit oder der Nachbarn an einer vorgängigen Kontrolle besteht» (VGer, VB.2007.00472, 21.11.2007, E. 4.2.2, m.w.H. [BEZ 2007 Nr. 44; ZBl 2008 209 ff.]).

3. Bewilligungsvoraussetzungen

a) Zonenkonformität

Art. 22 Abs. 2 lit. a RPG nennt als Bewilligungsvoraussetzung zunächst die Zonenkonformität des Vorhabens. Dies gilt innerhalb wie ausserhalb der Bauzonen.

b) Erschliessung

Als zweite Bewilligungsvoraussetzung nennt Art. 22 Abs. 2 lit. b RPG die Erschliessung des Baugrundstücks, womit stillschweigend auf die Anforderungen gemäss Art. 19 RPG verwiesen wird. Gemeint ist nicht die Grob-, sondern die *Feinerschliessung* (vgl. auch § 234 PBG).

c) Weitere Voraussetzungen

Schliesslich behält Art. 22 Abs. 3 RPG die «übrigen Voraussetzungen des Bundesrechts und des kantonalen Rechts» vor, denen das Vorhaben ebenfalls zu entsprechen hat. Mit dem Bundesrecht sind z.B. das USG und seine Ausführungsverordnungen gemeint (insbesondere die LSV), mit dem kantonalen Recht in erster Linie die kantonalen und kommunalen Bau- und Nutzungsvorschriften.

d) Ausnahmen

Ausnahmebewilligungen sind nur möglich in Bezug auf das Erfordernis der *Zonenkonformität* (ausserhalb der Bauzonen nach Massgabe von Art. 24–24e RPG, innerhalb der Bauzonen nach Massgabe von § 220 PBG) sowie hinsichtlich der *Bauvorschriften* (nach Massgabe von § 220 PBG). Von den bundesrechtlichen Mindestanforderungen an die *Erschliessung* kann nach allgemeiner Auffassung hingegen nicht dispensiert werden.

Immerhin ermöglicht Art. 18 GSchG im Zusammenhang mit dem Kanalisationsanschluss kleinerer Gebäude und Anlagen Übergangslösungen, wenn auch keine dauerhaften Ausnahmen (vgl. BGer, 1C_165/2010, 18.11.2010, E. 3 [URP 2011 10 ff.]: «nicht […] eine förmliche Ausnahmebewilligung im Sinne des Baurechts»).

B. Kantonales Recht

1. Bewilligungstatbestände

«Von Bundesrechts wegen sind (…) Neubauten, Wiederaufbauten, Ersatzbauten, Umbauten, Anbauten, Zweckänderungen und Sanierungen, die über das übliche Mass einer Renovation hinausgehen, bewilligungspflichtig. Den Kantonen bleibt es vorbehalten, über den bundesrechtlichen Mindeststandard hinauszugehen und weitere Vorgänge der Bewilligungspflicht zu unterstellen. Zudem dürfen sie für bestimmte Bauvorhaben ein vereinfachtes Verfahren vorsehen (sog. kleine Baubewilligung) sowie Kleinstbauten einer blossen Anzeigepflicht unterstellen oder überhaupt von der Bewilligungspflicht ausnehmen, sofern sie keine nennenswerten Einflüsse auf Raum, Erschliessung und Umwelt bewirken (…). Hingegen können die Kantone nicht von der Bewilligungspflicht ausnehmen, was nach Art. 22 RPG einer Bewilligung bedarf» (BGer, 1C_157/2011, 21.7.2011, E. 3.1).

§ 309 Abs. 1 des zürcherischen PBG enthält in diesem Sinne einen ausführlichen (ergänzenden) Katalog von Bewilligungstatbeständen. Darunter fallen nebst der Erstellung neuer und der baulichen

Veränderung bestehender Gebäude (lit. a) oder baurechtlich relevanten Nutzungsänderungen (lit. b) etwa auch wesentliche Geländeänderungen (lit. f), Mauern und Einfriedigungen (lit. h), Fahrzeugabstellplätze (lit. i), Aussenantennen (lit. l) und Reklameanlagen (lit. m).

2. Befreiung von der Bewilligungspflicht

§ 1 BVV nimmt – gestützt auf die Ermächtigung in § 309 Abs. 3 PBG – bestimmte *Bauten und Anlagen minderer Bedeutung* von der Bewilligungspflicht aus, beispielsweise geringfügige Geländeveränderungen (lit. d), Mauern und geschlossene Einfriedigungen bis zu einer Höhe von 0,8 m sowie offene Einfriedigungen (lit. e), untergeordnete, nach aussen nicht in Erscheinung tretende Ausrüstungen (lit. g) oder Empfangs- und Sendeantennen, die eine bestimmte Sendeleistung und Grösse nicht überschreiten (lit. i). Von der Bewilligungspflicht ausgenommen sind seit dem 1. Juli 2016 auch «Bauten und Anlagen, deren Gesamthöhe nicht mehr als 2,5 m beträgt und die eine Bodenfläche von höchstens 6 m^2 überlagern; sie sind jedoch bewilligungspflichtig in Kernzonen, im Geltungsbereich einer anderen Schutzanordnung oder eines Ortsbild- oder Denkmalschutzinventars und im Bereich von Verkehrsbaulinien» (§ 1 lit. a BVV).

Zur *Tragweite* der Befreiung von der Bewilligungspflicht äussert sich § 2 BVV: «Die Befreiung erstreckt sich auf die Pflicht zur Einreichung eines Baugesuches sowie zur Aussteckung und zur öffentlichen Bekanntmachung des Bauvorhabens» (Abs. 1); sie entbindet jedoch «nicht von der Pflicht, die Vorschriften des materiellen Rechts einzuhalten» (Abs. 2). Letzteres ist gegebenenfalls im Nachhinein zu überprüfen.

Bereits von Bundesrechts wegen sind – kurioserweise als einziger Anlagetyp – *Solaranlagen* unter bestimmten Voraussetzungen von der Bewilligungspflicht befreit (Art. 18a RPG); und dies unter dem Titel Grundsatzgesetzgebungskompetenz notabene (vgl. S. 133).

Des Weiteren erlaubt Art. 14 Abs. 2 EnG neu dem Bundesrat, vorzusehen, dass Bauten und Anlagen, die vorübergehend und zur Prüfung der Standorteignung von Anlagen zur Nutzung *erneuerbarer Energien* gebaut werden sollen, ohne Baubewilligung errichtet oder geändert werden dürfen.

C. Kasuistik

Die Bewilligungspflicht wurde *bejaht*

- für die Nutzung einer Wiese als Hängegleiterlandeplatz, obwohl sich darauf keine dauerhaften, mit dem Erdboden fest verbundenen Einrichtungen befanden. Der Landekreis war lediglich mit einigen lose eingesteckten Fähnchen signalisiert. Das Bundesgericht bejahte die Bewilligungspflicht dennoch; dies mit Blick auf das zusätzliche Verkehrsaufkommen in der Umgebung und das Erfordernis temporärer Parkierungsmöglichkeiten, aber auch wegen der möglichen Beeinträchtigung eines angrenzendes Flachmoors (BGE 119 Ib 222, E. 3b);
- für eine Anlage zur Beleuchtung des Pilatus, die aus neun Scheinwerfern bestand, welche nicht fest im Boden verankert und innert kürzester Zeit demontierbar waren. Die von der Anlage ausgehende Beleuchtung war aber «geeignet, den angestrahlten Raum – insbesondere das Landschaftsbild – vorübergehend zu verändern» (BGE 123 II 256, E. 3);
- für die Vornahme von 100 m tiefen Probebohrungen während der Dauer von vier Wochen an einen Standort im Wald, im Perimeter eines BLN-Objekts und in einem besonders gefährdeten Gewässerschutzbereich (BGE 139 II 134, E. 5.3);
- für die Installation eines Open-Air-Kinos auf dem Uetliberg während der Dauer von rund einem Monat, bestehend aus zwei Bühnen, einer Projektorkabine, einer Leinwand und 350 Sitz- und Liegeplätzen (VGer, VB.2005.00324, 12.12.2005, E. 3.2 [RB 2005 Nr. 65; BEZ 2006 Nr. 11]);

- für den Betrieb einer Aussengastwirtschaft mit 25 Sitzplätzen auf öffentlichem Grund (BGer, 1C_47/2008, 8.8.2008);
- für drei im Boden fest verankerte Grosssonnenschirme auf einer Hotelterrasse, ergänzt durch mobile, im Boden versenkbare Glaswände sowie eine Warmluft- und Entlüftungsanlage (BGer, 1C_509/2010, 16.2.2011, E. 2.4).
- für die Innenisolation des Dachs eines Wohnhauses ausserhalb der Bauzonen, um im Dachgeschoss (faktisch) zusätzlichen Wohnraum zu schaffen (BGer, 1C_157/2011, 21.7.2011, E. 3.4 f.).
- für den Ersatz bestehender Vitrinen oder Schaufenster in einer Gebäudefassade durch Flachbildschirme, die wechselnde Reklamen zeigen (VGer, VB.2006.00417, 17.1.2007, E. 2 [BEZ 2007 Nr. 5], bestätigt in BGer,1C_12/2007, 8.1.2008);
- für die regelmässige Durchführung von Freitodbegleitungen in Wohnräumen (VGer, VB.2007.00473, 21.11.2007 [BEZ 2007 Nr. 45; ZBl 2008 214 ff.]; VB.2008.00032, 9.4.2008) sowie in einer Wohnzone mit Gewerbeerleichterung (VGer, VB.2008.00464, 12.11.2008).

Die Bewilligungspflicht wurde *verneint*

- für eine «üppige» Weihnachtsdekoration an einem Einfamilienhaus, bestehend aus Leuchtgirlanden und elektrisch beleuchteten Sujets wie Himmelskörper, Schnee- und Weihnachtsmänner, Schafe mit Hirten, Rentiere usw. Im Lichte des Verhältnismässigkeitsprinzips genüge es, wenn die baupolizeiliche Überprüfung dann ansetze, wenn es zu konkreten Anständen gekommen sei, beispielsweise zu Klagen eines Nachbarn oder zu Störungen der Verkehrssicherheit (VGer, VB.2006.00196, 21.7.2006, E. 2.3 [BEZ 2006 Nr. 56], bestätigt in BGer, 1A.202/2006, 10.9.2007);
- für die Umnutzung eines in einer Wohn- und Gewerbezone gelegenen Mehrfamilienhauses in eine Unterkunft für Asylsuchende, in der vor allem Familien oder Frauen mit Kindern

bis zum definitiven Abschluss des Asylverfahrens untergebracht werden sollten (BGer, 1C_395/2015, 7.12.2015);

- für die regelmässige Durchführung von Freitodbegleitungen in Gewerberäumen in einer Industriezone (VGer, VB.2007.00472, 21.11.2007 [BEZ 2007 Nr. 44; ZBl 2008 209 ff.]).

III. Arten von Baubewilligungen

A. Unterscheidung nach dem verfügenden Gemeinwesen

1. Bund: Plangenehmigung

Infrastrukturvorhaben, die in der Vollzugszuständigkeit des Bundes liegen, werden – in der Regel auf der Grundlage eines Sachplans (vgl. S. 30 ff.) – mittels Plangenehmigung (Plangenehmigungsverfügung) bewilligt. Hierfür ist eine Bundesbehörde zuständig, und zwar aufgrund *spezialgesetzlicher Regelung:*

- Art. 18 ff. Eisenbahngesetz (SR 742.101)
- Art. 26 ff. Nationalstrassengesetz (SR 725.11)
- Art. 37 ff. Luftfahrtgesetz (SR 748)
- Art. 126 ff. Militärgesetz (SR 510.10)
- Art. 16 ff. Elektrizitätsgesetz (SR 734.0)
- Art. 3, 9 ff. Seilbahngesetz (SR 743.01)
- Art. 2 f., 21 ff. Rohrleitungsgesetz (SR 746.1)
- Art. 11 Trolleybus-Gesetz (SR 744.21)
- Art. 95a ff. Asylgesetz (SR 142.31), noch nicht in Kraft

Das *Plangenehmigungsverfahren* ist nicht zentral, sondern in den einzelnen Sachgesetzen geregelt, wurde mit dem sog. «Bundeskoordinationsgesetz» von 1999 aber stark vereinheitlicht (siehe S. 223).

2. Kanton: (besondere) Bewilligungen

Im Kanton Zürich sind grundsätzlich die Gemeinden für die Bewilligung von Bauten und Anlagen zuständig (vgl. nachstehend 3.). Zahlreiche *Einzelaspekte* liegen jedoch in der Bewilligungszuständigkeit des Kantons. Zum Teil ist die Zuständigkeit einer kantonalen Behörde bundesrechtlich vorgeschrieben; so hinsichtlich Bauten und Anlagen ausserhalb der Bauzonen (Art. 25 Abs. 2 RPG) oder in lärmbelasteten Gebieten (Art. 31 Abs. 2 LSV).

Beispiele für kantonale Zuständigkeiten (die Ziffern beziehen sich auf den Anhang zur BVV):

- (Ausnahme-)Bewilligungen für Bauten und Anlagen ausserhalb der Bauzonen (Ziff. 1.2)
- Ausnahmebewilligungen für Bauten und Anlagen im Waldabstandsbereich (Ziff. 1.3)
- Bewilligungen im Geltungsbereich einer überkommunalen Schutzanordnung oder eines überkommunalen Inventars (Ziff. 1.4.1)
- Ausnahmebewilligungen für Bauten und Anlagen in einer Grundwasserschutzzone (Ziff. 1.5.1)
- Ausnahmebewilligungen für Bauten und Anlagen im Gewässerraum (Ziff. 1.6.1)
- Ausnahmebewilligungen für Bauten und Anlagen in lärmbelasteten Gebieten (Ziff. 3.2)

3. Gemeinde: Baubewilligung

Subsidiär – faktisch jedoch in erster Linie – sind im Kanton Zürich wie in der Mehrzahl der Kantone die Gemeinden für die Erteilung von Baubewilligungen zuständig: «Die örtliche Baubehörde entscheidet über Baugesuche, soweit durch Verordnung nichts anderes bestimmt ist» (§ 318 PBG). In der Terminologie des PBG wird die Baubewilligung als *«baurechtlicher Entscheid»* bezeichnet (vgl. den Titel vor § 318 PBG).

B. Unterscheidung nach dem Inhalt

1. Ordentliche Baubewilligung

Die ordentliche Baubewilligung ist die behördliche Feststellung, dass ein Bauvorhaben sämtlichen Anforderungen des öffentlichen Rechts des Bundes, des Kantons und der Gemeinde entspricht, gegebenenfalls verbunden mit den erforderlichen (rechtsgestaltenden) Nebenbestimmungen, um untergeordnete Mängel zu beheben (vgl. nachfolgend IV.). Sind alle Nebenbestimmungen erfüllt, so dass gesamthaft ein rechtskonformer Zustand besteht, darf das Bauvorhaben ausgeführt werden.

2. Ausnahmebewilligung

Die Ausnahmebewilligung ermächtigt den Gesuchsteller, von einer Bau- oder Nutzungsvorschrift abzuweichen. Derartige Ermächtigungen werden in der Regel in die Baubewilligung integriert, sind also Teil des baurechtlichen Entscheids.

Gemäss § 320 Halbsatz 2 PBG sind Ausnahmebewilligungen zu begründen (vgl. dazu auch § 5 lit. k BVV). Allerdings muss auch die ordentliche Baubewilligung, welche eine Verfügung darstellt, nach Massgabe des Anspruchs auf rechtliches Gehör begründet werden.

3. Vorentscheid

a) *Funktion und Grenzen des Vorentscheids*

«Über Fragen, die für die spätere Bewilligungsfähigkeit eines Bauvorhabens von grundlegender Bedeutung sind, können Vorentscheide eingeholt werden» (§ 323 Abs. 1 PBG, erster Satzteil). Dies trägt dem legitimen Bedürfnis des Bauherrn Rechnung, hinsichtlich *grundlegender Aspekte,* welche die Bewilligungsfähigkeit eines Bauvorhabens betreffen, frühzeitig und verbindlich Klarheit zu erhalten, ohne das Projekt bereits bis zur Baueingabereife ausarbeiten zu müssen.

Einem Vorentscheid sind allerdings rechtliche Grenzen gesetzt. So können der zuständigen Behörde nur Fragen unterbreitet werden, deren *isolierte Beurteilung möglich und zulässig* ist. § 323 Abs. 1 PBG wurde deshalb durch folgenden Zusatz ergänzt: «… sofern die gesonderte Beurteilung dieser Fragen sachlich möglich ist und nicht gegen das Koordinationsgebot verstösst». *Nicht möglich* ist eine Beurteilung beispielsweise, wenn abstrakt nach der Zonenkonformität eines Einkaufszentrums in einer Wohnzone mit Gewerbeerleichterung (Lärmempfindlichkeitsstufe III) gefragt wird, die konkreten Nutzungen aber noch nicht feststehen, so dass die lärmmässigen Auswirkungen und damit die Zonenkonformität nicht abschliessend beurteilt werden können (vgl. dazu auch S. 62). *Unzulässig* wäre etwa die Frage, ob für ein erst in Umrissen bekanntes Bauvorhaben ausserhalb der Bauzonen eine Ausnahmebewilligung nach Art. 24 RPG erteilt werden könne. Denn die nach Art. 24 lit. b RPG gebotene umfassende Interessenabwägung kann nur unter Einbezug aller relevanten Sachumstände vorgenommen werden und muss allenfalls mit weiteren Beurteilungen (Landschaftsschutz, Erschliessung usw.) koordiniert werden, was eine vollständige Baueingabe erfordert.

b) Wirkungen des Vorentscheids; Verfahren

Vorentscheide sind bezüglich der behandelten Fragen in gleicher Weise *verbindlich* wie baurechtliche Bewilligungen (§ 324 Abs. 1 PBG, erster Satzteil); das ist ja ihr Zweck. Die Bindung besteht somit während der Dauer von drei Jahren (vgl. § 322 Abs. 1 PBG). Mit Einreichung des Baugesuchs innert der dreijährigen Frist ist diese gewahrt. Die Bindungswirkung entfällt allerdings insoweit, als sich die tatsächlichen oder rechtlichen Verhältnisse bis zur Einreichung des Baugesuchs wesentlich geändert haben (§ 324 Abs. 1 PBG, zweiter Satzteil).

Die Verbindlichkeit des Vorentscheids setzt voraus, dass Dritte rechtzeitig ihre Interessen wahren konnten. Aus diesem Grund sind Vorentscheide dem *Baubewilligungsverfahren* mit seinen Publizitätsmitteln (Aussteckung, Ausschreibung, öffentliche Planauflage) unterstellt: «Vorentscheide ergehen im gleichen Verfahren wie baurechtliche Bewilligungen» (§ 323 Abs. 2 Satz 1 PBG). Eine Aussteckung hat jedenfalls soweit zu erfolgen, als die Fragestellung raumrelevante Aspekte betrifft.

Zur *Anfechtbarkeit* von Vorentscheiden mit Beschwerde in öffentlichrechtlichen Angelegenheiten siehe S. 262.

c) Behördliche Auskünfte

Das PBG unterschied ursprünglich zwischen drittverbindlichen und bloss behördenverbindlichen (sog. internen) Vorentscheiden; nur Erstere waren dem Baubewilligungsverfahren unterstellt (alt § 324 Abs. 2 PBG). Das Bundesgericht entschied indes bereits 1992 – im Ergebnis richtig, wenn auch mit nicht überzeugender Begründung –, dass nicht drittverbindliche Vorentscheide, die ohne Einbezug Dritter ergehen, bundesrechtswidrig seien (BGer, 1P.224/1991, 9.9.1992, E. 2b [ZBl 1994 66 ff.]). Einerseits entsteht dadurch die Gefahr einer unzulässigen *Vorbefassung* der Baubehörde, weil die Argumente Dritter im Vorentscheidverfahren nicht berücksichtigt werden können (vgl. BGer, 1C_150/2009, 8.9.2009 [ZBl 2011 478 ff.]). Anderseits (und vor allem) wird das *rechtliche Gehör* Dritter im Rechtsmittelverfahren verletzt, wenn der Bauherr einen negativen, von der Behörde also gänzlich oder teilweise negativ beantworteten internen Vorentscheid anficht und sich auf dem Rekursweg einen für ihn vorteilhafteren Entscheid erstreitet. Ein Dritter kann die spätere Baubewilligung, die auf diesem Entscheid beruht, zwar anfechten, steht dann jedoch einer Rechtsmittelinstanz gegenüber, welche die betreffende Frage – ohne seine Beteiligung – schon einmal entschieden hat.

§ 324 Abs. 2 PBG, schon längere Zeit nicht mehr angewendet, wurde erst im Rahmen der PBG-Revision von 2013 («Verfahren und Rechtsschutz») formell aufgehoben. Allerdings ist nicht zu verkennen, dass ein gewisses Bedürfnis nach *qualifizierten behörd-*

lichen Auskünften besteht, ohne gleich von Anfang an die Nachbarschaft zu mobilisieren. Diesem Bedürfnis könnte der Gesetzgeber Rechnung tragen, indem er solche Auskünfte als bindend erklären würde, jedoch unter dem ausdrücklichen Vorbehalt späterer Einwendungen Dritter und ohne die Möglichkeit der Anfechtung. Wäre der Bauherr mit einer solchen Auskunft nicht einverstanden, könnte er – unter voller Publizität – einen entsprechenden Vorentscheid bzw. baurechtlichen Entscheid einholen und anschliessend gegen diesen den Rechtsweg beschreiten. Dritte könnten dann von Anfang an am Rechtsmittelverfahren teilnehmen (vgl. S. 258).

IV. Nebenbestimmungen von Baubewilligungen

A. Funktion und Bedeutung

§ 321 Abs. 1 des zürcherischen PBG lautet: «Können inhaltliche oder formale Mängel des Bauvorhabens ohne besondere Schwierigkeiten behoben werden oder sind zur Schaffung oder Erhaltung des rechtmässigen Zustands Anordnungen nötig, so sind mit der Bewilligung die gebotenen Nebenbestimmungen (Auflagen, Bedingungen, Befristungen) zu verknüpfen.»

Verfassungsrechtlicher Ausgangspunkt für Nebenbestimmungen ist das *Verhältnismässigkeitsprinzip:* Der Gesuchsteller hat einen Rechtsanspruch auf Bewilligungserteilung, wenn die gesetzlichen Anforderungen erfüllt sind (vgl. S. 203). Sind die Anforderungen hingegen nicht erfüllt, ist die Bewilligung zu verweigern. Zwischen diesen beiden Polen – vorbehaltlose Bewilligung einerseits, Bewilligungsverweigerung anderseits – gibt es noch eine dritte Variante, die in der Praxis weitaus am häufigsten vorkommt: den Fall, dass einem Bauvorhaben zwar noch gewisse Mängel anhaften, diese aber ohne besondere Schwierigkeiten behoben werden können. In einem solchen Fall ist die Bewilligung mit Rücksicht auf den Grundsatz der Verhältnismässigkeit nicht zu verweigern, sondern unter Statuierung entsprechender Nebenbestimmungen (im Dispositiv des

Entscheids) zu erteilen. Die Verknüpfung der Baubewilligung mit Nebenbestimmungen kommt allerdings nur zur Behebung von untergeordneten Mängeln in Betracht; erfordert die Behebung der Mängel eine konzeptionelle Überarbeitung des Projekts, entfällt diese Möglichkeit (BGer, 1C_192/2009, 17.11.2009, E. 2).

B. Echte und unechte Nebenbestimmungen

Wenn von Nebenbestimmungen die Rede ist, sind normalerweise *echte* Nebenbestimmungen gemeint (Auflagen, Bedingungen, Befristungen).

Unechte Nebenbestimmungen haben demgegenüber rein informativen Charakter und wollen den Gesuchsteller auf Gesetzesvorschriften oder andere wesentliche Umstände aufmerksam machen. Es handelt sich um blosse *Hinweise,* die am Inhalt der Verfügung nichts ändern. Oftmals werden derartige Hinweise in sog. «Allgemeinen Baubedingungen» zusammengefasst und dem baurechtlichen Entscheid – im Sinne einer Checkliste – als Anhang beigefügt. Unechte Nebenbestimmungen sind in Baubewilligungen häufig anzutreffen; zuweilen nehmen sie mehr Raum ein als echte Nebenbestimmungen.

C. Typen echter Nebenbestimmungen

In der Praxis wird meist nicht zwischen Auflagen und Bedingungen differenziert («Die baurechtliche Bewilligung wird erteilt unter folgenden Auflagen und Bedingungen ...»). Rechtlich unterscheiden sich Auflagen und Bedingungen jedoch erheblich.

1. Auflage

Eine Auflage verpflichtet den Baugesuchsteller zu einem *Tun, Dulden* oder *Unterlassen.* Die Nichterfüllung einer Auflage wirkt sich – anders als bei der Bedingung – nicht auf den Bestand der Bewilligung aus. Hingegen kann die Erfüllung der Auflage mit den Mitteln des Verwaltungszwangs *durchgesetzt* werden. Auflagen sind in Baubewilligungen die weitaus häufigsten (echten) Nebenbestimmungen.

Gemäss § 326 PBG darf mit der Ausführung eines Bauvorhabens «ohne schriftliche Erlaubnis der zuständigen Behörden nicht begonnen werden, bevor (...) alle auf den Baubeginn gestellten Nebenbestimmungen erfüllt sind». Damit hat die Baubehörde ein wirksames Instrument in der Hand, um die Erfüllung der Auflagen zu kontrollieren, bevor sie die *Baufreigabe* erteilt. Im Nachhinein lassen sich Auflagen – falls überhaupt – nur noch mit wesentlich grösserem Aufwand durchsetzen.

2. Bedingung

Eine Bedingung ist eine *ungewisse künftige Tatsache.* Zu unterscheiden ist zwischen aufschiebenden (suspensiven) und auflösenden (resolutiven) Bedingungen: Bei einer aufschiebenden Bedingung wird die Verfügung erst mit dem Eintritt der Bedingung wirksam. Bei einer auflösenden Bedingung fällt die Wirksamkeit der Verfügung mit dem Eintreten der Bedingung dahin. Echte Bedingungen sind in Baubewilligungen eher selten; insbesondere für Resolutivbedingungen bleibt nur ein sehr kleiner Anwendungsbereich (Beispiel: Beseitigungsrevers gemäss § 100 Abs. 2 [alt Abs. 1] PBG).

Hinsichtlich des Eintritts der Bedingung ist eine gewisse *Realisierungswahrscheinlichkeit* erforderlich; andernfalls handelt es sich um eine verpönte «Baubewilligung auf Vorrat». So darf eine Bewilligung z.B. nur dann unter der Bedingung erteilt werden, dass der Nachbar ein Näherbaurecht einräumt, wenn konkrete Anhaltspunkte dafür bestehen, dass dies voraussichtlich geschehen wird. Entsprechendes gilt etwa auch für die Bewilligung eines Einkaufszentrums unter der Bedingung, dass eine geplante neue Buslinie definitiv realisiert wird.

Anders als bei der Auflage hat es die Bauherrschaft *nicht oder nicht allein* in der Hand, das Eintreten der Bedingung herbeizuführen.

Daher kann eine Bedingung auch nicht zwangsweise durchgesetzt werden. Potestativbedingungen, deren Eintritt allein vom Willen des Gesuchstellers abhängt, fallen im Baurecht grundsätzlich ausser Betracht; denn bei hinreichender Realisierungswahrscheinlichkeit bzw. -möglichkeit ist in einem solchen Fall eine Auflage zu statuieren.

3. Befristung

Eine Befristung begrenzt die Wirksamkeit der Baubewilligung auf eine im Voraus bestimmte Zeitspanne. Beim befristet bewilligten Vorhaben handelt es sich um ein *Provisorium* (Beispiel: befristete Bewilligung einer an sich nicht bewilligungsfähigen Baracke für Schulzimmer während der Dauer eines Schulhausumbaus). Von einer Behebung des Mangels kann nur in zeitlicher Hinsicht gesprochen werden: Das baurechtswidrige Vorhaben besteht lediglich während einer begrenzten Zeitdauer; durch Zeitablauf (und Wiederherstellung des rechtmässigen Zustands) wird der Mangel «geheilt». Derart befristete Bewilligungen sind eher selten.

Die Befristung im Sinne einer (heilenden) Nebenbestimmung ist von der Befristung abzugrenzen, die sich aufgrund eines von vornherein *befristeten Baugesuchs* ergibt (Beispiel: Gesuch um Bewilligung eines Imbissstands von Mai bis Oktober). Hier resultiert die Befristung aus der Dispositionsmaxime: Dem Gesuchsteller kann nicht mehr bewilligt werden, als er beantragt hat.

D. Revers

1. Begriff und Funktion

Anders als Auflagen, Bedingungen und Befristungen ist der Revers eine baurechtliche Besonderheit. Ein einheitliches Begriffsverständnis besteht allerdings nicht. Nach hier vertretener Auffassung handelt es sich beim Revers um die *Anmerkung einer öffentlichrechtlichen Eigentumsbeschränkung im Grundbuch.* Eine Anmerkung bringt ein bestehendes privat- oder öffentlichrechtliches Rechtsverhältnis zur Kenntnis; sie ist lediglich deklaratorischer Natur, hat also – im Gegensatz zur Vormerkung – keinen Einfluss auf die materielle Rechtslage. Die Anmerkung nimmt jedoch an der *Publizitätswirkung des Grundbuchs* teil und vermag den guten Glauben zu zerstören: «Die Einwendung, dass jemand eine Grundbucheintragung nicht gekannt habe, ist ausgeschlossen» (Art. 970 Abs. 4 ZGB).

2. Arten

a) Eigentumsbeschränkungen, die sich aus dem Gesetz ergeben

Gemäss § 321 Abs. 2 Halbsatz 2 PBG kann die Anmerkung, «wo ein Bedürfnis besteht, (...) bei Eigentumsbeschränkungen angeordnet werden, deren Umfang und Tragweite sich unmittelbar aus den Bauvorschriften ergibt». Beispiele:

- «Die Räume im 2. Untergeschoss dürfen nicht als Wohn-, Schlaf- oder Arbeitsräume genutzt werden.» Ein solcher *Nutzungsbeschränkungsrevers* kommt dann in Betracht, wenn die Verwendbarkeit der Räume für eine anrechenbare Nutzung zwar nicht auf der Hand liegt, aber auch nicht ausgeschlossen werden kann (VGer, VB.2005.00208, 22.7.2005, E. 2.4 [BEZ 2005 Nr. 37]).
- «Der jeweilige Eigentümer des Grundstücks Kat.-Nr. X darf die am 20. November 2012 auf das Grundstück Kat.-Nr. Y übertragene Ausnützung im Umfang von 65 m^2 im Falle eines Um- oder Neubaus nicht konsumieren.» Ein solcher *Ausnützungsrevers* ergibt sich zwar nicht unmittelbar, aber zumindest mittelbar aus den Bauvorschriften.

Entsprechen solche Reverse nach einer Rechtsänderung – z.B. einer Erhöhung der Ausnützungsziffer – nicht mehr dem geltenden Recht, sind sie auf Gesuch des Grundeigentümers hin zu löschen.

Vereinzelt schreibt das Gesetz die Anmerkung einer Eigentumsbeschränkung mehr oder weniger direkt vor. Beispiele:

- § 100 Abs. 2 (alt Abs. 1) PBG (Baulinien, *Beseitigungsrevers*)

- § 101 Abs. 2 PBG (Baulinien, *Mehrwertrevers*)
- § 150 Abs. 3 PBG (Quartierplanbann)
- § 237 Abs. 4 PBG (Veränderung/Beseitigung privatrechtlich geordneter Zugänge)

b) Eigentumsbeschränkungen, die sich aus Nebenbestimmungen ergeben

Um an der Publizitätswirkung des Grundbuchs teilzuhaben, sind auch «Nebenbestimmungen mit längerer zeitlicher Wirkung» als Reverse im Grundbuch anzumerken (§ 321 Abs. 2 Halbsatz 1 PBG), beispielsweise die Befristung eines längerdauernden Provisoriums. «Als zukunftsorientierte Nebenbestimmungen sind Reverse im Unterschied zu den gewöhnlichen Nebenbestimmungen, die nur vor oder während der Bauausführung aktuell sind, auf eine nähere oder fernere Zukunft gerichtet» (BGer, 1E.2/2007, 11.1.2008, E. 2.2).

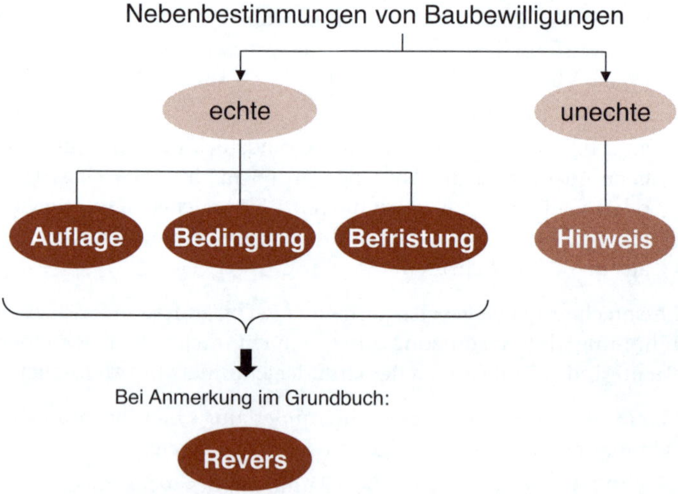

V. Gültigkeitsdauer der Baubewilligung; Baufreigabe und Baukontrolle

Gemäss § 322 Abs. 1 PBG erlöschen baurechtliche Bewilligungen nach *drei Jahren,* «wenn nicht vorher mit der Ausführung begonnen worden ist; bei Neubauten gilt der Aushub oder, wo er vorausgesetzt ist, der Abbruch einer bestehenden Baute als Baubeginn» (zum massgeblichen Baubeginn vgl. VGer, VB.2003.00345, 30.6.2004 [RB 2004 Nr. 76; BEZ 2004 Nr. 48]; vgl. ferner § 20 BVV). Die Frist beginnt mit Eintritt der formellen Rechtskraft zu laufen (§ 322 Abs. 3 PBG).

Die Baubewilligung ist eine Verfügung. In (formelle) Rechtskraft erwächst demnach grundsätzlich nur das *Dispositiv.* Die Erwägungen nehmen nur, aber immerhin insoweit an der Rechtskraftwirkung teil, als im Dispositiv auf sie verwiesen wird oder sie für das Verständnis des Dispositivs unerlässlich sind. Unechte Nebenbestimmungen (Hinweise) erwachsen nicht in Rechtskraft.

§ 326 PBG regelt die *Baufreigabe:* «Mit der Ausführung eines Vorhabens darf ohne schriftliche Erlaubnis der zuständigen Behörden nicht begonnen werden, bevor alle nötigen baurechtlichen Bewilligungen rechtskräftig erteilt und alle auf den Baubeginn gestellten Nebenbestimmungen erfüllt sind.» § 327 PBG hat *Meldepflichten* während der Bauausführung sowie die *Baukontrolle* zum Gegenstand (vgl. auch §§ 23 f. BVV). Im Rahmen der Baukontrolle prüft die örtliche Baubehörde «in geeigneten Abständen, ob die Bauarbeiten den Vorschriften und Plänen entsprechen» (§ 327 Abs. 2 PBG). Nach Bauvollendung findet in der Regel eine Bauabnahme durch die Baubehörde statt. § 328 PBG regelt, was zu geschehen hat, wenn die Bauarbeiten nach Baubeginn während längerer Zeit *unterbrochen* oder gänzlich eingestellt werden (vgl. dazu BRG II, 0186/2013, 17.12.2013 [BEZ 2014 Nr. 46]).

§ 12 Baubewilligungsverfahren

I. Koordinationspflicht

A. Entwicklung

Im leading case «Chrüzlen» von 1990 (BGE 116 Ib 50) leitete das Bundesgericht aus der Verfassung ein *Koordinationsgebot* ab. Zuvor war es üblich gewesen, dass – je nach Bauvorhaben – unter Umständen mehrere Behörden unterschiedlicher Stufen (Gemeinde, Kanton, allenfalls Bund) einzelne Teilaspekte unabhängig voneinander beurteilten und zu unterschiedlichen Zeitpunkten separate Verfügungen erliessen. Diese waren nicht selten bei verschiedenen Rechtsmittelinstanzen anfechtbar, so dass sich die einzelne Rechtsmittelinstanz wiederum nur mit Teilaspekten des Vorhabens befassen konnte.

Das Bundesgericht verlangte von den rechtsanwendenden Behörden des Bundes und der Kantone eine *formelle* (verfahrensmässige) und *materielle* (inhaltliche) *Koordination* ihrer Verfahren und Verfügungen, wenn für die Verwirklichung eines Projekts verschiedene materiellrechtliche Vorschriften anzuwenden sind und zwischen diesen ein derart enger Sachzusammenhang besteht, dass sie nicht getrennt und unabhängig voneinander angewendet werden dürfen (BGE 116 Ib 50, E. 4b); dies mit dem Ziel, nicht aufeinander abgestimmte, insbesondere widersprüchliche Entscheide zu vermeiden und eine umfassende Überprüfung im Rechtsmittelverfahren zu ermöglichen. Hinsichtlich der Umsetzung dieser Koordinationspflicht kamen grundsätzlich zwei Modelle in Betracht:

- das *Koordinationsmodell,* nach welchem verschiedene Behörden sachlich zuständig bleiben, ihre Verfahren bzw. Entscheide jedoch formell und materiell koordinieren müssen;
- das *Konzentrationsmodell,* gemäss welchem die Entscheidzuständigkeit bei einer einzigen Behörde konzentriert wird.

Das Urteil «Chrüzlen» löste sowohl auf Bundes- als auch auf kantonaler Ebene organisations- und verfahrensrechtliche Aktivitäten des Gesetzgebers von sehr grosser Tragweite aus:

Für die *kantonalen Verfahren* fügte die Bundesversammlung 1995 Art. 25a («Grundsätze der Koordination») und Art. 33 Abs. 4 ins RPG ein, was entsprechende Anpassungen im kantonalen Recht zur Folge hatte.

Für die *Plangenehmigungsverfahren des Bundes* erliess die Bundesversammlung 1999 das – inoffiziell so bezeichnete – «Bundeskoordinationsgesetz» (Bundesgesetz über die Koordination und Vereinfachung von Entscheidverfahren vom 18. Juni 1999, AS 1999 3071). Bei diesem handelte es sich um einen Mantelerlass, mit welchem 18 Spezialgesetze geändert wurden.

B. Plangenehmigungsverfahren des Bundes

Das – weiterhin in den einzelnen Sachgesetzen geregelte – Plangenehmigungsverfahren (vgl. S. 210) wurde mit dem «Bundeskoordinationsgesetz» stark vereinheitlicht. Dabei erfolgte ein Paradigmenwechsel hin zum *Konzentrationsmodell,* d.h. zur sachlichen Zuständigkeit einer einzigen (Bundes-)Behörde, der sog. Leitbehörde. Die übrigen Behörden bringen ihre Anliegen in Form von Stellungnahmen in das Leitverfahren ein. Daraus resultiert ein Gesamtentscheid, der sämtliche rechtlichen Aspekte des Vorhabens abdeckt. Diese Konzentration der Sachzuständigkeit wird für den Falle von Meinungsverschiedenheiten zwischen den Behörden durch ein Anhörungs- und Bereinigungsverfahren ergänzt (geregelt in Art. 62a und 62b RVOG).

Die Plangenehmigungsverfügungen der Bundesbehörden können beim Bundesverwaltungsgericht angefochten werden (Art. 31 i.V.m. Art. 33 lit. d VGG). Dessen Urteile unterliegen der Beschwerde in öffentlichrechtlichen Angelegenheiten an das Bundesgericht (Art. 82 lit. a i.V.m. Art. 86 Abs. 1 lit. a BGG).

C. Kantonale und kommunale Verfahren

1. Bewilligungsverfahren

Das Bundesrecht lässt den Kantonen mit Bezug auf das Verwaltungsverfahren (Bewilligungsverfahren) die Freiheit, im Rahmen ihrer Organisationsautonomie (vgl. Art. 25 Abs. 1 RPG) das Konzentrations- oder das Koordinationsmodell umzusetzen. Für den letzteren Fall macht Art. 25a RPG den Kantonen – in enger Anlehnung an den Entscheid «Chrüzlen» – jedoch Vorgaben, wie die Verfahren und die Bewilligungen zu koordinieren sind. Der Kanton Zürich hat sich für das *Koordinationsmodell* entschieden (vgl. § 319 Abs. 2 PBG; §§ 7–12 BVV).

2. Rechtsmittelverfahren

Hinsichtlich des Rechtsmittelverfahrens kommt nur das *Konzentrationsmodell* in Betracht, um zu verhindern, dass verschiedene Rechtsmittelinstanzen der gleichen Stufe lediglich Teilaspekte des gleichen Sachverhalts beurteilen. In diesem Sinn schreibt Art. 33 Abs. 4 RPG den Kantonen vor: «Für die Anfechtung von Verfügungen kantonaler Behörden, auf welche Artikel 25a Absatz 1 Anwendung findet, sind einheitliche Rechtsmittelinstanzen vorzusehen.»

II. Arten des Baubewilligungsverfahrens

Im Folgenden geht es nur noch um die konkrete Ausgestaltung des Baubewilligungsverfahrens im Kanton Zürich (für eine allgemeine Darstellung vgl. Dussy, in: FHB Öffentliches Baurecht, N. 7.101 ff.).

A. Ordentliches Baubewilligungsverfahren

1. Übersicht

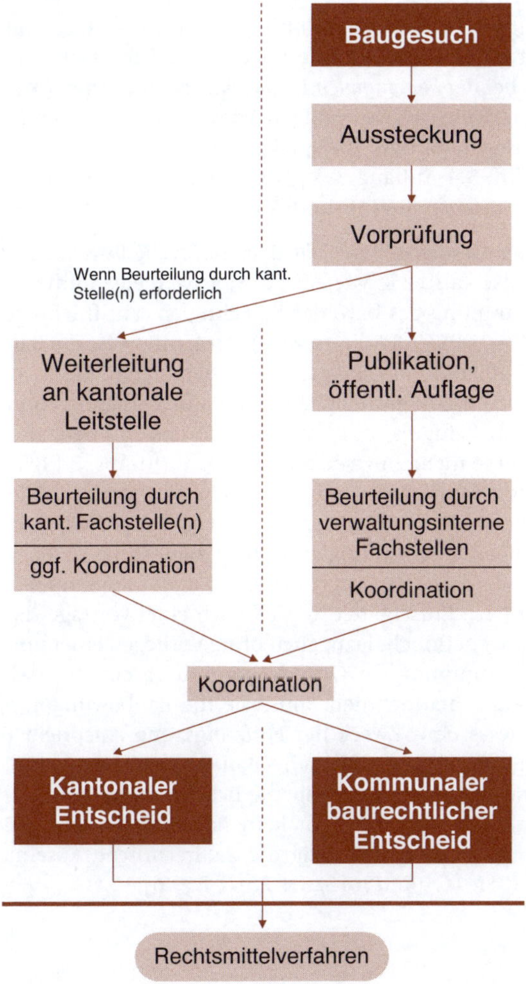

2. Die einzelnen Verfahrensschritte

a) Baugesuch

Das Baugesuch samt Plänen und weiteren Unterlagen (vgl. §§ 3–6 BVV) ist grundsätzlich «ohne Rücksicht auf die sachliche Zuständigkeit» bei der *kommunalen Baubehörde* einzureichen (§ 312 PBG). In den vergleichsweise wenigen Fällen, die keiner kommunalen Bewilligung bedürfen (Beispiel: Entgegennahme von Sonderabfällen [Ziff. 5.4 Anhang BVV]), ist das Gesuch bei der kantonalen Leitstelle einzureichen (§ 10 BVV).

Wenn der Gesuchsteller *nicht alleinverfügungsberechtigter Grundeigentümer* ist – also z.B. Mieter oder Stockwerkeigentümer –, muss er die Zustimmung des bzw. der Berechtigten schriftlich nachweisen (§ 310 Abs. 3 PBG; § 5 lit. m BVV). Andernfalls ist die Baubehörde nicht verpflichtet, das Baugesuch zu behandeln. Sie ist dazu aber befugt, weil die öffentlichrechtliche Baubewilligung von der zivilrechtlichen Befugnis, das Bauvorhaben auszuführen, unabhängig ist und diese nicht zu ersetzen vermag. § 310 Abs. 3 PBG ist somit eine blosse Ordnungsvorschrift, welche in erster Linie der Baubehörde dient: «Ihr soll es erspart bleiben, Bauvorhaben einer zeitaufwändigen Überprüfung zu unterziehen, wenn deren Verwirklichung von vornherein am Widerstand der Verfügungsberechtigten scheitert (...). Entscheidet sie sich nach einer vorfrageweisen Würdigung aber dennoch dazu, auch ohne Vorliegen einer unterschriftlichen Zustimmung der Grundeigentümerin eine Beurteilung des Bauprojekts vorzunehmen, muss sie die Baubewilligung erteilen, sofern dieses dem Zweck der Nutzungszone entspricht und ihm aus den öffentlich-rechtlichen (Bau-)Vorschriften keine Hindernisse entgegenstehen. Für die Berücksichtigung privatrechtlicher Verhältnisse besteht insoweit kein Raum. Diesfalls verbleibt der Verfügungsberechtigten einzig die zivilrechtliche Auseinandersetzung» (BGer, 1C_663/2015, 5.4.2016, E. 3.6).

b) *Aussteckung*

Darstellbare Vorhaben – also insbesondere Neubauten und bauliche Veränderungen, nicht jedoch blosse Nutzungsänderungen oder innere Umbauten – sind mit Bauprofilen im Gelände auszustecken, d.h. zu visualisieren. Darzustellen sind der Gebäudekubus in seinen groben Umrissen sowie die wesentlichen, nach aussen in Erscheinung tretenden Gebäudeteile. Die Aussteckung ist das *primäre Publizitätsmittel* und soll Dritte rechtzeitig auf ein geplantes Bauvorhaben aufmerksam machen, damit sie ihre Rechte wahren können (vgl. S. 253 ff.). Deshalb muss sie vor der Publikation des Bauvorhabens im Amtsblatt erfolgen (§ 311 Abs. 1 PBG). Grundsätzlich muss das Baugespann bis zum Abschluss allfälliger Rechtsmittelverfahren stehen bleiben (§ 311 Abs. 2 PBG).

Hinsichtlich der Rechtsfolgen einer *mangelhaften Aussteckung* muss – mit Blick auf deren Publizitätsfunktion – unterschieden werden: Ist das Baugespann ungenau oder unvollständig, so schadet dies so lange nicht, als Dritte aufgrund der Aussteckung trotzdem in die Lage versetzt werden, sich anhand der öffentlich aufliegenden Baugesuchsunterlagen über das Bauvorhaben im Detail ein Bild zu machen (VGer, VB.1999.00336, 17.2.2000, E. 3a [RB 2000 Nr. 105]). Unterbleibt die Aussteckung bei einem aussteckungspflichtigen Bauvorhaben hingegen ganz, so wird die angestrebte Publizitätswirkung in der Regel vereitelt. Deshalb beginnt die 20-tägige Frist für das Gesuch um Zustellung des baurechtlichen Entscheids nach § 315 Abs. 1 PBG (siehe S. 253 ff.) grundsätzlich nicht schon mit der Publikation des Bauvorhabens, sondern erst mit der tatsächlichen Kenntnisnahme zu laufen (VGer, VB.2010.00423, 28.10.2010, E. 5.4 [BEZ 2010 Nr. 41]).

c) *Vorprüfung*

Die örtliche Baubehörde nimmt eine Vorprüfung des Baugesuchs vor, in deren Rahmen sie prüft, «ob die Unterlagen und die Aussteckungen den Vorschriften entsprechen und für den Entscheid ausreichen; andernfalls ordnet sie innert drei Wochen seit Einreichung des Gesuchs die Änderung oder Ergänzung an» (§ 313 Abs. 1 PBG). Ferner prüft die Baubehörde, ob und welche Beurteilungen (Bewilligungen, Konzessionen, Genehmigungen) kantonaler Stellen erforderlich sind, und leitet das Gesuch mit den Unterlagen gegebenenfalls an die kantonale Leitstelle weiter (§§ 7 Abs. 1 und 11 Abs. 2 BVV).

d) *Publikation des Gesuchs und öffentliche Auflage der Gesuchsunterlagen*

«Die örtliche Baubehörde macht das Vorhaben nach der Vorprüfung öffentlich bekannt» (§ 314 Abs. 1 PBG). Die Publikation erfolgt im kantonalen Amtsblatt und im Publikationsorgan der Gemeinde oder, wo ein solches fehlt, durch öffentlichen Anschlag (§ 6 Abs. 1 lit. a PBG). «Die Bekanntmachung hat die nötigen Angaben über Ort und Art des Vorhabens sowie über den Gesuchsteller zu enthalten» (§ 314 Abs. 3 PBG). Dabei ist auch auf die Obliegenheit gemäss § 315 Abs. 1 PBG, innert 20 Tagen die Zustellung des baurechtlichen Entscheids zu verlangen, hinzuweisen (§ 6 Abs. 2 PBG). Ist der Text der Ausschreibung jedoch derart mangelhaft, dass Nachbarn oder beschwerdeberechtigte Organisationen nicht erkennen können, dass sie zur Wahrung ihrer bzw. ideeller Interessen die Zustellung des baurechtlichen Entscheids verlangen müssten, beginnt diese Frist nicht zu laufen (VGer, VB.2005.00347, 20.12.2006, E. 2.5 [BEZ 2007 Nr. 9]; zu den Anforderungen an den Ausschreibungstext bei einem UVP-pflichtigen Bauvorhaben vgl. GRIFFEL/RAUSCH, Kommentar zum Umweltschutzgesetz, Ergänzungsband zur 2. Auflage, Schulthess 2011, Art. 55a N. 7, m.w.H.).

«Gleichzeitig mit der Bekanntmachung sind die Gesuchsunterlagen während 20 Tagen öffentlich aufzulegen» (§ 314 Abs. 4 PBG), so dass jedermann ohne besonderen Interessennachweis darin Einsicht nehmen kann. Die öffentliche Auflage erfolgt bei der Gemeindeverwaltung (§ 6 Abs. 1 lit. c PBG).

e) *Bearbeitung durch kommunale und gegebenenfalls kantonale Fachstellen*

Zur Bearbeitung des Baugesuchs findet innerhalb der Gemeindeverwaltung – insbesondere in grösseren Gemeinden mit spezialisierten Fachstellen – eine *Ämterzirkulation* statt. Um das Verfahren zu beschleunigen, werden die Gesuchsunterlagen üblicherweise in mehreren Exemplaren eingereicht. Parallel dazu wird das Gesuch auch von den zuständigen kantonalen Fachstellen bearbeitet, falls eine oder mehrere kantonale Beurteilungen erforderlich sind.

Die Stellungnahmen der verschiedenen Fachstellen sind formell und materiell zu *koordinieren* (§ 8 Abs. 1 BVV; vgl. auch die Ausnahme in Abs. 2). Für die Koordination der kantonalen Stellungnahmen ist die *kantonale Leitstelle* zuständig (§ 9 Abs. 2 BVV), für die gesamthafte Koordination im Regelfall die *kommunale Baubehörde* (§ 9 Abs. 1 lit. a BVV).

Liegen mehrere kantonale Entscheide vor, werden diese durch die kantonale Leitstelle in der Regel zu einer einzigen Verfügung zusammengeführt (sog. Gesamtentscheid; § 12 Abs. 1 BVV).

f) *Eröffnung des Entscheids bzw. der Entscheide*

Der kommunale und gegebenenfalls der kantonale Entscheid werden dem Gesuchsteller durch die *kommunale Baubehörde* schriftlich und gleichzeitig zugestellt. War (ausnahmsweise) keine kommunale Bewilligung nötig, erfolgt die Eröffnung durch die kantonale Leitstelle (§ 12 Abs. 2 BVV).

Beachte: Im Kanton Zürich wurde die in den meisten Kantonen bekannte «*Einsprache*» – ein gemeindeinternes Einwendungsverfahren vor Erlass der Baubewilligung – mit dem Inkrafttreten des PBG abgeschafft. Zur Wahrung nachbarlicher Ansprüche siehe S. 253 ff.

3. Behandlungsfristen

§ 319 Abs. 1 PBG statuiert – in Ausführung von Art. 25 Abs. 1bis RPG – folgende Behandlungsfristen (vgl. auch §§ 11 Abs. 4, 19 und 22 BVV):

- für Neubau- und grössere Umbauvorhaben (erstmalige Beurteilung): *vier Monate* nach Abschluss der Vorprüfung;
- für die übrigen Bauvorhaben: *zwei Monate* nach Abschluss der Vorprüfung.

Dabei handelt es sich um Ordnungsfristen. Grossmehrheitlich können sie in der Praxis eingehalten werden.

Für den Bau, die Erweiterung und die Erneuerung von Anlagen zur Nutzung *erneuerbarer Energien* schreibt das Bundesrecht (Art. 14 Abs. 1 EnG) den Kantonen neu «rasche Bewilligungsverfahren» vor.

B. Anzeigeverfahren

«Für Vorhaben von untergeordneter Bedeutung oder für die Änderung bereits bewilligter Projekte kann durch die Verordnung das Bewilligungsverfahren vereinfacht oder durch ein Anzeigeverfahren ersetzt werden, wenn nach den Umständen keine Interessen von Nachbarn oder des Natur- und Heimatschutzes berührt werden können» (§ 325 Abs. 1 PBG). Ein vereinfachtes Verfahren existiert im Kanton Zürich heute nicht mehr; hingegen hat der Regierungsrat in den §§ 13 ff. BVV das Anzeigeverfahren geregelt. Neu greift dieses von Gesetzes wegen bei energetischen Sanierungen der Gebäudehülle Platz (§ 325a PBG, eingefügt mit der Teilrevision vom 26. März 2012; vgl. S. 15).

1. Voraussetzungen

a) Art des Bauvorhabens

Das Anzeigeverfahren kommt zur Anwendung

- bei *Bauvorhaben von untergeordneter Bedeutung* (vgl. die nicht abschliessende Aufzählung in § 14 BVV) oder
- bei der *Änderung eines bereits bewilligten Projekts.* Es ist nicht unüblich, dass nach der Bewilligung eines Projekts (sog. Stammbewilligung) einmal oder gar mehrfach Abänderungspläne eingereicht und im Anzeigeverfahren bewilligt werden. Hierbei besteht ein gewisses Spannungsverhältnis zwischen der Verfahrensökonomie und der Wahrung der Interessen Dritter (vgl. § 316 Abs. 2 PBG und S. 255 f.). Bei grösseren Änderungen (Alternativprojekt) ist das Anzeigeverfahren jedoch nicht zulässig.

b) Bedeutung von Drittinteressen

Das Anzeigeverfahren ist ausgeschlossen,

- wenn zum Rekurs berechtigende *Interessen Dritter* berührt sind (vgl. auch die Möglichkeit des Zustimmungsnachweises in § 15 Abs. 2 BVV);
- wenn *Interessen des Natur- und Heimatschutzes* berührt sind (vgl. dazu § 338b PBG).

2. Unterschiede zum ordentlichen Bewilligungsverfahren

Das Anzeigeverfahren unterscheidet sich wie folgt vom ordentlichen Bewilligungsverfahren (vgl. § 13 Abs. 2 BVV):

- Es erfolgt *keine Aussteckung.*
- Es erfolgt *keine öffentliche Bekanntmachung* des Bauvorhabens (zum Spezialfall des «ausgeschriebenen Anzeigeverfahrens» vgl. § 15 Abs. 3 BVV).
- Die *Behandlungsfrist* beträgt 30 Tage.

- Es besteht die Möglichkeit einer *stillschweigenden Bewilligungserteilung:* Nach Ablauf von 30 Tagen tritt die Vermutung der Bewilligung ein (vgl. auch § 18 Abs. 3 BVV).
- Die gemeindeinterne *Bewilligungszuständigkeit* kann gemäss § 325 Abs. 2 PBG «an den Bauvorstand oder an einen sachkundigen Beamten» delegiert werden. In vielen Gemeinden wurde sie an eine Baukommission delegiert.

3. Zur Bundesrechtskonformität des Anzeigeverfahrens

Es ist zweifelhaft, ob die stillschweigende Bewilligung gemäss § 13 Abs. 2 Satz 3 und § 18 Abs. 3 BVV den Anforderungen an eine Bewilligung nach Art. 22 RPG genügt (vgl. VGer, VB.2000.00386, 6.4.2001, E. 2b [BEZ 2001 Nr. 19]; VB.2001.00287, 9.11.2001, E. 2 [RB 2001 Nr. 66; BEZ 2001 Nr. 51]). In der Praxis scheint sie denn auch kaum vorzukommen; als Ausdruck der behördlichen Zustimmung werden die Pläne in aller Regel mit einem Stempel versehen und dem Gesuchsteller zurückgesandt (sog. «Stempel-Anzeigeverfahren»). Falls Nebenbestimmungen erforderlich sind, stellt sich das Problem nicht; denn in diesem Fall muss eine Verfügung ergehen.

III. Exkurs: Kooperativ-konsensuale Elemente im Baubewilligungsverfahren

Das Baubewilligungsverfahren ist ein stark strukturiertes und formalisiertes Verwaltungsverfahren, welches mit dem Erlass einer Verfügung abgeschlossen wird. Gleichwohl kommt dem kooperativen Verwaltungshandeln in diesem Bereich eine grosse Bedeutung zu; dies namentlich im Vorfeld des Bewilligungsverfahrens, wo die Baubehörden und Fachämter teilweise eine ausgebaute Beratungstätigkeit ausüben. Diese informelle und kostenlose Beratung bezweckt, dass die Bauprojekte vor der Baueingabe optimiert werden und bei Gesuchseinreichung (möglichst) bewilligungsfähig sind.

§ 13 Rechtswidrige Bauten und Anlagen

I. Nachträglich rechtswidrig gewordene Bauten und Anlagen

A. Phänomen

Die Lebensdauer von Bauwerken übersteigt die Geltungsdauer baurechtlicher Erlasse und nutzungsplanerischer Festlegungen häufig um ein Mehrfaches. Deshalb gibt es – mit steigender Tendenz – zahllose Bauten, die in der einen oder andern Hinsicht gegen geltende Bau- oder Nutzungsvorschriften verstossen, im Lauf der Zeit also baurechtswidrig geworden sind.

B. Besitzstandsgarantie («Bestandesgarantie»)

1. Begriff

Die Besitzstandsgarantie schützt den Besitzstand, d.h. die *unter früherem, heute nicht mehr in Kraft stehendem Recht erworbenen Rechtspositionen.* Diese dürfen grundsätzlich auch unter dem neuen Recht weiterbestehen, obwohl sie ihm nicht mehr entsprechen. In baurechtlichem Kontext bezieht sich die Besitzstandsgarantie auf unter früherem Recht erstellte Bauten und Anlagen oder gemäss früherem Recht zulässige Nutzungen.

Allerdings weist die Besitzstandsgarantie *keinen selbständigen normativen Gehalt* auf. Ob und wie weit bei bestehenden Bauten nachträglich die geltenden Bau- und Nutzungsvorschriften zur Anwendung gelangen, lässt sich nicht aus der Besitzstandsgarantie ableiten. Vielmehr ergibt sich deren Tragweite umgekehrt aus einer im Einzelfall vorzunehmenden, umfassenden Abwägung aller relevanten öffentlichen und privaten Interessen (wobei sich die Rechtsfolgen in erster Linie nach den einschlägigen gesetzlichen Regelungen der Besitzstandsgarantie richten, welche ihrerseits eine Konkretisierung jener Güterabwägung darstellen). Dogmatisch wäre die Besitzstandsgarantie daher streng genommen entbehrlich; sie ist aber anschaulich und leistet als «Faustregel», als Orientierungshilfe für die Gewichtung der auf dem Spiel stehenden Interessen, wertvolle Dienste (GRIFFEL, Spannungsfeld, S. 187).

Zur *dogmatischen Herleitung* der Besitzstandsgarantie und zur missverständlichen, aber verbreiteten Bezeichnung als «Bestandesgarantie» vgl. S. 144 f.

2. Bauten und Anlagen innerhalb der Bauzonen

a) Positivrechtliche Regelung

Der Umgang mit baurechtswidrig gewordener Bausubstanz ist in den meisten Baugesetzen unzureichend geregelt, so auch im zürcherischen PBG, wo sich eine einzige Bestimmung (§ 357) mit diesem Tatbestand befasst. Die Regelung ist überdies missverständlich formuliert und systematisch fragwürdig in die Übergangsbestimmungen eingeordnet. Zwar handelt es sich um ein intertemporalrechtliches Problem, aber nicht nur um ein solches im Zusammenhang mit dem Inkrafttreten des PBG, sondern auch im Zusammenhang mit anderen Rechtsänderungen (Bau- und Zonenordnungen usw.).

Ähnlich wie Art. 24c RPG normiert § 357 Abs. 1 PBG für «[b]estehende Bauten und Anlagen, die Bauvorschriften widersprechen», eine *erweiterte,* also über den blossen Bestandesschutz hinausgehende Besitzstandsgarantie, welche nicht nur die Instandhaltung, sondern in gewissem Umfang auch *Umbauten, Erweiterungen* und *Nutzungsänderungen* zulässt. Derartige Änderungen an vorschriftswidrig gewordenen Bauten oder Anlagen unterliegen folgenden Schranken:

- Es darf *keine neue oder weitergehende Abweichung von Vorschriften* eintreten. Für solche Abweichungen ist eine Ausnahmebewilligung nach § 220 PBG erforderlich.
- Dem Vorhaben dürfen «keine überwiegenden öffentlichen oder nachbarlichen Interessen entgegenstehen». Somit ist in jedem Fall eine *umfassende Interessenabwägung* vorzunehmen.

Weiter setzt § 357 Abs. 1 PBG voraus, dass sich die in Frage stehenden Bauten oder Anlagen «für eine zonengemässe Nutzung nicht eignen». Diese Voraussetzung bezieht sich indessen – grammatikalisch missverständlich, aber aufgrund der Materialien eindeutig – nur auf den Tatbestand der *Änderung einer vorschriftswidrig gewordenen Nutzung in eine andere vorschriftswidrige Nutzung.* § 357 Abs. 1 PBG ist also wie folgt zu lesen:

«Bestehende Bauten und Anlagen, die Bauvorschriften widersprechen, dürfen umgebaut, erweitert *und, sofern sie sich für eine zonengemässe Nutzung nicht eignen, anderen Nutzungen zugeführt werden,* wenn keine überwiegenden öffentlichen oder nachbarlichen Interessen entgegenstehen. (...)»

Dabei bedarf die Beurteilung der *Eignung für eine zonenkonforme Nutzung* nach ständiger Rechtsprechung «einer umfassenden Gesamtbetrachtung aller für den zu beurteilenden Einzelfall erheblichen Umstände. Massgebliche Kriterien sind Bausubstanz, Architektur und innere Struktur der Baute sowie Lage und Umgebung. Zu berücksichtigen sind sodann die für die Herstellung der zonengemässen Nutzungsmöglichkeit erforderlichen Aufwendungen sowie deren Verhältnis zu den Investitionen, welche die beabsichtigte zonenwidrige Nutzung erfordert. Kann eine Baute nur mit unverhältnismässig hohem Aufwand einer zonenkonformen Nutzung zugeführt werden, so geht der Schutz der in die bestehende Baute investierten Mittel dem Interesse an der lückenlosen Durchsetzung der geltenden Nutzungsordnung vor» (VGer, VB.2007.00497, 4.6.2008, E. 4.1 [BEZ 2008 Nr. 38]; in diesem Urteil bejahte das Verwaltungsgericht die Zulässigkeit der Umnutzung einer zonenwidrigen Drogenklinik in ein ebenfalls zonenwidriges Durchgangsheim für Asylsuchende [bestätigt in BGer, 1C_326/2008, 29.10.2008]).

Die Anwendung von § 357 PBG, der über den blossen Bestandesschutz hinausgeht, setzt voraus, dass eine bestehende Baute, welche seinerzeit im Einklang mit den materiellrechtlichen Vorschriften erstellt worden war, *aufgrund einer Rechtsänderung rechtswidrig* wurde. Einen «Ausreisser» stellt diesbezüglich ein Urteil des Verwaltungsgerichts von 2011 dar, in welchem das Gericht § 357 PBG auch auf Fälle ausdehnen wollte, in denen eine Baute gestützt auf eine materiell fehlerhafte Baubewilligung erstellt worden ist (VGer, VB.2010.00607, 23.3.2011, E. 4.3 [BEZ 2011 Nr. 24], aus anderen Gründen aufgehoben durch BGer, 1C_227/2011, 6.10.2011). Dies ist sachlich, aber auch mit Blick auf den intertemporalrechtlichen Charakter von § 357 PBG fragwürdig. Der Eigentümer einer solchen Baute geniesst Vertrauens- und damit Bestandesschutz, aber nicht mehr (vgl. S. 238 f.).

b) Abgrenzungen

aa) Abgrenzung zur «neubauähnlichen Umgestaltung»

Von einer (neubauähnlichen) Umgestaltung spricht man, wenn ein bestehendes, ganz oder teilweise baurechtswidriges Gebäude derart eingreifend verändert wird, dass es unter Würdigung aller relevanten Umstände seine bisherige *Identität* verliert. Ein solches Projekt ist gleich zu behandeln wie ein Neubauvorhaben; es muss also die geltenden Bauvorschriften einhalten und kommt nicht in den Genuss der erweiterten Besitzstandsgarantie gemäss § 357 PBG.

Früher ging die Praxis von einer neubauähnlichen Umgestaltung aus, wenn die baulichen Änderungen *objektiv* derart eingreifend waren, dass sie über eine blosse Verbesserung oder Anpassung des Bestehenden deutlich hinausgingen und die bisherige Konstruktion und Organisation des Gebäudes nicht mehr erkennen liessen.

In seiner jüngeren Rechtsprechung hat das Verwaltungsgericht den Begriff der Umgestaltung jedoch wesentlich enger gefasst und damit den Spielraum für Änderungen im Rahmen von § 357 Abs. 1 PBG erweitert. Das Gericht ging von der Überlegung aus, dass eine restriktive Anwendung dieser Bestimmung Nachverdichtungen in bereits überbauten Gebieten oftmals verunmöglichen oder zum Abbruch von sinnvoll erneuerbarer Bausubstanz führen würde, was den Grundsätzen der haushälterischen Bodennutzung und der Siedlungskonzentration widerspreche. Eine neubauähnliche Umgestaltung liege deshalb erst vor, wenn *subjektiv* der Tatbestand der *Gesetzesumgehung* erfüllt sei. Bei Änderungen an vorschriftswidrigen Bauten treffe dies dann zu, wenn die Berufung auf die erweiterte Besitzstandsgarantie nicht darauf abziele, bestehende Investitionen zu schützen, sondern es ausschliesslich oder vorwiegend darum gehe, die Anwendung der für einen Neubau geltenden Vorschriften zu verhindern. Die bisher als massgebend erachteten objektiven Abgrenzungskriterien stellten nur noch Indizien für eine Umgehung bzw. eine neubauähnliche Umgestaltung dar. Auch bei derart weit gehenden baulichen Änderungen sei es nicht ausgeschlossen, dass der Schutz der bestehenden Investitionen und nicht die Umgehung der Neubauvorschriften im Vordergrund stehe (VGer, VB.2004.00252, VB.2005.00260, 19.10.2005, E. 4.1 [BEZ 2006 Nr. 32], bestätigt in VGer, VB.2006.00512, 14.3.2007, E. 2.2.1 [RB 2007 Nr. 65; BEZ 2007 Nr. 18]; differenzierend BRK II, 0130/2007, 19.6.2007 [BEZ 2008 Nr. 12]).

bb) Abgrenzung zur selbständigen Erweiterung

Wird ein baurechtswidriges Gebäude erweitert und ist der erweiterte Teil in konstruktiver und funktionaler Hinsicht als selbständig zu betrachten, muss der Anbau – gleich wie ein integraler Neubau – den geltenden Bauvorschriften genügen (VGer, VB.2008.00517, 11.2.2009, E. 3.2 [BEZ 2009 Nr. 25]).

3. Bauten und Anlagen ausserhalb der Bauzonen

Vgl. S. 143 ff.

Bemerkenswerterweise ist der Spielraum für Veränderungen an vorschriftswidrigen Bauten (insbesondere Erweiterungen) ausserhalb der Bauzonen oftmals grösser als innerhalb der Bauzonen.

II. Ursprünglich rechtswidrige Bauten und Anlagen

Bei ursprünglich, d.h. von Anfang an rechtswidrigen Bauten und Anlagen ist zu unterscheiden zwischen formell (verfahrensmässig) und materiell (inhaltlich) rechtswidrigen Bauten und Anlagen.

A. Formell rechtswidrige Bauten und Anlagen

Wurde eine Baute oder Anlage *ohne oder in Abweichung von einer Baubewilligung* erstellt, ist sie formell rechtswidrig. In diesem Fall verbietet das Verhältnismässigkeitsprinzip eine (sofortige) Beseitigung der Baute oder Anlage. Als mildere Massnahme muss zunächst – von Amtes wegen – ein *nachträgliches Baubewilligungsverfahren* durchgeführt werden, um zu prüfen, ob das Vorhaben bewilligungsfähig ist (allenfalls unter Einschluss von Nebenbestimmungen und Ausnahmebewilligungen). Die Baubehörde hat somit die Einreichung eines Baugesuchs anzuordnen. Sind die Bauarbeiten noch im Gang, so ist in der Regel zusätzlich – als vorsorgliche Massnahme – ein *Baustopp* zu verfügen.

Ausserdem kann die Baubehörde gemäss § 340 PBG eine *Busse* ausfällen bzw. den Fehlbaren bei der zuständigen Behörde verzeigen (vgl. die schweizweite Übersicht über die verwaltungsstrafrechtlichen Sanktionen bei Waldmann, in: FHB Öffentliches Baurecht, N. 6.12 ff.).

B. Materiell rechtswidrige Bauten und Anlagen

1. Formell rechtmässige, aber materiell rechtswidrige Bauten und Anlagen

Wurde eine Baute oder Anlage bewilligt, ist die Baubewilligung jedoch materiell fehlerhaft, so stellt sich die Frage des *Widerrufs der Baubewilligung.*

Mangels besonderer gesetzlicher Regelung kommen die allgemeinen verwaltungsrechtlichen Grundsätze zur Anwendung: Es ist eine *Interessenabwägung* vorzunehmen zwischen dem Interesse an der richtigen Anwendung des objektiven Rechts (Legalitätsprinzip) einerseits und dem Vertrauensschutz sowie der Rechtssicherheit anderseits. Obwohl Verfügungen grundsätzlich nicht unwiderruflich sind und in diesem Sinne nicht in materielle Rechtskraft erwachsen, führt die erwähnte Interessenabwägung dazu, dass die fehlerhafte Baubewilligung mit zunehmendem Baufortschritt in Richtung Unwiderrufbarkeit strebt und spätestens nach Bauvollendung in aller Regel unwiderrufbar geworden ist. Solche Bauten und Anlagen geniessen mithin Bestandesschutz.

2. Formell und materiell rechtswidrige Bauten und Anlagen

Steht fest, dass eine Baute oder Anlage nicht nur formell, sondern auch materiell rechtswidrig ist, stellt sich die Frage der *Wiederherstellung des rechtmässigen Zustands.*

Das *Legalitätsprinzip* verlangt in einem solchen Fall als Grundsatz und Ausgangspunkt die Wiederherstellung (vgl. § 341 PBG). Das *Verhältnismässigkeitsprinzip* relativiert diesen Grundsatz jedoch im Sinne einer Ausnahme, welche in der Praxis allerdings eher zur Regel geworden ist: «Derartige Bauten bzw. Bauteile sind nicht a priori, d.h. ohne weitere Prüfung, zu beseitigen. Ob sie bestehen bleiben können oder abgebrochen werden müssen, ergibt sich vielmehr aufgrund einer Abwägung der sich gegenüberstehenden Interessen. Von Bedeutung sind hierbei das Mass und das Gewicht der Abweichung von den Bauvorschriften, der Grad der Gut- bzw. Bösgläubigkeit der Bauherrschaft sowie deren wirtschaftliche Interessen. Auch hier kommt es also letztlich auf eine sorgfältige Güterabwägung im Rahmen der Prüfung der Verhältnismässigkeit an» (GRIFFEL, Spannungsfeld, S. 186).

Nach der bundesgerichtlichen Rechtsprechung *verwirkt* der Anspruch der Behörden auf Wiederherstellung des rechtmässigen Zustands – in analoger Anwendung der zivilrechtlichen Regeln über die ausserordentliche Ersitzung von Grundeigentum (Art. 662

ZGB) – grundsätzlich nach 30 Jahren, wobei sich aus Gründen des Vertrauensschutzes auch eine kürzere Verwirkungsfrist ergeben kann, wenn die zuständigen Behörden die illegale Baute oder Anlage während längerer Zeit geduldet haben (BGE 107 Ia 121). Auf Vertrauensschutz kann sich indessen nur berufen, wer selbst in gutem Glauben gehandelt hat. Anderseits ist eine Wiederherstellung auch nach Ablauf von 30 Jahren noch möglich, «wenn sie zum Schutz von Polizeigütern im engeren Sinn (Sicherheit und Gesundheit von Personen) erforderlich ist (...). Auch andere zwingende öffentliche Interessen können eine Wiederherstellung unabhängig vom Zeitablauf rechtfertigen, so erhebliche Beeinträchtigungen der Umwelt, des Ortsbildes oder der Landschaft» (BGer, 1C_726/2013, 24.11.2014, E. 4 [ZBl 2016 99 ff.]). Mit der Feststellung der Rechtswidrigkeit einer Baute in einem nachträglichen Baubewilligungsverfahren beginnt die Verwirkungsfrist neu zu laufen (BGer, 1C_784/2013, 23.6.2014, E. 5.4).

Das Bundesgericht deutete mehrfach an, dass bei Bauten *ausserhalb der Bauzonen* allenfalls keine Verwirkungsfrist gelte, liess die Frage aber offen (BGE 136 II 359, E. 8.1; 132 II 21, E. 6.3). In einem Urteil von 2014 führte es eher beiläufig und ohne Bezugnahme auf seine früheren Äusserungen aus, es bestehe «kein Anlass, für Bauten ausserhalb der Bauzone von der dreissigjährigen Frist abzuweichen» (BGer, 1C_726/2013, 24.11.2014, E. 4 [ZBl 2016 99 ff.]).

Die Beurteilung der Zonenkonformität bzw. der Ausnahmebewilligungsfähigkeit von Bauten ausserhalb der Bauzonen liegt gemäss Art. 25 Abs. 2 RPG in der Zuständigkeit einer kantonalen Behörde. Der Vollzug der entsprechenden Verfügungen ist jedoch praxisgemäss Sache der kommunalen Behörden. Art. 25b VE-RPG 2 will dies nun ändern: So soll nach Abs. 2 die zuständige *kantonale Behörde* sicherstellen, dass «unbewilligte Nutzungen sofort untersagt und unterbunden werden» (lit. a) und «der Rückbau unbewilligter baulicher Veränderungen ohne Verzug angeordnet und vollzogen wird» (lit. b). Nach Abs. 3 kann die kantonale Behörde «anstelle der Baupolizeibehörde Anordnungen treffen und insbesondere auch die Ersatzvornahme androhen und durchführen». Und gemäss Abs. 4 kann nur sie «gültig den ausnahmsweisen Verzicht auf die Wiederherstellung des rechtmässigen Zustandes beschliessen».

5. Teil: Rechtsschutz

§ 14 Bundesrechtliche Mindestanforderungen an den kantonalen Rechtsschutz

I. Öffentliche Auflage von Nutzungsplänen

Gemäss Art. 33 Abs. 1 RPG sind Nutzungspläne öffentlich aufzulegen. Dies soll die *Publizität* der Nutzungspläne sicherstellen und die Voraussetzungen für deren sachgerechte Anfechtung – also den *Rechtsschutz* – schaffen. Die Pflicht zur öffentlichen Planauflage bezieht sich auch auf die zugehörigen Bau- und Nutzungsvorschriften; sie gilt für Rahmen- wie für Sondernutzungspläne und kommt nicht nur beim Erlass, sondern auch bei der Änderung oder Ergänzung eines Nutzungsplans zum Tragen. Eine Pflicht zur persönlichen Benachrichtigung der von einer Planungsmassnahme betroffenen Grundeigentümer besteht von Bundesrechts wegen jedoch nicht.

Art. 33 Abs. 1 RPG schreibt mit Blick auf die Gewährung des Rechtsschutzes lediglich die öffentliche Auflage von Nutzungs*plänen* vor – also im Anschluss an die Festsetzung durch das zuständige Organ –, nicht aber von Plan*entwürfen*. Davon zu unterscheiden ist die Mitwirkungsauflage der Planentwürfe gemäss Art. 4 Abs. 2 RPG, die jedoch nicht dem Rechtsschutz und damit auch nicht der Wahrung des rechtlichen Gehörs dient, sondern eine vernehmlassungsähnliche Funktion hat (vgl. S. 81). Daraus leitet das Bundesgericht – entgegen einem Teil der Literatur – eine im Vergleich zu Verfügungen eingeschränkte Tragweite des (bundesrechtlichen) Anspruchs auf *rechtliches Gehör* ab. Die Kantone seien nicht verpflichtet, den besonders Betroffenen bereits im Mitwirkungsverfahren das rechtliche Gehör zu gewähren, wozu mangels persönlicher Zustellung der Planentwürfe ein dem individuellen Rechtsschutz dienendes Einwendungsverfahren durchgeführt werden müsste. Vielmehr genüge es gemäss Art. 33 RPG, wenn der Rechtsschutz und damit auch der Anspruch auf rechtliches Gehör erst im Anschluss an die Planfestsetzung gewährt würden. «Dabei ist in Kauf zu nehmen, dass sich die Betroffenen je nach Ausgestaltung des kantonalen Verfahrens erst gegenüber der Rechtsmittelinstanz erstmalig rechtlich zur Wehr setzen können und nicht schon gegenüber der Planungsbehörde. Damit geht einher, dass die Rechtsmittelinstanz, die zwar über eine umfassende Sachverhalts- und Rechtskontrolle verfügt, das Planermessen der Planungsbehörde respektiert. Insoweit mag der Standard der Gehörsgewährung im Beschwerdeverfahren jenem der Gehörsgewährung im Einspracheverfahren nicht vollumfänglich zu entsprechen. Dennoch ist der Anspruch auf rechtliches Gehör gewahrt» (BGE 135 II 286, E. 5.3).

II. Mindestanforderungen an das kantonale Rechtsmittelverfahren

A. Rechtsweggarantie

1. Mindestanforderungen gemäss RPG

Gemäss Art. 33 Abs. 2 RPG hat das kantonale Recht wenigstens ein Rechtsmittel vorzusehen «gegen Verfügungen und Nutzungspläne, die sich auf dieses Gesetz und seine kantonalen und eidgenössischen Ausführungsbestimmungen stützen».

Damit statuierte das RPG bereits 1979 eine (beschränkte) *Rechtsweggarantie.* Diese beansprucht indessen keine Geltung für Verfügungen und Nutzungspläne, die sich nicht auf «dieses Gesetz und seine kantonalen und eidgenössischen Ausführungsbestimmungen», sondern auf selbständiges kantonales Recht stützen (zur Unterscheidung zwischen kantonalem Ausführungsrecht zum RPG und selbständigem kantonalem Recht, die früher auch für den Rechtsweg an das Bundesgericht relevant war, vgl. S. 19; zur Problematik dieser Abgrenzung vgl. BGE 118 Ib 26, E. 4b).

2. Mindestanforderungen gemäss BGG

Gemäss Art. 82 lit. a und b BGG können sowohl Entscheide in Angelegenheiten des öffentlichen Rechts als auch kantonale Erlasse mit Beschwerde in öffentlichrechtlichen Angelegenheiten beim Bundesgericht angefochten werden. Für Entscheide gilt dies unabhängig davon, ob sie sich auf Bundesrecht oder auf kantonales Recht stützen. Damit sind Nutzungspläne in jedem Fall mit öffentlichrechtlicher Beschwerde – und somit auch bereits im kantonalen Verfahren – anfechtbar, ungeachtet ihrer rechtstheoretischen Qualifikation als Erlass, Verfügung oder Zwischengebilde sui generis. (Beachte: Die Verletzung von kantonalem Recht unterhalb der Verfassungsstufe kann vor Bundesgericht nach wie vor nicht gerügt werden [vgl. Art. 95 BGG]; das ist aber nicht eine Frage des Anfechtungsobjekts.) Fazit: Art. 33 Abs. 2 RPG hat heute *keine selbständige, über die Anforderungen des BGG hinausgehende Bedeutung* mehr und hätte bei Erlass des BGG ersatzlos aufgehoben werden können.

Die Zuordnung der Nutzungspläne zu lit. a bzw. b von Art. 82 BGG hat indessen eine gewisse Bedeutung, und zwar in zweifacher Hinsicht:

- Erstens ist die *Beschwerdelegitimation* bei der Anfechtung von Erlassen – wo ein virtuelles Betroffensein genügt – weiter gefasst als bei der Anfechtung von Verfügungen. Das Bundesgericht äusserte sich dazu in BGE 133 II 353. Es führte im Zusammenhang mit zwei ins Auge gefassten Regelungen im Baureglement der Stadt Wil aus, man könne sich fragen, ob diese Anordnungen «generell abstrakte Normen darstellen, die nach den Regeln der Erlassanfechtung anzufechten seien (…). In diesem Fall würde eine rein virtuelle Betroffenheit der Beschwerdeführerinnen als Legitimationsvoraussetzung genügen». Die fraglichen Bauhöhen- und Grenzabstandsvorschriften seien mit dem Zonenplan der Stadt Wil jedoch derart eng verbunden, dass man sie als Teile dieses Nutzungsplans betrachten müsse. Als solche seien sie vor Bundesgericht den Regeln über die Einzelaktanfechtung gemäss Art. 82 lit. a BGG unterworfen (a.a.O., E. 3.3). In diesem Sinn ist auch die Regelung im Kanton Zürich ausgestaltet (vgl. § 19 Abs. 1 lit. a und d VRG).

Den Regeln über die Einzelaktanfechtung unterliegen also nicht nur die räumlichen und parzellenscharfen Zuweisungen der einzelnen Grundstücke zu einer bestimmten Zone im Zonenplan selbst, sondern auch die zugehörigen, d.h. *zonenspezifischen* Vorschriften eines Nutzungsplans, welche Art und Umfang der zulässigen Nutzung in einer bestimmten Zone regeln und insofern eine Art Planlegende darstellen. Die Grenze zur generell-abstrakten Regelung – die den Grundsätzen der Erlassanfechtung unterworfen ist – wird erst dann überschritten, wenn eine Regelung *zonenübergreifend,* also für das ganze Gebiet der Gemeinde, gilt.

- Zweitens sind die Kantone nach Art. 86 Abs. 2 BGG grundsätzlich verpflichtet, als unmittelbare Vorinstanzen des Bundesgerichts *obere Gerichte* einzusetzen. Bei Beschwerden gegen kantonale und kommunale Erlasse gilt diese Anforderung an das kantonale Recht jedoch nicht (Art. 87 Abs. 1 BGG). Wie soeben ausgeführt, unterliegen Nutzungspläne – einschliesslich der zugehörigen zonenspezifischen Vorschriften – den Regeln über die Einzelaktanfechtung, so dass Art. 86 Abs. 2 BGG zur Anwendung kommt. Demgegenüber folgt die Anfechtung von Richtplänen (durch Gemeinden) den Regeln der Erlassanfechtung (BGE 136 I 265, E. 1.1; siehe dazu S. 267).

B. Anforderungen an die Beschwerdelegitimation

1. Mindestanforderungen gemäss RPG

Gemäss Art. 33 Abs. 3 lit. a RPG (in der Fassung der neuen Bundesrechtspflege vom 17. Juni 2005) gewährleistet das kantonale Recht «die Legitimation mindestens im gleichen Umfang wie für die Beschwerde in öffentlich-rechtlichen Angelegenheiten an das Bundesgericht». Es genügt also ein Berührtsein in schutzwürdigen Interessen (Art. 89 Abs. 1 BGG). Sachlich bezieht sich dies auf die Anwendungsfälle gemäss Art. 33 Abs. 2 RPG.

Der Kanton Zürich ist dieser Anforderung 1984 mit dem Erlass von § 338a PBG nachgekommen. In § 21 VRG war die Rekurs- und Beschwerdelegitimation damals noch enger umschrieben; verlangt wurde ein Betroffensein «in seinen Rechten», also ein rechtlich geschütztes Interesse. 1997 erweiterte der kantonale Gesetzgeber im Rahmen einer grösseren VRG-Revision die Legitimationsumschreibung in § 21 VRG dann generell.

2. Mindestanforderungen gemäss BGG

Art. 111 Abs. 1 BGG statuiert den Grundsatz der *Einheit des Verfahrens.* Danach ist die Legitimationsumschreibung gemäss Art. 89 BGG – im Sinne einer Mindestvorgabe – auch im kantonalen Rechtsmittelverfahren massgebend (weil ansonsten der Rechtsweg an das Bundesgericht abgeschnitten würde). Fazit: Da die Beschwerde in öffentlichrechtlichen Angelegenheiten, wie dargelegt, in jedem Anwendungsfall von Art. 33 Abs. 2 RPG offensteht, hat Art. 33 Abs. 3 lit. a RPG *keine darüber hinausgehende Bedeutung* mehr. Auch diese Bestimmung hätte demnach ersatzlos aufgehoben werden können.

C. Anforderungen an die Kognition

1. Mindestanforderungen gemäss RPG

Art. 33 Abs. 3 lit. b RPG verlangt in den Anwendungsfällen von Abs. 2 «die volle Überprüfung durch wenigstens eine Beschwerdebehörde». Volle Überprüfung bedeutet

- *Sachverhaltskontrolle* (Überprüfung in Bezug auf die richtige Sachverhaltsermittlung),
- *Rechtskontrolle* (Überprüfung in Bezug auf die richtige Rechtsanwendung, einschliesslich Missbrauch, Überschreitung oder Unterschreitung des Ermessens) sowie
- *Ermessenskontrolle* (Überprüfung der Angemessenheit).

Die Rechtslage im Kanton Zürich entspricht diesen Anforderungen (vgl. § 20 Abs. 1 VRG).

Eine volle Kognition schliesst allerdings nicht aus, dass sich die Rechtsmittelinstanz hinsichtlich der Überprüfung der *Angemessenheit* Zurückhaltung auferlegt. Eine Rechtsmittelinstanz darf in der Regel nicht ihr eigenes (planerisches) Ermessen an die Stelle des Ermessens des zuständigen Gemeinwesens setzen, insbesondere dann nicht, wenn die Ermessensausübung durch die *Gemeindeautonomie* geschützt ist (vgl. BGer, 1C_852/2013, 4.12.2014, E. 3.1.1; zur Kognition des Baurekursgerichts im Zusammenhang mit der kommunalen Nutzungsplanung vgl. BRG I, 0147/2014, 10.10.2014, E. 3.1 f. [BEZ 2015 Nr. 6]).

2. Mindestanforderungen gemäss BGG

Gemäss Art. 110 (i.V.m. Art. 86 Abs. 2) BGG haben die Kantone zu gewährleisten, dass das obere kantonale Gericht oder eine unterinstanzliche richterliche Behörde «den Sachverhalt frei prüft und das massgebende Recht von Amtes wegen anwendet». Dies ist erforderlich, um der Rechtsweggarantie (Art. 29a BV) Genüge zu tun. Fazit: Art. 33 Abs. 3 lit. b RPG geht insoweit darüber hinaus, als er auch eine *Überprüfung der einfachen Ermessensausübung* vorschreibt, welche von der Rechtsweggarantie nicht verlangt wird. Dabei kann die Angemessenheitskontrolle auch durch eine nichtrichterliche Rechtsmittelinstanz erfolgen (BGer, 1C_156/2011, 15.7.2011, E. 2.3).

III. Einheitliche Rechtsmittelinstanzen

Art. 33 Abs. 4 RPG schreibt den Kantonen die Koordination im Rechtsmittelverfahren nach dem *Konzentrationsmodell* vor (vgl. S. 224). Der Kanton Zürich ist dem im Rahmen einer Teilrevision des VRG und des PBG vom 8. Juni 1997 nachgekommen. Zuvor waren kommunale Entscheide bei den Baurekurskommissionen, kantonale hingegen beim Regierungsrat anfechtbar.

§ 15 Ausgestaltung des Rechtsschutzes

Der Rechtsschutz führt im *Kanton Zürich* über zwei gerichtliche Instanzen: das Baurekursgericht und das Verwaltungsgericht (vgl. nachfolgend I.). Das erstinstanzliche Rechtsmittel heisst im Kanton Zürich Rekurs, das zweitinstanzliche Beschwerde. Rekurs wie Beschwerde sind ordentliche, devolutive Rechtsmittel (vgl. BERTSCHI, in: Kommentar VRG, Vorbem. zu §§ 19–28a N. 6 ff.).

Auf *Bundesebene* steht gegen Urteile des Verwaltungsgerichts – ohne sachliche Einschränkung in diesem Bereich (vgl. Art. 83 BGG) – die Beschwerde in öffentlichrechtlichen Angelegenheiten offen (vgl. nachfolgend II.). Allerdings kann die Verletzung von kantonalem oder kommunalem Recht unterhalb der Schwelle der Willkür nicht gerügt werden (vgl. Art. 95 BGG, insbesondere lit. a). Dies gilt zwar allgemein, wirkt sich im Raumplanungs- und Baurecht aber besonders stark aus, weil hier häufig die Anwendung von kantonalem oder kommunalem Recht im Zentrum steht.

I. Innerkantonaler Rechtsschutz

A. Baurekursgericht als erste Rechtsmittelinstanz

1. Entstehung; Zuständigkeit; Organisation

Gemäss § 329 Abs. 1 PBG in der Fassung vom 28. Oktober 2013 können Anordnungen, die in Anwendung des RPG, des USG oder des PBG ergehen, mit Rekurs beim Baurekursgericht (BRG) angefochten werden. Damit ist das Baurekursgericht im *Sachbereich Raumplanungs-, Bau- und Umweltrecht* die umfassend zuständige erste Rechtsmittelinstanz. Vom Rekurs ausgenommen sind lediglich Akte des Regierungsrats (§ 329 Abs. 2 PBG; § 19 Abs. 2 lit. a VRG), welche grundsätzlich der Beschwerde an das Verwaltungsgericht unterliegen (§ 41 Abs. 1 VRG). Mit «Anordnungen» sind nach Zürcher Terminologie Verfügungen gemeint, «einschliesslich raumplanungsrechtlicher Festlegungen» (§ 19 Abs. 1 lit. a VRG; vgl. Bertschi/Plüss, in: Kommentar VRG, Vorbem. zu §§ 4–31 N. 13 ff.).

Die sachliche Zuständigkeit des Baurekursgerichts war nicht von Anfang an umfassend ausgestaltet. Mit dem PBG schuf der Gesetzgeber vier *Baurekurskommissionen* (BRK), die als Fachgerichte im Sachbereich Raumplanungs- und Baurecht an die Stelle der Bezirksräte traten. Bei den – damals elf, heute zwölf – Bezirksräten handelt es sich um die regulären Rekursinstanzen über den Gemeinden (vgl. § 19b Abs. 2 lit. c VRG). Die in ihrer Rechtsprechung unabhängigen Baurekurskommissionen mit zentraler Kanzlei in Zürich nahmen ihre Tätigkeit 1978 auf. Da sie funktional an die Stelle der Bezirksräte traten, war ihre Zuständigkeit zunächst auf die Überprüfung kommunaler Akte beschränkt; Anordnungen kantonaler Direktionen lagen weiterhin in der Rekurszuständigkeit des Regierungsrats, auch wenn sie das gleiche Vorhaben betrafen. Diese Gabelung des Rechtswegs musste in den 1990er-Jahren aufgrund der erforderlichen Verfahrenskonzentration im Rechtsmittelverfahren aufgegeben werden (vgl. Art. 33 Abs. 4 RPG; S. 224), so dass die Baurekurskommissionen auch für die Überprüfung kantonaler Anordnungen zuständig wurden. Der 1997 entsprechend revidierte § 329 PBG legte indes eine Reihe gewichtiger Tatbestände gänzlich in der Rekurszuständigkeit des Regierungsrats. Auch diese Fallgruppen wurden später jedoch auf die BRK bzw. das BRG übertragen, in einem ersten Schritt mit dem Organisationsgesetz des Regierungsrates (OG RR) von 2005, dann abschliessend im Rahmen der PBG-Revision «Verfahren und Rechtsschutz» von 2013.

Auf den 1. Januar 2011 wurden die Baurekurskommissionen zum *Baurekursgericht* umbenannt und geringfügig umorganisiert. Die Reorganisation erfolgte aufgrund von Vorgaben der neuen Kantonsverfassung von 2005 (vgl. Art. 73 Abs. 3 Satz 1 und Art. 75

Abs. 1 Satz 1 KV). Gleichzeitig wurden dem BRG gewisse weitere Zuständigkeiten - ausserhalb des Sachbereichs Raumplanungs-, Bau- und Umweltrecht - übertragen.

Das heutige Baurekursgericht weist folgende Charakteristika auf (vgl. die §§ 333–339a PBG sowie die Organisationsverordnung des Baurekursgerichts [OV BRG]):

- Es handelt sich um ein erstinstanzliches *kantonales Spezialverwaltungsgericht* mit Sitz in Zürich.
- Das BRG verfügt über *richterliche Unabhängigkeit* (§ 336 Abs. 1 PBG). Administrativ ist es seit dem 1. Januar 2011 dem Verwaltungsgericht unterstellt (§ 336 Abs. 2 PBG); zuvor war die zentrale Kanzlei administrativ der Direktion der Justiz und des Innern angegliedert.
- Das BRG besteht aus *vier Abteilungen,* welche örtlich für je einen Baurekursgerichtskreis zuständig sind, und einer *zentralen Kanzlei* unter der Leitung des Kanzleichefs bzw. der Kanzleichefin, in der die Gerichtsschreiberinnen und Gerichtsschreiber sowie das administrative Personal tätig sind.
- Die *Abteilungspräsidentinnen und -präsidenten* sowie die *Gerichtsmitglieder* sind nebenamtlich tätig; mehrheitlich (aber nicht ausschliesslich) handelt es sich um erfahrene Fachleute aus der Baubranche. Die Wahl der Abteilungspräsidenten, Mitglieder und Ersatzmitglieder erfolgt durch den Kantonsrat (§ 334 Abs. 2 PBG). «Das Amt eines Mitglieds des Baurekursgerichts ist mit der berufsmässigen Vertretung Dritter vor dem Baurekursgericht und dem Verwaltungsgericht unvereinbar» (§ 334a Abs. 1 PBG).

2. Rekursverfahren

Rechtsgrundlagen: Das Rekursverfahren vor dem Baurekursgericht richtet sich in erster Linie nach den spezifischen Vorschriften in den §§ 335 und 338–339a PBG sowie den §§ 14 ff. OV BRG. Ergänzend kommen die allgemeinen Regeln für den Rekurs (§§ 19–28a VRG) sowie die allgemeinen Bestimmungen über das Verwaltungsverfahren zur Anwendung (§§ 4a–17 VRG).

Der *Verfahrensablauf* gestaltet sich wie folgt:

- Nach Eingang eines Rekurses wird geprüft, ob die *Eintretensvoraussetzungen* (wie die Zuständigkeit des Gerichts oder die Wahrung der Rekursfrist) erfüllt sind. Gegebenenfalls entscheidet der Abteilungspräsident über den Umfang der aufschiebenden Wirkung des Rekurses oder über vorsorgliche Massnahmen (§ 339 PBG).
- Kann auf den Rekurs eingetreten werden, so wird der Vorinstanz und – soweit vorhanden – der Gegenpartei Frist zur schriftlichen *Vernehmlassung* (Rekursantwort) angesetzt (§ 26b Abs. 1 VRG), wobei die Vernehmlassungsfrist durch eine Gesetzesrevision vom 17. August 2015 strikt auf 30 Tage begrenzt wurde (§ 26b Abs. 2 Satz 1 VRG). Zugleich werden die vorinstanzlichen Akten beigezogen (§ 26a Abs. 1 VRG). Aufgrund des sog. Replikrechts, welches aus dem Anspruch auf rechtliches Gehör abgeleitet wird, sind die Parteien befugt, zu jeder Eingabe der Gegenpartei Stellung zu nehmen.
- Nach Abschluss des Schriftenwechsels findet in der Mehrzahl der Fälle ein *Augenschein* mit den Parteien statt; dies zur genaueren Abklärung der tatsächlichen Verhältnisse (§ 7 Abs. 1 VRG). Dabei versucht das Gericht bzw. dessen Delegation (vgl. § 17 OV BRG) in der Regel auch, eine gütliche Einigung herbeizuführen, was in rund einem Drittel dieser Fälle gelingt (so dass es zum Rückzug des Rekurses oder zur Wiedererwägung des angefochtenen Entscheids kommt).
- Anschliessend entwirft der Gerichtsschreiber bzw. die Gerichtsschreiberin den schriftlichen Urteilsantrag, der die Grundlage für die *Beratung* und den *Entscheid* der zuständigen Abteilung bildet. Das Baurekursgericht verfügt über volle Kognition (§ 20 Abs. 1 VRG), wobei es sich in Ermessensfragen und bei der Anwendung unbestimmter Rechtsbegriffe eine gewisse Zurückhaltung aufzuerlegen hat, soweit die Gemeindeautonomie betroffen ist.

Der Entscheid ergeht grundsätzlich in Dreierbesetzung (§ 335 PBG). Das Urteil wird in der Folge ausgefertigt und versandt.

§ 339a PBG, eingefügt 2008, sieht eine *Behandlungsfrist* von grundsätzlich sechs Monaten ab Eingang des Rekurses vor. Dabei handelt es sich um eine Ordnungsfrist. 2016 wurden 93 % der Rekursverfahren innert dieser Frist erledigt, wobei die durchschnittliche Verfahrensdauer 3,8 Monate betrug. Dies entspricht den Durchschnittswerten der vorangegangenen Jahre.

B. Verwaltungsgericht als zweite Rechtsmittelinstanz

(End-)Entscheide des Baurekursgerichts sind uneingeschränkt mit *Beschwerde* beim Verwaltungsgericht anfechtbar (§ 41 Abs. 1 VRG; zur Unterscheidung zwischen End-, Teil-, Vor- und Zwischenentscheiden vgl. Abs. 3 i.V.m. § 19a VRG sowie S. 261 f.).

Das *Beschwerdeverfahren* vor dem Verwaltungsgericht richtet sich nach den §§ 41–71 VRG; ergänzend gelangen die §§ 338a–339a PBG, die §§ 4a–17 VRG, die ZPO und das GOG zur Anwendung (vgl. §§ 70 f. VRG). Das Beschwerdeverfahren unterscheidet sich nicht wesentlich vom Rekursverfahren. Der rechtliche Hauptunterschied besteht darin, dass die Beschwerdegründe bzw. die Kognition gegenüber dem Rekursverfahren insofern beschränkt sind, als die einfache Ermessensausübung nicht beanstandet bzw. überprüft werden darf (§ 50 VRG). In tatsächlicher Hinsicht unterscheiden sich die beiden Verfahren vor allem dadurch, dass das Verwaltungsgericht nur sehr selten einen Augenschein durchführt. In den meisten Fällen stützt es sich auf das Augenscheinsprotokoll des Baurekursgerichts.

C. Wahrung nachbarlicher Ansprüche

1. Zustellung des baurechtlichen Entscheids

Mit dem PBG wurde im Kanton Zürich die sog. *«Baueinsprache»* – ein gemeindeinternes Einwendungsverfahren vor Erlass der Baubewilligung – abgeschafft. Die meisten Kantone kennen indessen ein solches Einwendungsverfahren, welches vorab der Wahrung des rechtlichen Gehörs dient (vgl. DUSSY, in: FHB Öffentliches Baurecht, N. 7.120 ff.).

Der im Rahmen der VRG-Revision von 1997 eingefügte § 315 Abs. 3 PBG, wonach ein Einspracheverfahren «nicht durchgeführt» wird, ist missverständlich; er stellt lediglich klar, dass die Möglichkeit gemäss § 10a lit. c VRG, eine Verfügung ohne Begründung zu erlassen und den Adressaten stattdessen mitzuteilen, dass sie bei der verfügenden Behörde innert 30 Tagen eine (echte) Einsprache erheben können, hier ausgeschlossen ist.

Dritte können somit erst gegen die Baubewilligung bzw. gegen eine damit zusammenhängende kantonale Verfügung Rekurs erheben. Hierfür sieht das PBG – dies eine Eigentümlichkeit des Zürcher Rechts – eine Art *Vorverfahren* vor: «Wer Ansprüche aus diesem Gesetz wahrnehmen will, hat innert 20 Tagen seit der öffentlichen Bekanntmachung bei der örtlichen Baubehörde schriftlich die Zustellung des oder der baurechtlichen Entscheide zu verlangen» (§ 315 Abs. 1 PBG). Unterlässt oder versäumt dies ein Dritter, treffen ihn strenge Rechtsfolgen: «Wer den baurechtlichen Entscheid nicht rechtzeitig verlangt, hat das Rekursrecht verwirkt» (§ 316 Abs. 1 PBG); dies auch dann, wenn die Voraussetzungen der Rekurslegitimation erfüllt wären.

Anders als in verschiedenen anderen Kantonen (vgl. DUSSY, in: FHB Öffentliches Baurecht, N. 7.117) wird im Kanton Zürich die Einreichung eines Baugesuchs den Anstössern des Baugrundstücks nicht von Amtes wegen mitgeteilt. Dritte sind deshalb darauf angewiesen, vom Bauvorhaben rechtzeitig auf andere Weise Kenntnis zu erhalten. Aus diesem Grund kommt der vorgängigen Aussteckung eine besondere Bedeutung als *Publizitätsmittel* zu; ein Anzeigeverfahren (ohne Aussteckung) ist deshalb nicht zulässig, wenn Interessen Dritter tangiert sein können (siehe S. 231). Soweit reine Zweckänderungen oder ausschliesslich innere Umbauten geplant sind, die nicht ausgesteckt werden können, sind Dritte bei Gefahr der Fristversäumnis gehalten, die amtlichen Publikationen zu konsultieren. In solchen Fällen wirkt sich die Zürcher Regelung besonders streng aus, wohl hart an der Grenze dessen, was die Rechtsweggarantie und der Anspruch auf rechtliches Gehör noch erlauben.

Informell gibt es allerdings weiterhin gewisse Elemente eines Einsprache- bzw. Einwendungsverfahrens: Zum einen muss die örtliche Baubehörde dem Bauherrn nach Ablauf der 20-tägigen Frist «von solchen Begehren samt den darin vorgebrachten Einwendungen Kenntnis» geben (§ 315 Abs. 2 PBG), so dass der Bauherr die Möglichkeit hat, mit den potenziell rekursberechtigten Dritten noch während des Baubewilligungsverfahrens das Gespräch zu suchen. Zum andern kommt es nicht selten vor, dass ein Bauherr Rekurs an das Baurekursgericht erhebt und gleichzeitig bei der kommunalen Baubehörde ein Wiedererwägungsgesuch einreicht. Das Rekursverfahren wird dann bis zur Erledigung des Wiedererwägungsgesuchs sistiert. Ändert die Baubehörde wiedererwägungsweise ihre Verfügung, wird das Rekursverfahren gegenstandslos. In solchen Fällen hat ein Wiedererwägungsgesuch, welches mit einem Rekurs «verstärkt» wird, eine ähnliche Wirkung wie eine Einsprache.

2. Projektänderungen

Ist das Zustellbegehren rechtzeitig gestellt worden, «sind dem Gesuchsteller alle baurechtlichen Entscheide über das Vorhaben zuzustellen, solange keine neue Aussteckung und Bekanntmachung erfolgt ist» (§ 316 Abs. 2 PBG). Daraus ergeben sich Grenzen für die Genehmigung von Projektänderungen (Abänderungsplänen) im *Anzeigeverfahren:* «Projektänderungen, welche in Ergänzung oder Abänderungen zu einem bewilligten Projekt ergehen, dürfen nur dann im Anzeigeverfahren, d.h. ohne neue Aussteckung und Bekanntmachung, ergehen, wenn sie untergeordneter Natur sind (...). Es geht daher nicht an, in Ergänzung einer Stammbaubewilligung Projektänderungen ohne neue Aussteckung und Publikation im Anzeigeverfahren zu bewilligen, wenn das Baugesuch mit den Änderungen – gegenüber dem ursprünglichen Baugesuch – so verändert wird, dass ein ‹andersartiges› Bauprojekt vorliegt und Dritten erneut Verfahrensrechte einzuräumen sind. Die Abgrenzung ist im Einzelfall zu ziehen, doch ist bei Zweifelsfällen das formstrengere, d.h. ordentliche Verfahren mit Publikation und Aussteckung anzuordnen» (VGer, VB.2009.00057, 20.5.2009, E. 3.2 [BEZ 2009 Nr. 26]).

Erging die Baubewilligung zu Unrecht im Anzeigeverfahren und erhalten Dritte aus diesem Grund erst nach Ausführung der Projektänderung Kenntnis davon, so ist ihr Rekursrecht nicht verwirkt. «Nach Treu und Glauben darf der Dritte aber mit der Geltendmachung seiner Ansprüche nicht beliebig zuwarten; sobald er vom Bauvorhaben weiss, hat er sich um die nachträgliche Zustellung des baurechtlichen Entscheids zu bemühen» (VGer, VB.2009.00057, 20.5.2009, E. 4.1 [BEZ 2009 Nr. 26]).

3. Rekurs- bzw. Beschwerdelegitimation

Die Beschwerdelegitimation Dritter, insbesondere von Nachbarn, setzt gemäss Art. 89 Abs. 1 lit. b und c BGG – für das kantonale Rechtsmittelverfahren analog umschrieben (vgl. Art. 111 Abs. 1 BGG, § 338a PBG sowie § 21 Abs. 1 und § 49 VRG) – ein *besonderes Berührtsein* und damit eine spezifische Beziehungsnähe zur Streitsache voraus. Diese ergibt sich in erster Linie aus der räumlichen Distanz zum Bauvorhaben, «wobei es nicht auf abstrakt bestimmte Distanzwerte ankommt. Das Beschwerderecht wird aber in der Regel anerkannt, wenn die Liegenschaft des Nachbarn unmittelbar an das Baugrundstück angrenzt oder allenfalls nur durch einen Verkehrsträger davon getrennt wird (…). Daneben wird eine besondere Betroffenheit vor allem in Fällen bejaht, in welchen von einer Anlage mit Sicherheit oder grosser Wahrscheinlichkeit Immissionen auf Nachbargrundstücke ausgehen (…) oder die Anlage einen besonderen Gefahrenherd darstellt und die Anwohner einem besonderen Risiko ausgesetzt werden» (BGer, 1C_500/2009, 1.2.2010, E. 2.3, m.w.H.).

Dabei hat der Beschwerdeführer «darzulegen, dass die gesetzlichen Legitimationsvoraussetzungen gegeben sind. Soweit diese nicht ohne Weiteres ersichtlich sind, ist es nicht Aufgabe des Bundesgerichts, anhand der Akten oder weiterer, noch beizuziehender Unterlagen nachzuforschen, ob und inwiefern der als Beschwerdeführer auftretende Private zur Beschwerde zuzulassen ist» (BGE 133 II 249, E. 1.1).

Zum Erfordernis des *schutzwürdigen Interesses* präzisierte das Bundesgericht in BGE 137 II 30 Folgendes: Das Anfechtungsinteresse Dritter brauche «nicht mit dem Interesse übereinzustimmen, das durch die von der beschwerdeführenden Person als verletzt bezeichneten Normen geschützt wird (…). Die Nachbarin kann mithin die Überprüfung eines Bauvorhabens im Lichte all jener Rechtssätze verlangen, die sich rechtlich oder tatsächlich in dem Sinne auf ihre Stellung auswirken, dass ihr im Falle des Obsiegens ein praktischer Nutzen entsteht. Nicht zulässig ist hingegen das Vorbringen von Beschwerdegründen, mit denen einzig ein allgemeines öffentliches Interesse an der richtigen Anwendung des Rechts verfolgt wird (…), ohne dass der Beschwerdeführerin im Falle des Obsiegens ein Vorteil entsteht. Das Element des praktischen tatsächlichen Nutzens bildet somit ein wichtiges Eintretenskriterium, mit welchem ein ‹Ausufern› der Beschwerdemöglichkeiten verhindert werden kann» (E. 2.2.3).

Damit erteilte das Bundesgericht einer *rügespezifischen* Handhabung der Beschwerdelegitimation, welche darauf abstellt, ob einer Rechtsnorm (auch) eine nachbarschützende Funktion zukommt, eine Absage. Sind die Voraussetzungen von Art. 89 BGG gegeben, «ist die Beschwerdeführerin mit sämtlichen der in Art. 95 ff. BGG aufgeführten Rügen zum Verfahren zuzulassen, wenn ihr durch die Gutheissung der Beschwerde ein praktischer Nutzen entstehen würde» (BGE 137 II 30, E. 2.3; missverständlich noch BGE 133 II 249, E. 1.3.2). Gerügt werden kann also beispielsweise, dass das Baugrundstück ungenügend erschlossen und das Bauvorhaben deswegen nicht bewilligungsfähig sei (BGer, 1C_37/2011, 14.4.2011, E. 2.3.3).

Folgerichtig kann in einem *Nutzungsplanungsrekurs* auch eine Verletzung des Konzentrationsprinzips geltend gemacht werden, wenn dies Auswirkungen auf die nutzungsplanerische Situation in der näheren Umgebung des Rekurrenten haben könnte (BGE 141 II 50, E. 2.6). Verlangt ein Grundeigentümer eine Überprüfung der bestehenden Bauzonenreserven, mit dem Ziel, nicht überbaute Grundstücke dem Nichtbaugebiet zuzuweisen, so ist er befugt, alles vorzubringen, was gegebenenfalls zu einer Redimensionierung der Bauzone im Bereich seiner Nachbarparzellen führen könnte. Erforderlich ist in diesem Fall eine Gesamtbetrachtung aller Bauzonen in der Gemeinde (BGer, 1C_40/2016, 5.10.2016, E. 1.2 und 3.6.1).

4. Beiladung im Rekursverfahren

Wurde eine Baubewilligung verweigert und die *Bauverweigerung vom Bauherrn angefochten*, so sind Dritte, welche rechtzeitig ein Zustellbegehren gestellt hatten, im Rekursverfahren beizuladen; d.h. es ist ihnen Gelegenheit zu geben, als Parteien mit allen Rechten und Pflichten am Verfahren teilzunehmen. Denn nach der Rechtsprechung des Verwaltungsgerichts erleiden Dritte, denen lediglich freisteht, im Anschluss an einen gutheissenden Rückweisungsentscheid gegen die daraufhin erteilte Baubewilligung vorzugehen, eine *«offenkundige Gehörsverweigerung»*, da in einem zweiten Rechtsgang eine freie, allseitige und unvoreingenommene Überprüfung der schon beurteilten Streitsache nicht gewährleistet ist. Demnach muss die Rekursinstanz den potenziell Rechtsmittelbefugten die Möglichkeit eröffnen, sich schon am ersten, vom Bauherrn ausgelösten Rechtsgang zu beteiligen (VGer, VB.2008.00144, 21.8.2008, E. 2.1 [BEZ 2008 Nr. 51]).

D. Kantonale ideelle Verbandsbeschwerde

«Gesamtkantonal tätige Verbände, die sich seit wenigstens zehn Jahren im Kanton statutengemäss dem Natur- und Heimatschutz oder verwandten, rein ideellen Zielen widmen» (vgl. dazu VGer, VB.2013.00640, 12.12.2013 [BEZ 2014 Nr. 6]), sind gemäss § 338b Abs. 1 PBG zum Rekurs bzw. zur Beschwerde berechtigt; dies im Zusammenhang

- mit Massnahmen des Natur- und Heimatschutzes gemäss dem III. Titel des PBG (lit. a),
- mit der Anwendung von § 238 Abs. 2 PBG (lit. a) sowie
- mit Bewilligungen für Bauten und Anlagen oder überkommunalen Gestaltungsplänen ausserhalb der Bauzonen (lit. b und c; zur Beschwerdebefugnis im Zusammenhang mit kommunalen Gestaltungsplänen ausserhalb der Bauzonen vgl. VGer, VB.2010.00062, 13.1.2011, E. 2.4 [BEZ 2011 Nr. 9]).

Gemäss § 338b Abs. 2 PBG steht das Rekurs- oder Beschwerderecht den Verbänden «nur für Rügen zu, die mit den Interessen des Natur- und Heimatschutzes in unmittelbarem Zusammenhang stehen». Bei *Massnahmen des Natur- und Heimatschutzes* nach Abs. 1 lit. a kommt die Verbandsbeschwerde «nur dort zum Zug, wo die angefochtene Anordnung ein bereits förmlich erfasstes (§ 205 PBG) oder zumindest schon inventarisiertes (§ 203 Abs. 2 PBG) Schutzobjekt im Sinn von § 203 Abs. 1 lit. a–g PBG betrifft. Sie soll es den Verbänden ermöglichen, sich gegen alle Anordnungen zu wehren, die mit der Aufhebung einer förmlichen Unterschutzstellung oder der Entlassung eines Schutzobjekts aus dem Inventar verbunden sind. Die Verbände können sich daher auch gegen die Baubewilligung für einen den Abbruch eines inventarisierten Gebäudes mit einschliessenden Neubau wehren» (VGer, VB.2009.00424, 10.2.2010, E. 2.2 [BEZ 2010 Nr. 15]).

Zu den Anforderungen an die Publikation eines Bauvorhabens bzw. eines Unterschutzstellungsbeschlusses vgl. VGer, VB.2011.00759, 11.7.2012, E. 3.3.2 (BEZ 2012 Nr. 52); VB.2009.00361, 18.11.2009, E. 1.1 (BEZ 2010 Nr. 3). Zur prozessualen Situation nach Ablauf der Jahresfrist gemäss

§ 213 Abs. 3 PBG vgl. BGer, 1C_68/2009, 17.7.2009 (anders noch VGer, VB.2008.00416, 18.12.2008 [RB 2008 Nr. 64; BEZ 2009 Nr. 1]).

Auf *Bundesebene* sind kantonale Organisationen indessen nicht zur Beschwerdeführung im eigenen Namen legitimiert. Vor Bundesgericht können sie lediglich geltend machen, im kantonalen Verfahren seien ihre Parteirechte – z.B. der Anspruch auf rechtliches Gehör – verletzt worden (BGer, 1C_195/2011, 27.7.2011, E. 1.2).

Anlässlich der PBG-Revision von 2013 («Verfahren und Rechtsschutz») wurde die Regelung des Verbandsbeschwerderechts (zuvor § 338a Abs. 2 PBG) mit unnötigen und teilweise unverständlichen Bestimmungen aufgebläht, die sich seit 2006 auch im USG und im NHG finden (§ 338b Abs. 3–5 PBG).

E. Behördenbeschwerde

Im Rahmen der PBG-Revision von 2013 («Verfahren und Rechtsschutz») führte der Gesetzgeber neu ein Behördenbeschwerderecht ein (§ 338c PBG): «Gegen Rekursentscheide, welche die Anordnung einer kantonalen Instanz ganz oder teilweise aufheben, kann die zuständige Direktion zur Wahrung öffentlicher Interessen Beschwerde erheben.» Eine analoge Regelung wurde auch in weitere Gesetze eingefügt: EG zum GSchG (§ 52a), Abfallgesetz (§ 38a), Strassengesetz (§ 41a), Wasserwirtschaftsgesetz (§ 78b Abs. 3), Waldgesetz (§ 33b).

II. Rechtsschutz auf Bundesebene

A. Allgemeines

1. Paradigmenwechsel durch die Reform der Bundesrechtspflege

Art. 34 RPG lautete in der bis Ende 2006 gültigen Fassung:

[1] Die Verwaltungsgerichtsbeschwerde an das Bundesgericht ist zulässig gegen Entscheide letzter kantonaler Instanzen über Entschädigungen als

Folge von Eigentumsbeschränkungen (Art. 5), über die Zonenkonformität von Bauten und Anlagen ausserhalb der Bauzonen sowie über Bewilligungen im Sinne der Artikel 24–24d.

2 Kantone und Gemeinden sind zur Beschwerde berechtigt.

3 Andere Entscheide letzter kantonaler Instanzen sind endgültig; vorbehalten bleibt die staatsrechtliche Beschwerde an das Bundesgericht.

Es handelte sich um eine – ursprünglich zur Vereinfachung geschaffene – Sonderregelung, die im Lauf der Zeit jedoch zunehmend durch die allgemeine Rechtsmittelordnung überlagert wurde. Die Folge davon war ein äusserst komplexes und kaum noch entwirrbares Ineinandergreifen der früheren Rechtsmittel an das Bundesgericht (Verwaltungsgerichtsbeschwerde und staatsrechtliche Beschwerde).

Art. 34 Abs. 1 RPG in der Fassung der Justizreform verweist nun auf die *allgemeine Rechtsmittelordnung*. Dies führte zu einer rigorosen Vereinfachung gegenüber dem früheren Rechtszustand.

2. Einzelfragen

a) Anforderungen an einen «Entscheid»; Endentscheide

Unter einem *Entscheid* im Sinn von Art. 82 lit. a BGG «ist ein individuell-konkreter Hoheitsakt zu verstehen, d.h. eine behördliche Anordnung im Einzelfall, mit der ein Rechtsverhältnis einseitig und verbindlich geregelt wird (…). Diesen Anforderungen vermögen allgemeine Hinweise und Empfehlungen von Baubewilligungsbehörden zum vornherein nicht zu genügen» (BGE 135 II 30, E. 1.1). Auch ein Gesuch einer Gemeindebehörde an die zuständige kantonale Behörde, eine Planungszone zu erlassen oder zu verlängern, stellt keine Verfügung dar, welche direkt in Rechte oder Pflichten von Privaten eingreift (BRG II, 0244/2011, 25.10.2011, E. 3.2 [BEZ 2012 Nr. 30]).

Endentscheide – die stets angefochten werden können – sind Entscheide, welche das Verfahren abschliessen (Art. 90 BGG). Die Einleitung eines Quartierplanverfahrens gilt als End- und nicht bloss als Zwischenentscheid (im Sinn von Art. 93 BGG), wenn das kantonale Recht vorsieht, dass bestimmte Einwendungen nur gegen den Einleitungsbeschluss geltend gemacht werden können und im späteren Verfahren ausgeschlossen sind (BGE 140 II 25, E. 1.1). Nach zürcherischem Recht trifft dies auf bestimmte Begehren zu, die vor der zweiten Grundeigentümerversammlung gestellt werden müssen (vgl. § 155 Abs. 1 PBG).

b) *Anfechtbarkeit baurechtlicher Vorentscheide*

Das Bundesgericht qualifiziert baurechtliche Vorentscheide (siehe dazu S. 212 ff.) seit dem Inkrafttreten der neuen Bundesrechtspflegeordnung nicht mehr wie früher als Teilentscheide, sondern neu als *Zwischenentscheide* im Sinn von Art. 93 BGG (BGE 135 II 30, E. 1.3.1 f.). Eine Beschwerde an das Bundesgericht ist demnach nur noch zulässig, wenn der Vorentscheid einen *nicht wiedergutzumachenden Nachteil* bewirken kann (was indessen regelmässig der Fall sein dürfte).

Diese Rechtsprechung vermag nicht zu überzeugen. Denn die Argumente, die das Bundesgericht ins Feld führte, um das Vorliegen eines nicht wiedergutzumachenden Nachteils zu begründen (vgl. BGE 135 II 30, E. 1.3.4 f.), sprechen genau besehen für eine Qualifikation des baurechtlichen Vorentscheids als (voraussetzungslos anfechtbarer) *Teilentscheid* im Sinne von Art. 91 BGG. Alles andere würde das Institut des Vorentscheids faktisch eliminieren und einen unzulässigen Eingriff in die Autonomie der Kantone darstellen, für den es im Bundesrecht – namentlich im BGG – keine Grundlage gibt. Es ist ja gerade der Sinn des baurechtlichen Vorentscheids, grundlegende Fragen vorweg verbindlich zu klären.

c) *Rüge der Verletzung von Planungszielen und -grundsätzen*

Mit Beschwerde in öffentlichrechtlichen Angelegenheiten kann die *Verletzung von Bundesrecht* gerügt werden (Art. 95 lit. a BGG). Es fragt sich jedoch, ob und gegebenenfalls wie weit auch die Verletzung von Planungszielen und -grundsätzen gemäss Art. 1 und 3 RPG selbständig geltend gemacht werden kann; denn dabei handelt es sich nicht um konditionale, sondern um finale Normen, die insbesondere im Rahmen von Interessenabwägungen zu berücksichtigen sind (vgl. S. 21). Das Bundesgericht liess die Frage zunächst offen (BGer, 1C_145/2008, 3.7.2008, E. 2.1). In BGE 141 II 50, E. 2.6, hielt es jedoch fest, dass auch eine Verletzung des *Konzentrationsprinzips* gerügt werden kann, dessen Anwendung eine umfassende raumplanerischen Interessenabwägung erfordert. Schliesslich bezeichnete es die *Planungsgrundsätze gemäss Art. 3 RPG* in seinem Urteil betreffend Seeuferwege im Kanton Zürich als justiziabel; dementsprechend trat es auf die Rüge ein, die angefochtene Regelung im kantonalen Strassengesetz verstosse gegen Art. 3 Abs. 2 lit. c RPG (BGer, 1C_157/2014, 4.11.2015, E. 3.3–3.10 [ZBl 2016 444 ff.]).

B. Beschwerde von Kantonen und Gemeinden

Art. 34 Abs. 2 RPG sieht ein Beschwerderecht der Kantone und Gemeinden vor, allerdings beschränkt auf *Entschädigungen* als Folge von Eigentumsbeschränkungen sowie *Bauten und Anlagen ausserhalb der Bauzonen* (Zonenkonformität und Ausnahmebewilligungsfähigkeit). Dabei handelt es sich wohl um ein – sachlich nicht gerechtfertigtes – «Überbleibsel» der früheren Regelung (vgl. S. 260 f.).

Eine Beschwerde von Gemeinden wegen Verletzung der *Gemeindeautonomie* ist allerdings auch in anderen Fällen möglich (gestützt auf Art. 89 Abs. 2 lit. c BGG).

C. Behördenbeschwerde

Das Behördenbeschwerderecht dient der Wahrung öffentlicher Interessen, insbesondere der *Sicherstellung der richtigen Rechtsanwendung*. Es weist eine enge Verwandtschaft mit dem ideellen Verbandsbeschwerderecht auf; beide Instrumente ergänzen die primär auf Individualrechtsschutz zugeschnittene Regelung der Beschwerdelegitimation. Die Beschwerdebefugnis von *Bundes*behörden dient insbesondere dazu, den Vollzug des Bundesverwaltungsrechts zu überwachen.

Der *Bundeskanzlei* und den *Departementen* des Bundes steht das Beschwerderecht unmittelbar gestützt auf Art. 89 Abs. 2 lit. a BGG zu. Voraussetzung ist, dass der angefochtene Akt «die Bundesgesetzgebung in ihrem Aufgabenbereich verletzen kann». Die den Departementen unterstellten «Dienststellen» – also insbesondere die *Bundesämter* – sind unter der gleichen Voraussetzung zur Beschwerde legitimiert, «soweit das Bundesrecht es vorsieht». Da (im Gegensatz zu Art. 89 Abs. 2 lit. d BGG) nicht eine Ermächtigung durch ein Bundes*gesetz,* sondern bloss durch Bundes*recht* verlangt wird, genügt eine Regelung auf Verordnungsstufe. Eine solche findet sich in Art. 48 Abs. 4 RPV; danach ist das ARE «im Bereich der Raumplanung zur Beschwerde nach den allgemeinen Bestimmungen über die Bundesrechtspflege berechtigt». Gemeint ist damit nicht nur die Raumplanung im engeren Sinn, sondern der gesamte vom RPG erfasste Sachbereich. Im Gegensatz dazu verankerte der Gesetzgeber 2013 ein Beschwerderecht des Bundesamtes für Landwirtschaft auf Gesetzesstufe, allerdings beschränkt auf «Entscheide über Vorhaben, die Fruchtfolgeflächen beanspruchen» (Art. 34 Abs. 3 RPG).

Die Beschwerdebefugnis der Bundesbehörden ist «abstrakter und autonomer Natur» (BGE 136 II 359, E. 1.2). Dies bedeutet, dass sie kein spezifisches schutzwürdiges (öffentliches) Interesse voraussetzt.

Gemäss Art. 111 Abs. 2 BGG können Bundesbehörden, die zur Beschwerde an das Bundesgericht befugt sind, auch die *Rechtsmittel des kantonalen Rechts* ergreifen und sich vor jeder kantonalen Instanz am Verfahren beteiligen. Sie sind dazu berechtigt, aber nicht verpflichtet. Die Möglichkeit, beim Bundesgericht Beschwerde zu führen, ohne sich am vorinstanzlichen Verfahren beteiligt zu haben, hat prozessuale Konsequenzen. So sind die Bundesbehörden an

Einschränkungen des Streitgegenstandes im kantonalen Rechtsmittelverfahren nicht gebunden. Dies bedeutet, dass sie vor Bundesgericht *neue Anträge* stellen und insbesondere auch eine *reformatio in peius* – d.h. eine Abänderung des angefochtenen Entscheids zuungunsten des Beschwerdegegners – beantragen können, was zu einer Überprüfung von Fragen führen kann, die im kantonalen Verfahren nicht umstritten waren (BGE 136 II 359, E. 1.2).

D. Fehlende ideelle Verbandsbeschwerde

Anders als das NHG und das USG sieht das RPG kein ideelles Verbandsbeschwerderecht der Umwelt-, Natur- und Heimatschutzorganisationen vor. Allerdings wird diese Rechtsschutzlücke in wichtigen Bereichen durch das Beschwerderecht gemäss Art. 12 NHG gefüllt. Schon seit längerem bezeichnet das Bundesgericht die Bewilligung von *Bauten und Anlagen ausserhalb der Bauzonen* als Erfüllung einer Bundesaufgabe (BGE 112 Ib 70, E. 4; aus der jüngeren Praxis etwa BGE 138 II 281, E. 4.4); dabei handelt es sich um eine Voraussetzung des Verbandsbeschwerderechts nach dem NHG (vgl. Art. 78 Abs. 2 Satz 1 BV sowie den Titel des 1. Abschnitts des NHG). In einem Grundsatzentscheid von 2016, dem eine grosse Tragweite zukommt, qualifizierte das Bundesgericht auch Art. 15 RPG in der revidierten Fassung vom 15. Juni 2012 als direkt anwendbar, so dass die *Ausscheidung und Dimensionierung von Bauzonen* nach den dort enthaltenen Kriterien nun ebenfalls eine Bundesaufgabe darstellt und dem ideellen Verbandsbeschwerderecht zugänglich geworden ist (BGE 142 II 509, E. 2.3–2.7; vgl. aber S. 51).

III. Besondere Fragen

A. Anfechtung und akzessorische Überprüfung von Raumplänen

1. Sachpläne

Sachpläne werden vom Bundesrat festgelegt (Art. 21 Abs. 1 RPV). Dies schliesst eine *direkte Anfechtung* von Sachplänen aus (vgl. Art. 189 Abs. 4 BV, Art. 33 lit. a und b VGG [e contrario], Art. 86–88 und Art. 113 BGG), nicht jedoch deren *akzessorische Überprüfung* auf ihre Gesetzes- und Verfassungsmässigkeit im Anwendungsfall (BGE 139 II 499, E. 4.1).

Gemeinden sind zwar grundsätzlich an Sachpläne des Bundes gebunden. Weil ein Sachplan jedoch vom Bundesrat erlassen wird, können sie ihn – anders als einen kantonalen Richtplan (vgl. nachstehend 2.b) – nicht direkt anfechten. Deshalb haben auch sie die Möglichkeit, einen Sachplan im Plangenehmigungsverfahren vorfrageweise überprüfen zu lassen (BGE, a.a.O.).

2. Richtpläne

a) Rechtsstellung von Privaten

Richtpläne sind gemäss Art. 9 Abs. 1 RPG behördenverbindlich, nicht aber grundeigentümerverbindlich. Private sind vom Richtplan nicht unmittelbar betroffen und deshalb zur *direkten Anfechtung* nicht legitimiert. Auch allfällige faktische Vorwirkungen des Richtplans führen nicht zu dessen direkter Anfechtbarkeit durch Private (BGer, 1C_181/2012, 10.4.2012, E. 1.1). Im Rahmen der Anfechtung eines Nutzungsplans können Private jedoch die *akzessorische Überprüfung* des Richtplans verlangen (vgl. auch § 19 Abs. 2 PBG).

b) *Rechtsstellung von Gemeinden*

Anders als Private können Gemeinden als Trägerinnen der kommunalen Planungshoheit einen Richtplan wegen Verletzung ihrer *Autonomie* direkt anfechten, und zwar gemäss Art. 89 Abs. 2 lit. c BGG (BGE 136 I 265, E. 1.3). Zudem sind Gemeinden auch gestützt auf Art. 89 *Abs. 1* BGG «zur Beschwerdeführung befugt, wenn sie als Gebietskorporationen öffentliche Anliegen wie den Schutz der Einwohner zu vertreten haben und insofern durch Einwirkungen, welche von Bauten und Anlagen ausgehen, in hoheitlichen Befugnissen betroffen werden» (BGE, a.a.O., E. 1.4).

Im Rahmen des öffentlichrechtlichen Beschwerdeverfahrens vor dem Bundesgericht gelten Richtpläne – anders als Nutzungspläne – als *Erlasse* im Sinn von Art. 82 lit. b BGG (BGE 136 I 265, E. 1.1). Mithin gelangt nicht die Vorinstanzenregelung gemäss Art. 86, sondern diejenige gemäss Art. 87 BGG zur Anwendung, wonach die Kantone nicht verpflichtet sind, ein Rechtsmittel vorzusehen. Gegen die Festsetzung des *kantonalen* Richtplans besteht im Kanton Zürich denn auch kein solches; vielmehr sind Akte des Kantonsrats vom Rekurs und – mit hier nicht interessierenden Ausnahmen – von der Beschwerde ausgenommen (§ 19 Abs. 2 lit. b und § 42 lit. b VRG). Demnach kann die Richtplanfestsetzung unmittelbar beim Bundesgericht angefochten werden. Hingegen steht gegen *regionale* Richtpläne, die vom Regierungsrat festgesetzt werden (§ 32 Abs. 2 PBG), die Beschwerde an das Verwaltungsgericht offen (§ 41 Abs. 1 i.V.m. § 19 Abs. 1 lit. a und Abs. 2 lit. a VRG sowie § 329 Abs. 2 PBG; VGer, VB.2012.00713, 3.4.2014, E. 1.1).

In Bezug auf innerkantonale Planinhalte, hinsichtlich welcher die *Genehmigung durch den Bundesrat* bloss deklaratorisch wirkt (vgl. S. 88), stellt der Beschluss des Kantonsrats einen anfechtbaren Endentscheid im Sinn von Art. 90 BGG dar. Soweit der Richtplan hingegen raumwirksame Aufgaben des Bundes oder der Nachbarkantone betrifft, kommt der bundesrätlichen Genehmigung konstitutive Wirkung zu. Diesbezüglich kann der Beschluss des Kantonsrats erst nach einem allfälligen positiven Genehmigungsentscheid des Bundesrats beim Bundesgericht angefochten werden (BGer, 1C_388/2015, 23.3.2016, E. 1.3 und 2.2).

Da die Gemeinden befugt sind, Richtpläne direkt anzufechten, können sie deren *akzessorische Überprüfung* nur ausnahmsweise herbeiführen, nämlich unter den gleichen (restriktiven) Voraussetzungen, unter welchen Private die akzessorische Überprüfung eines Nutzungsplans verlangen können (siehe nachstehend 3.).

3. Nutzungspläne

Private können einen Nutzungsplan *direkt anfechten* (Art. 82 lit. a i.V.m. Art. 86 Abs. 2 und Art. 111 Abs. 1 BGG; Art. 33 Abs. 2 RPG).

Indessen können Private im Rahmen eines Rechtsmittelverfahrens gegen eine Baubewilligung grundsätzlich nicht mehr geltend machen, der Nutzungsplan, welcher der Bewilligung zugrunde liegt, sei nicht rechtmässig (BGE 131 II 103, E. 2.4.1). Damit wird der Nutzungsplan *in prozessualer Hinsicht einer Verfügung gleichgesetzt;* denn bei Verfügungen gilt – anders als bei Erlassen, wo eine akzessorische Überprüfung möglich ist – das Prinzip des einmaligen Rechtsschutzes. Das Verhältnis Nutzungsplan/Baubewilligung entspricht somit dem Verhältnis Sachverfügung/Vollzugs- bzw. Vollstreckungsverfügung.

Dies gilt nicht nur für den kartografischen Teil eines Nutzungsplans, sondern auch für *Regelungen, welche Art, Natur und Umfang der im Zonenplan dargestellten und räumlich abgegrenzten Nutzungen näher umschreiben* (BGE 116 Ia 207, E. 3b; 106 Ia 383, E. 3c; vgl. aus jüngerer Zeit BGE 133 II 353, E. 3.3, betreffend Bauhöhen- und Grenzabstandsvorschriften; BGer, 1P.771/2001, 1P.773/2001, 5.5.2003, E. 7.3.2 [ZBl 2004 111 ff.], betreffend ein Verbot sexgewerblicher Nutzungen in Gebieten mit einem Wohnanteil von mindestens 50%). Solche Regelungen können als eine Art Planlegende aufgefasst werden. Hingegen haben kommunale Vorschriften, die losgelöst von der räumlichen Zuordnung eine *zonenübergreifende Regelung* treffen – z.B. betreffend die innerzonale Ausnützungsübertragung –, *Erlasscharakter,* so dass die Betroffenen ihre Rechtmässigkeit auch noch im Anwendungsfall in Frage stellen können (VGer, VB.2010.00574, 12.1.2011, E. 3.2 [BEZ 2011 Nr. 7]).

Eine *akzessorische Überprüfung* eines Nutzungsplans im Rahmen eines Rechtsmittelverfahrens betreffend eine Baubewilligung kann ausnahmsweise dann herbeigeführt werden,

- wenn die Tragweite der Eigentumsbeschränkung durch den Nutzungsplan im Zeitpunkt des Planerlasses oder der Planänderung für den Betroffenen bzw. seinen Rechtsvorgänger (vgl. BGer, 1C_283/2016, 11.1.2017, E. 4.4) aus objektiven Gründen *nicht erkennbar* war oder er *keine Möglichkeit* hatte, seine Interessen zu wahren (BGE 119 Ib 480, E. 5c; BGer, 1C_267/2007, 1C_269/2007, 28.2.2008, E. 2.4), oder
- wenn sich die *tatsächlichen oder rechtlichen Verhältnisse* seit der Planfestsetzung bzw. Planänderung *wesentlich geändert* haben (BGE 127 I 103, E. 6b).

Zur *Ratio* dieser sehr stark eingeschränkten akzessorischen Überprüfbarkeit von Nutzungsplänen äusserte sich das Bundesgericht wie folgt: «Die Grenzen, die dem kantonalen Richter bei der vorfrageweise Prüfung der Verfassungsmässigkeit von Plänen sowie Bau- und Zonenvorschriften gesteckt sind, garantieren einerseits die Ausübung der dem Betroffenen gegen die Eingriffe zustehenden Abwehrrechte, gewährleisten andererseits aber auch die Wirksamkeit und Durchsetzbarkeit der Planung und der damit verbundenen Vorschriften und verhindern, dass ein unhaltbarer, mit den Zwecken der Raumplanung (Art. 75 BV) unvereinbarer Zustand der Rechtsunsicherheit entsteht (...). Damit sind auch allenfalls verfassungswidrige Anwendungsakte nicht absolut ausgeschlossen» (BGer, 1P.771/2001, 1P.773/2001, 5.5.2003, E. 7.3.3).

B. Koordination zwischen dem Anfechtungs- und dem Genehmigungsverfahren

Nach der bundesgerichtlichen Rechtsprechung erfordert das Koordinationsgebot (vgl. S. 222 f.) eine Abstimmung des *Genehmigungsverfahrens* mit dem *Anfechtungsverfahren gegen die Planfestsetzung.* Die Koordination zwischen dem Genehmigungs- und dem Rechtsmittelentscheid muss bereits im Rahmen des kantonalen Verfahrens erfolgen; sie kann durch das Bundesgericht nicht nachgeholt werden. Auf welche Weise dies geschieht, bleibt grundsätzlich den Kantonen überlassen. Der Genehmigungsentscheid muss jedoch spätestens im Rahmen des Verfahrens vor der letzten kantonalen Rechtsmittelinstanz eingeholt und in die Beurteilung miteinbezogen werden (BGE 135 II 22; BGer, 1C_190/2007, 7.12.2007 [ZBl 2008 679 ff.]; 1P.222/2000, 22.11.2000 [ZBl 2001 383 ff.]).

Im *Kanton Zürich* erfolgte die Koordination früher erst im Beschwerdeverfahren vor dem Verwaltungsgericht (alt § 329 Abs. 4 PBG), was den bundesgerichtlichen Anforderungen indes genügte. Seit dem Inkrafttreten der PBG-Revision von 2013 ergeht der Genehmigungsentscheid bereits im Anschluss an den Festsetzungsbeschluss (vgl. § 5 Abs. 3 PBG), so dass die Planfestsetzung und die Genehmigung gleichzeitig beim Baurekursgericht angefochten werden können.

Schlusswort

Die Ausbreitung der Siedlungsfläche in der Schweiz, insbesondere im Mittelland und in den voralpinen Regionen, hat seit den 1950er-Jahren nie dagewesene Ausmasse angenommen und das Antlitz der Schweiz verändert wie kein Ereignis zuvor. Würde man die Siedlungsentwicklung während der letzten 2'000 Jahre in einem Zeitraffer von 60 Sekunden Dauer betrachten, so erschienen die letzten 1,5 Sekunden (50 Jahre) wie eine Explosion.

Das Raumplanungsrecht ist nach einer langen Phase der Stagnation in Bewegung geraten und aus dem Dornröschenschlaf erwacht: Am 11. März 2012 nahmen Volk und Stände überraschend die Zweitwohnungsinitiative an; am 17. Juni 2012 sagten die Stimmberechtigten des Kantons Zürich ebenso überraschend ja zur Kulturlandinitiative; und am 3. März 2013 passierte die erste Revisionsetappe des RPG – der indirekte Gegenvorschlag zur zurückgezogenen Landschaftsinitiative – die Referendumsabstimmung komfortabel mit einem Ja-Stimmenanteil von 62,9 %. Nachdem die Zersiedelung in den letzten 37 Jahren – also «unter den Augen» des Raumplanungsgesetzes – in hohem Tempo weiter vorangeschritten ist, scheint sich die öffentliche Wahrnehmung der Problematik in der jüngeren Vergangenheit geändert zu haben. In diesem Sinne ist die Annahme der Zweitwohnungs- und der Kulturlandinitiative wohl auch als Ventil zu betrachten, durch welches sich der Unmut breiter Bevölkerungskreise über die krassen und irreversiblen raumplanerischen Fehlentwicklungen der letzten Jahrzehnte Luft gemacht hat.

Mit einer gewissen Sorge wird man allerdings die weiteren Arbeiten an der zweiten RPG-Revisionsetappe verfolgen müssen, insbesondere betreffend das Bauen ausserhalb der Bauzonen. Es ist nicht anzunehmen, dass der Gesetzgeber aus der Sackgasse, in die er sich seit 1998 hineinmanövriert hat, aus eigener Kraft wieder herausfinden wird. Im Gegenteil: Neue Begehrlichkeiten werden wohl nicht lange auf sich warten lassen oder sind schon unterwegs. Solange diesbezüglich nicht für Remedur gesorgt wird, solange die tradierten Gebietskörperschaften und die funktionalen, für die Raumplanung relevanten Räume weiterhin auseinanderklaffen und solange die Stellung des Bundes in der Raumplanung nicht gestärkt wird, ist mit einer Verbesserung der Situation – geschweige denn mit einer Trendwende hin zu einer nachhaltigen Raumordnung – nicht wirklich zu rechnen. Doch man mache sich ohnehin keine Illusionen: Die Steuerungskraft des Rechts ist gerade in der Raumplanung sehr begrenzt; sie vermag die ökonomischen Triebkräfte der Zersiedelung höchstens zu kanalisieren, keinesfalls aber zu stoppen.

Sachregister

D

O

P

V

W

Z